Anatoli Karpow

SPANISCHE PARTIE

Joachim Beyer Verlag - Hollfeld/Ofr.

Übersetzung aus dem Russischen:
Dagobert Kohlmeyer
Schachagentur Berlin

Foto: Dagobert Kohlmeyer, Berlin

2. erweiterte Auflage 1997

ISBN 3-88805-259-9

Druck: Druckhaus Beyer GmbH, Hollfeld

Inhalt

Saizew-System

1 **Kasparow - Karpow (2, 5)** **Moskau 1985** 9
1.e4 e5 2.Sf3 Sc6 3.Lb5 a6 4.La4 Sf6 5.0-0 Le7 6.Te1 b5 7.Lb3 d6 8.c3 0-0 9.h3 Lb7 10.d4 Te8 11.Sbd2 Lf8 12.a4 Dd7 13.a:b5 a:b5 14.T:a8 L:a8 15.d5 Sa5

2 **Timman - Karpow** **Kuala Lumpur 1990** 13
15.d5 Se7

3 **Kasparow - Karpow (2, 9)** **Moskau 1985** 16
12.a4 h6 13.Lc2 Sb8

4 **Kasparow - Karpow (3, 14)** **Leningrad 1986** 19
13.Lc2 e:d4 14.c:d4 Sb4 15.Lb1 c5 15.d5 Sd7 17.Ta3 c4 18.a:b5

5 **Kasparow - Karpow (3, 16)** **Leningrad 1986** 23
17.Ta3 c4 18.Sd4

6 **Kasparow - Karpow (5, 4)** **New York 1990** 28
17.Ta3 f5 18.e:f5 Sf6

7 **Kasparow - Karpow (5, 22)** **Lyon 1990** 32
17. ... f5 18.e:f5 L:d5

8 **Kasparow - Karpow** **Amsterdam 1990** 34
17. ... f5 18.Tae3 Sf6

9 **Timman - Karpow** **Kuala Lumpur 1990** 38
17. ... f5 18.Tae3 f4

10 **Chalifman - Karpow** **Reggio Emilia 1991/92** 41
17. ... f5 18.Sh2

11 **Hjartarson - Karpow** **Seattle 1989** 44
15.Lb1 b:a4 16.T:a4 a5 17.Ta3 Ta6 18.Sh2

12 **Timman - Karpow** **Kuala Lumpur 1990** 49
17.Ta6 18.Tae3

13 **Hjartarson - Karpow** **Seattle 1989** 51
11. ... Lf8 12.a3

Das System 9. ... Sd7

14 **Kasparow - Karpow (5, 12)** **New York 1990** 56
9.h3 Sd7 10.d4 Lf6 11.a4 Lb7 12.Sa3

15 **Kasparow - Karpow (5, 6)** **New York 1990** 61
11. ... Lb7 12.a:b5

16 **Short - Beljawski** **Barcelona 1989** 66
5.0-0 S:e4 6.dd4 b5 7.Lb3 d5 8.d:e5 Le6 9.Sbd2 Sc5 10.c3 d4

17 **van der Wiel - Hjartarson** **Rotterdam 1989** 72
10.c3 Le7

18	Speelman - Timman	London 1989	76
	8. ... Le6 9.c3		
19	Dolmatow - Jussupow	Wijk aan Zee 1991	82
	8. ... Le6 9.Le3		

Marshall-Angriff

20	Short - Pinter	Rotterdam 1988	85
	8.c3 d5 9.e:d5 S:d5 10.S:e5 S:e5 11.T:e5 c6 12.d4 Ld6 13.Te1		
21	Beljawski - Malanjuk	Minsk 1987	93
	12.d4 Ld6 13.Te2		
22	Andrijevic - Pavlovic	Jugoslawien 1988	98
	11. ... c6 12.d3		

Andere Verteidigungen

23	Kamski -Iwantschuk	Tilburg 1990	102
	3. ... Sd4		
24	Timman - Kortschnoi	Brüssel 1991	108
	3. ... f5		
25	Short - Beljawski	Brüssel 1991	113
	3. ... Sf6 4.0-0 S:e4		

Breyer-System

26	Karpow - Beljawski	Biel 1992	118
	1. e4 e5 2. Sf3 Sc6 3. Lb5 a6 4. La4 Sf6 5. 0-0 Le7 6. Te1 b5 7. Lb3 d6 8. c3 Sb8		

Aktuelle Partien

27	Kasparow - Short	London 1993	122
	7. ... 0-0 8. a4		
28	Anand - Kamsky	Sanghi Nagar 1994	124
	5. ... b5 6. Lb3 Lb7		
29	Kasparow - Anand	New York 1995	128
	5. ... S:e4 6. d4 b5 7. Lb3 d5 8. de Le6 9. Sbd2 Sc5 10. c3 d4 11. Sg5		
30	Anand - Iwantschuk	Las Palmas 1996	132
	5. ... Lc5		

Vorwort

Dem Leser liegt die zweite Auflage der "Spanischen Partie" vor. Jeder Autor freut sich, wenn sein Werk vergriffen ist, das heißt, es gibt eine erhöhte Nachfrage.

Seit dem Erscheinen des ersten Buches sind einige Jahre vergangen. Natürlich ist die Spanische Partie in dieser Zeit in unzähligen Großmeisterpartien vorgekommen. Viele von ihnen sind theoretisch wertvoll und könnten Eingang in die neue Ausgabe finden. Ich habe jedoch nur fünf neue Beispiele aufgenommen, die den Partien des ersten Bandes hinzugefügt werden.

Beim nochmaligen Durchsehen der ersten 25 Partien überzeugte ich mich davon, daß keine von ihnen veraltet ist. Wenn man das hohe Niveau der Wettkämpfe berücksichtigt, in denen sie gespielt wurden - WM-Kämpfe (acht Beispiele), Kandidatenmatches (neun),

so werden diese Partien noch lange aktuell bleiben. Und auch die übrigen Beispiele führen im Grunde die theoretischen Diskussionen weiter, die im Kampf um die Weltmeisterschaft begonnen wurden.

Die fünf neu aufgenommenen Partien haben ebenfalls eine hohe "Ratingzahl". Zwei von ihnen sind bei PCA-Weltmeisterschaften gespielt worden und eine in einem FIDE-Kandidatenmatch.

Das Buch enthält nunmehr 30 spanische Hauptpartien. Die Gesamtzahl der Beispiele aus der Turnierpraxis, die in den Kommentaren zu ihnen angeführt werden, dürfte etwa das Zehnfache betragen. Auf diese Weise erhalten Sie beim Studium des Buches einen Überblick über die Entwicklung der aktuellen Systeme dieser Eröffnung und eine Anleitung, wie sie zu behandeln sind.

Das vorliegende Material spiegelt die wichtigsten und interessantesten Diskussionen im Spanier wider, die in jüngerer Zeit entbrannten. Fast alle Partien des ersten Bandes wurden Ende der 80er, Anfang der 90er Jahre gespielt. Die neuen Beispiele stammen aus den Jahren 1992-96. Den Abschluß bildet eine Perle vom Superturnier der sechs weltbesten Schachspieler in Las Palmas.

Die Systematisierung der 25 Partien des ersten Buches nach Eröffnungsvarianten ist auch im zweiten beibehalten worden. Dagegen erfolgte die Anordnung der neuen Beispiele in chronologischer Reihenfolge. Die Hälfte der Stammpartien hat der Autor selbst gespielt. Ich hoffe, das verdrießt den Leser nicht, weil Spanisch in vielen WM-Kämpfen mit meiner Beteiligung einer gründlichen Analyse unterzogen wurde: anfangs in Baguio und Meran gegen Kortschnoi und dann in fast allen Matches gegen Kasparow.

Eine Publikation über den aktuellen Stand dieser Eröffnung ist somit auf Beispiele des Autors angewiesen.

Man muß wissen, daß die Spanische Partie seit Beginn meiner Karriere bis heute zu meinem Repertoire gehört. Wenn ich das Buch nach den Kämpfen mit Kortschnoi geschrieben hätte, dann wäre ich beim Spanier stets mit Weiß in Erscheinung getreten. Aber die Zeiten ändern sich, und bei meinem Marathon mit Kasparow, insbesondere in den letzten beiden Duellen, spielte ich diese Eröffnung als Schwarzer, was im Buch seinen Niederschlag findet. Zur besseren Orientierung sind diese Begegnungen mit zwei Ziffern versehen. Die erste verweist auf die Zahl des Matchs, und die zweite benennt die Partienummer in dem jeweiligen Wettkampf.

Welche Systeme werden in der vorliegenden Arbeit behandelt?

Vor allem die Variante 10. ... Te8, die den Namen Igor Saizews, meines langjährigen Trainers, trägt. Schwarz verzichtet dort auf den prophylaktischen Zug h7-h6. Diese Fortsetzung sowie das System 9. ... Sd7 kamen regelmäßig in meinen Zweikämpfen mit Kasparow vor.

Weiter werden im Buch die Offene Verteidigung und der Marshall-Angriff untersucht, dessen Beliebtheit anhält. Was die weniger populären Varianten betrifft, so ist je eine Partie der Bird-Verteidigung 3. ... Sd4, dem Jänisch-Gambit 3. ... f5 und der Berliner Verteidigung 3. ... Sf6 4. 0-0 S:e4 gewidmet. In diese Nachauflage wurden zudem das Breyer-System 9. ... Sb8, die Variante mit der Entwicklung des Läufers nach c5, ein Partiebeispiel mit dem frühen a2-a4 und noch ein Offener Spanier aufgenommen.

Jede der Stammpartien stellt eine Lektion über diese oder jene aktuelle Variante der Spanischen Partie dar, in der neue Erkenntnisse von Theorie und Praxis berücksichtigt sind.

Das Tschigorin-System, welches viele Jahrzehnte zu den populärsten zählte, fehlt. Gerade, weil es zu ihm eine umfangreiche Literatur gibt und weil seine Beliebtheit deutlich zurückgegangen ist, gönnen wir ihm eine "Atempause".

Abschließend möchte ich dem Moskauer Schachmeister und Schriftsteller Jewgeni Gik für seine Hilfe bei der Aufbereitung des Materials und dem Berliner Schachpublizisten Dagobert Kohlmeyer für die Übersetzung des Manuskripts ins Deutsche danken.

A. Karpow

Partie Nr. 1

Kasparow - Karpow
WM-Match (2, 5)
Moskau 1985

Garri Kasparow und ich sind große Anhänger der Spanischen Partie. Sie kam in allen unseren WM-Duellen, bis auf das in Sevilla 1987, vor. Obwohl wir diese Eröffnung mit beiden Farben spielen, ergab es sich, daß bei unseren Wettkämpfen um die Schachkrone Kasparow im "Spanier" stets die weißen Figuren führte. In den ersten drei Matches kam die Eröffnung je zweimal aufs Brett und im letzten sogar in acht Partien! Diese Begegnung war eine meiner erfolgreichsten im zweiten Weltmeisterschaftskampf gegen Kasparow. Bei ihrer Kommentierung gehe ich auch auf Eröffnungsnuancen der 44. und 46. Partie aus dem ersten und nicht beendeten WM-Duell 1984/85 ein.

1.	e4	e5
2.	Sf3	Sc6
3.	Lb5	a6
4.	La4	Sf6
5.	0-0	Le7
6.	Te1	b5
7.	Lb3	d6
8.	c3	0-0
9.	h3	Lb7

Den Zug 9. ... Sa5, der das Tschigorin-System - eines der ältesten in der Schachtheorie - charakterisiert, trifft man inzwischen bedeutend seltener als früher an. Dafür gibt es zwei Gründe.
Zum einen ist das Abspiel nicht mehr modern, und zum anderen fanden sich für Weiß exakte Wege, die Initiative zu übernehmen.
Weniger gespielt wird heute auch das Breyer-System 9. ... Sb8. Eine Ausnahme machte da allerdings Boris Spasski, der in seinem 1992er Match gegen Bobby Fischer darauf zurückgriff. Dem Abspiel 9. ... Sd7 sind in diesem Buch die Partien Nr. 14 und 15 gewidmet. Das Smyslow-System 9. ... h6 10. d4 Te8 11. Sbd2 Lf8 12. Sf1 und weiter 12. ... Lb7 oder 12. ... Ld7 ist mittlerweile völlig vom sofortigen 9. ... Lb7 verdrängt worden, mit dem Ziel, durch zeitweiligen Verzicht auf h7-h6, ein Tempo zu sparen.

10. d4 Te8

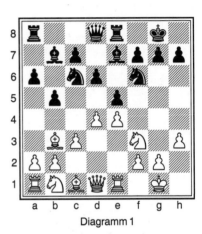

Diagramm 1

Die Fortsetzung 9. ... Lb7 wurde bereits in den 40er Jahren von den Großmeistern S. Flohr und A. Lilienthal in die Turnierpraxis eingeführt. Beide analysierten im Prinzip auch die nach 10. d4 ed 11. cd d5 12. e5 Se4 entstehende Stellung.
In unseren Tagen ist die Beliebtheit der Variante gerade in Verbindung mit dem Zug 10. ... Te8 wieder angewachsen. Das Turmmanöver stammt von meinem langjährigen Trainer Igor Saizew, und deshalb trägt das Abspiel auch seinen Namen. Schwarz spielt quasi ein verbessertes Smyslow-System. Andere bekannte, aber nicht so zuverlässige Fortsetzungen sind 10. ... Dd7, 10. ... Sa5, 10. ... ed und 10. ... h6. Natürlich kann sich hier mit Zugumstellung die eine oder andere Stellung ergeben.
Die Saizew-Variante fand Eingang ins Repertoire vieler Großmeister, und ich wende mich ihr deshalb so ausführlich zu.

Schwarz festigt sein Zentrum, ohne Zeit für das prophylaktische h7-h6 zu verlieren. Natürlich besteht jetzt die Gefahr, daß Weiß auf Zugwiederholung und damit auf Remis spielt: 11. Sg5 Tf8 12. Sf3 Te8 13. Sg5, aber Großmeister beenden selten eine Partie auf diese Art. Ich wurde allerdings schon des öfteren Opfer dieser Taktik. Wenn also ein Sieg nötig ist, muß Schwarz ein anderes Abspiel wählen. - Es versteht sich, daß ein forciertes Remis durch Weiß vom theoretischen Standpunkt aus keinesfalls als Errungenschaft bezeichnet werden kann. Manchmal jedoch geschieht die Zugwiederholung 11. Sg5 Tf8 12. Sf3 auch, um. einer späteren Zeitnot vorzubeugen. Als Antwort auf 12. ... Te8 folgt dann einfach das "normale" 13. Sbd2. Angemerkt sei, daß in einer Reihe von Beispielen, die in das Buch aufgenommen wurden - darunter in Stammpartien - diese zusätzlichen Züge (ein- oder zweimal) ausgeführt wurden. Wir lassen sie aber stets unberücksichtigt, um den Leser beim Vergleichen der verschiedenen Varianten und Stellungen in der Numerierung nicht zu verwirren.
Übrigens hat Weiß nach 11. Sg5 Tf8 nichts Besseres, als mit seinem Springer zurückzugehen - 12. Sf3. Nichts bringt zum Beispiel die Folge 12. f4 ef 13. L:f4 Sa5 14. Lc2 Sd5! 15. ed L:g5 16. Dh5 h6 17. Lg3 g6 18. Df3 Sc4 19. Sa3 Sb6 20. Lb3 h5 21. Sc2 Df6 22. De4 a5 23. a3 Sc4, und Schwarz besitzt ein Übergewicht (Ljubojevic - Gligoric, Wettkampf 1979).

11. Sbd2

In der 44. WM-Partie 1984/85 spielte Kasparow hier sogleich 11. a4 und besaß nach 11. ... h6 12. Sbd2 ed 13. cd Sb4 14. De2 Lf8 15. e5 klaren Vorteil. Der letzte Zug von Schwarz war fehlerhaft, und die Kommentatoren schlugen 15. ... de 16. S:e5 Sfd5!? vor. Ich denke allerdings, daß schon der Bauerntausch im Zentrum voreilig war. Genauer ist die Fortsetzung 12. ... Lf8.

Diese Stellung ergab sich in der neunten Partie unseres zweiten WM-Matchs, zweimal im Revanchematch 1986 und viermal im Duell von New York und Lyon 1990. Also wird von ihr noch öfter die Rede sein.

| 11. | ... | Lf8 |
| 12. | a4 | |

Auf den bescheideneren Zug 12. a3 gehen wir in Partie Nr. 13 ein.
Weiß hat jetzt übrigens nicht das Standardmanöver 12. Sf1 zur Verfügung. Die Zugfolge 12. ... ed 13. cd Sa5 zwingt ihn in Verbindung mit dem drohenden Gewinn des e-Bauern, seinen wichtigen weißfeldrigen Läufer zu tauschen. Dies ist einer der Vorzüge von 9. ... Lb7.

| 12. | ... | Dd7 |

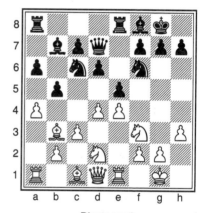

Diagramm 2

Nach 12. ... h6 ergibt sich eine Stellung, auf die in den vorhergehenden Anmerkungen aufmerksam gemacht wurde. Der verhältnismäßig seltene Zug mit der Dame brachte mir den Sieg in der vorliegenden Partie ein, aber dennoch wählte ich in späteren Treffen beständig das traditionelle h7-h6. Im Grunde entsteht jetzt auf dem Brett eine Stellung aus der Smyslow-Variante, die allerdings mit dem noch früheren Damenmanöver 9. ... Dd7 beginnt.

13. a:b5

In der Partie Hübner - Portisch (Brüssel 1987) ging Weiß vor den Vereinfachungen am Damenflügel mit seinem d-Bauern nach vorn:

13. d5 Se7 14. c4 Sg6 (vorgekommen sind auch 14. ... h6 oder 14. ... g6) 15. Lc2, und er besaß nur die übliche spanische Initiative. Gut bekannt ist auch der Läuferrückzug 13. La2 oder 13. Lc2, aber der Tausch auf b5 gilt zur Zeit als stärkste Fortsetzung.

13. ... a:b5
14. T:a8 L:a8

Jetzt hat Schwarz auf 15. Sg5 die Antwort 15. ... Te7 und weiter h7-h6. Im Falle von 14. ... T:a8 15. Sg5 muß der Springer auf die achte Reihe zurück, und Weiß besetzt das Zentrum: 15. ... Sd8 16. Sdf3 ed (16. ... b6 17. S:f7! T:f7 18. de) 17. e5! In der Partie Iwantschuk - Portisch (Linares 1990) besaß Weiß nach 16. ... c5 17. de de 18. D:d7 S:d7 19. S:f7! c4 20. S:d8 T:d8 21. La2 Te8 22. Le8 deutlichen Vorteil.

15. d5

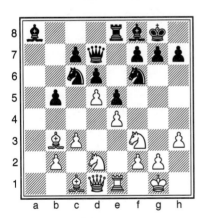

Diagramm 3

Zum ersten Mal kam diese Stellung in der 46. WM-Partie 1984/85 vor, wo ich den Springer zurückzog, und nach 15. ... Sd8 16. Sf1 h6 17. S3h2! Sb7 18. Lc2 Sc5 19. b4 Sa6 20. Sg4 Sh7 21. Sg3 c6 22. dc L:c6 23. Lb3 Sc7 24. Df3 Se6 25. h4 Dd8 26. Td1 hatte Weiß klares Übergewicht.

Schlecht wäre jetzt 26. ... D:h4? 27. Sf5 Dd8 28. S:e5 Shg5 (28. ... Seg5 29. L:f7+!) 29. Dg4 L:e4 30. S:f7!, und Weiß behält die Oberhand. Ich antwortete 26. ... Da8, und nach 27. Ld5?! L:d5 28. ed Sc7 29. Se4 Dc8! hatte ich mich allmählich aus der mißlichen Lage befreit. Allerdings konnte Weiß durch 27. L:h6! gh 28. T:d6! L:d6 (oder 28. ... Lg7 29. Sf5 L:e4 30. Sf:h6+ L:h6 31. S:h6+ Kg7 32. D:f7+ K:h6 33. L:e6 Db8 34. Lf5 D:d6 35. Dh7 matt) 29. S:h6+ Kh8 30. S:f7+ Kg7 31. S:d6 Te7 32. Dg4 usw. entscheidende Überlegenheit erreichen. Der schwarze Springer hat jedoch noch andere Rückzugsmöglichkeiten. Dazu gehört 15. ... Sa5, was in dieser Partie erprobt wurde.

Den Weg 15. ... Se7 beschritt ich einige Jahre später (siehe Partie Nr. 2).

In der Begegnung Kasparow - Smejkal (Dubai 1986) entwickelte sich das Spiel nach 15. ... Sb8 ungünstig für den Nachziehenden:

16. Sf1 Sa6 17. Lg5! Le7 18. Sg3 g6 19. Dd2 Lb7 20. Ta1 Ta8 21. Lc2 c6 22. dc L:c6 23. Td1 Td8 24. De3 Db7 25. Lh6 Sc7 26. Sf5, und Weiß steht überlegen.

15. ... Sa5

Gewinnt ein Tempo im Vergleich mit anderen Rückzügen, zumindest gegenüber 15. ... Sd8 in der Partie (1,46).

16. La2 c6
17. b4 Sb7

Schon im ersten Match, bei der Analyse der 46. Partie, untersuchten die Großmeister hier das Manöver 17. ... Sc4. Dabei wäre möglich 18. S:c4 bc 19. Lg5! (19. L:c4 cd 20. ed Tc8 21. Db3 Dc7 22. Sd2 g6! mit gleichem Spiel. Der schwarze Läufer will nach h6.) 19. ... cd 20. L:f6 e. 21. S:e5 Da7 22. Sg4 D:a2 23. Sh6+ Kh8 24. Dh5 (24. Ld4 ist ebenfalls gut) 24. ... gf 25. D:f7 L:h6 26. D:e8+ Kg7 27. De7+, mit Vorteil von Weiß, da die gegnerischen Läufer keine Perspektive haben.

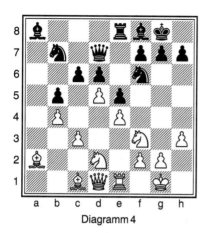

Diagramm 4

Nach dem Auftauchen des Springers auf b7 durch den Textzug 17. ... Sb7 kann Schwarz offenbar kaum noch Luft holen. Der Schein trügt jedoch. Nimzowitsch bemerkte einmal, daß eine lange eingesperrte Figur mit dem Erringen der Freiheit eine unglaubliche Kraft entfalten könne. Wahrhaftig, meinem Läufer auf a8 war in dieser Partie durch die eigenen Bauern b7 und c6 längere Zeit die Sicht versperrt. Befreit von diesen Begleitern, entwickelte er eine stürmische Aktivität, wodurch Schwarz die Oberhand gewann.

18. c4

Offensichtlich ist der Standardzug 18. Sf1 zuverlässiger. Nach 18. ... cd (18. ... c5 19. Lg5 Le7 20. Sg3 g6 21. Dd2, bereitet vor Sh2 und f4) 19. ed h6 20. Sg3 (20. S3h2 Sd8 21. Sg4 Sh7, mit der Absicht, Gegenspiel durch f7-f5 zu erlangen) 20. ... Tc8 21. Dd3 Sd8 22. Sh2! g6 23. h4!, mit weißer Initiative. Gefährlich wäre 19. ... Tc8 20. Lg5! Se8 21. Dd3 g6 22. Sg3 h6 23. Ld2 f5 24. Sh4! (Variante von L. Gutman).

18. ... Tc8!

Vor dem Springerrückzug nach d8 ist es nützlich, mit dem Turm eine starke Linie zu besetzen.

19. d:c6

Durch die Aufgabe des Zentrums erhält Schwarz sofort ein vollwertiges Spiel.

Spannende Ereignisse ergaben sich nach 19. De2 (andere Wege wären 19. Lb2 und 19. c5) 19. ... Sd8! 20. Lb2 bc 21. S:c4 Da7! 22. Ta1 cd 23. ed L:d5 24. S:d6 L:d6 (24. ... L:f3 25. S:c8 D:a2 26. gf mit unklarem Spiel) 25. L:d5 D:a1+ 26. L:a1 Tc1+ 27. Kh2 (27. Ke1 L:b4) 27. ... T:a1, und Schwarz hat ausreichende Kompensation für den geringen Materialnachteil. Gute Chancen bietet ihm ebenso 21. ... Tb8!

19. ... D:c6
20. c5?

Recht hitzig gespielt, besser war sofort 20. Lb2. Die Bedrohung des Punktes f7 (20. ... dc 21. L:f7+) wird leicht pariert, und Schwarz ergreift die Initiative.

20. ... Sd8
21. Lb2 d:c5!
22. b:c5

Schwarz hat auch gute Aussichten nach 22. S:e5 Da6! 23. Da1 c4 24. Lc3 Da3 25. Te3 L:b4 26. Se:c4 bc 27. L:f6 c3! 28. Tg3 Se6 oder 22. L:e6 Sd7 23. Lb2 c4.

22. ... D:c5
23. L:e5 Sd7
24. Lb2 Db4!

Genauer als 24. ... Dc2 25. Da1 Da4 26. Sd4 Sc5 27. Te3 mit scharfem Spiel.

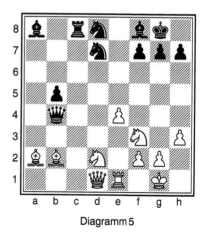

Diagramm 5

25. Sb3?

Nach 25. Db1 ist die weiße Stellung noch verteidigungsfähig. Der Wunsch nach aktiven Handlungen bringt den Anziehenden in Schwierigkeiten.

    25. ...   Sc5!
    26. La1

Ein erzwungenes Bauernopfer. Nach 26. S:c5 D:b2! 27. Te2 Da3 28. Sd3 L:e4 29. L:f7+ S:f7 30. T:e4 b4 hat Schwarz klares Übergewicht.

    26. ...   L:e4
    27. Sfd4

Eindrucksvoll gewinnen könnte Schwarz im Falle von 27. Sg5 Lc2! 28. D:c2 D:e1+ 29. Kh2 Ld6+ 30. g3 Se4.

27.	...	**Sbd7**
28.	**De2**	**Sd6**
29.	**S:c5**	**D:c5**
30.	**Dg4**	**Te8**
31.	**Td1**	**Lg6**
32.	**Df4**	**Db4!**
33.	**Dc1**	**Le4**
34.	**Te1**	**Da5**
35.	**Lb3**	**Da8**
36.	**Db2**	**b4**
37.	**Te3**	**Lg6**
38.	**T:e8**	**D:e8**
39.	**Dc1**	**Se4**
40.	**Ld5**	**Sc5**
41.	**Sb3**	**Sd3.**

Das war der Abgabezug. Der Freibauer sichert Schwarz in der vertagten Stellung den Sieg. Kasparow fand keine Rettung und gab die Partie ohne Wiederaufnahme auf.

Partie Nr. 2

Timman - Karpow
Kandidatenfinale
Kuala Lumpur 1990

1.	**e4**	**e5**
2.	**Sf3**	**Sc6**
3.	**Lb5**	**a6**
4.	**La4**	**Sf6**
5.	**0-0**	**Le7**
6.	**Te1**	**b5**
7.	**Lb3**	**d6**
8.	**c3**	**0-0**
9.	**h3**	**Lb7**
10.	**d4**	**Te8**
11.	**a4**	**Dd7**
12.	**Sbd2**	**Lf8**
13.	**a:b5**	**a:b5**
14.	**T:a8**	**L:a8**
15.	**d5**	**Se7**

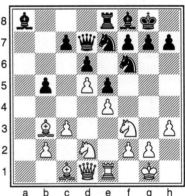

Diagramm 6

In der Partie Nr. 1 wurde der Zug 15. ... Sa5 untersucht, doch diesmal steht der Springer auf e7 gar nicht so schlecht.

    16. Sf1

Nach 16. c4 Tb8 17. Te3 c6! 18. dc S:c6 19. cb Sd4 20. Lc4S:b5 21. b3 Da7 22. Lb2 h6 23. Te1 Lc6 hat Schwarz gutes Spiel (Popovic - Smejkal, Zagreb 1985).

    16. ...   h6

Der Läuferausfall nach g5 muß verhindert werden.

17. Sg3

Ein neuer Zug. In der Begegnung A. Sokolow - Karpow (Linares 1989) folgte 17. S3h2, nach 17. ... c5 (möglich ist auch 17. ... c6) 18. dc S:c6 19. Sg4 S:g4 20. hg b4 21. g5 hg 22. L:g5 Sa5 23. La4 Lc6 24. L:c6 S:c6 25. Se3 bc 26. bc Le7 27. L:e7, wurde Frieden geschlossen.

17. ... c6
18. d:c6 L:c6
19. Sh2

Auf 19. Sh4?! wäre 19. ... d5 gut.

19. ... d5

19. ... g6?! - 20. Df3 Lg7 21. Sg4 ist zu passiv.

20. Sh5! S:e4

Schwarz kann der Annahme des Bauernopfers nicht gut ausweichen. Nach 20. ... S:h5 21. D:h5 g6 22. Df3! (schlecht wäre 22. D:e5? Sf5! mit Ausgleich, 22. Dg4!? ist dagegen für den Nachziehenden nicht ungefährlich) 22. ... h5 (Lg7 23. Sg4) 23. Lg5 hat Weiß Vorteil. Eventuell muß Schwarz riskanter spielen: 22. ... f5!?

21. Sg4

Neben dem einfachen 22. S:e5 droht auch 22. T:e4 und Sf6+.

21. ... Df5

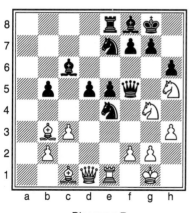

Diagramm 7

Der Damenzug nach f5 ist wohl die einzige Verteidigung von Schwarz. Nach 21. ... Dc7 kann Weiß mühelos den entscheidenden Angriff führen: 22. T:e4 de 23. S:h6+ gh 24. Sf6+ Kh8 (24. ... Kg7 25. Dh5 Sg6 26. L:h6+ Kf6 27. Dg5 matt) 25. Dh5 Sg8 26. S:g8 K:g8 27. D:g6+ Kh8 28. L:f7 Lg7 29. Lh6 Tg8 (29. ... Df7 30. D:f7 L:h6 36. Df6+) 30. L:g7+ T:g7 31. Dh6+ Kh7 32. Df8 matt.

Die Diagrammstellung ist die kritische in der Partie und möglicherweise für das gesamte Match. Timman zog hier 22. f3, und nach 22. ... S:c3 konnte ich mich aus der gefährlichen Situation herauswinden. Dabei glaubten die Kommentatoren, daß die Fortsetzung 22. T:e4 Weiß fast forciert in entscheidenden Vorteil gebracht hätte. Wahrhaftig, dieser Zug wäre äußerst gefährlich für mich gewesen, obwohl Schwarz die Stellung trotzdem halten kann. Verweilen wir hier ausführlicher. Beginnen muß man mit der Stellung nach 22. ... de 23. Sg3 Dc8 (23. ... Dd7 24. L:f7+ Kh7 25. D:d7 L:d7 26. L:e8 L:e8 27. S:e4, und Schwarz zieht den kürzeren) 24. S:e5.

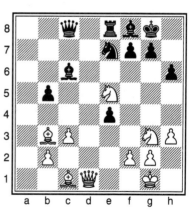

Diagramm 8

Schwarz hat zwei Verteidigungsmöglichkeiten: 24. ... Td8 und 24. ... Kh7. Nach

24. ... Td8 25. Dh5 Ld5 26. L:d5 T:d5 27. D:f7+ Kh7 28. Lf4 Td6 29. Sg4 beendeten viele die Analyse in dem Glauben, daß die Drohung 30. L:h6 unabwendbar sei. I. Saizew entdeckte jedoch eine ganz interessante Variante.

Nach 28. ... b4! 29. cb Tb5 fällt es Weiß nicht leicht, Initiative zu entfalten. 30. Sc4. Nichts bringt 30. Sg4 Sg8 31. Le5 (31. S:e4 Tf5) 31. ... Tb7!; 30. S:e4 Df5; 30. Sh5 Df5 31. De8?! T:e5 32. L:e5 Sg6! 30. ... Sg6. Es entsteht ein scharfes Spiel. Möglich ist ebenfalls 30. ... Sg8, aber 30. ... T:b4 31. Sd6 Dd8 32. Sh5 T:b2 (32. ... Sg8 33. Df5+ g6 34. Df7+ Kh8 35. D:g6+ mit Gewinn) führt zu einem altertümlichen Matt: 33. Sf6+ Kh8 34. Dg8+ K:g8 35. S:f7 matt. Schwarz kann sich übrigens auch nach 31. ... Da8 (statt 31. ... Dd8) und nun 32. Sh5, 32,Se8, 32. Sg:e4 oder 32. L:h6 nicht halten. Eine feinere Verteidigung besteht in 24. ... Kh7! 25. L:f7. Nach 25. S:f7 zwingt die Antwort 25. ... Sf5 Weiß, das Remis zu forcieren: 26. S:f5 D:f5 27. Sg5+ Kh8 28. Sf7+ Kh7 29. Sg5+ usw., und 25. Dh5 geht nicht wegen 25. ... g6. 25. ... Td8 26. Dh5. Auf 26. Dc2 folgt 26. ... g6!, und die direkte Variante 27. S:e4 L:e4 28. D:e4 Td1+ 29. Kh2 T:c1 (29. ... Df5? 30. L:g6+!) 30. S:g6 Df5 31. S:f8+ Kg7 32. D:f5 (32. D:e7? Df4+) 32. ... S:f5 33. Le6 führt zu vollständigem Ausgleich. Falls nun 27. Lf4, dann hat nach 27. ... Lg7 28. S:g6 (harmlos ist auch 28. S:e4 L:e5 29. L:e5 L:e4 30. D:e4 Df5) 28. ... S:g6 29. S:e4 L:e4 30. D:e4 Da6 31. h4 Td1+ 32. Kh2 Df6 schon Schwarz Überlegenheit. 26. ... Td6 27. Lf4 (27. Lg5? g6!) 27. ... g6 (27. ... Sg8? 28. Dg6+! mit unausweichlichem Matt) 28. De2 Tf6 29. Le3 Lg7 (29. ... Sf5? 30. L:g6+ T:g6 31. S:g6 K:g6 32. Dg4+ Kf6 33. Ld4) 30. Ld4.

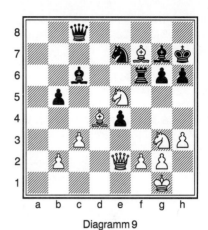

Diagramm 9

Die Situation bleibt äußerst angespannt, aber Schwarz riskiert wohl kaum einen Verlust.

22. f3

Erlaubt Weiß, den Kopf aus der Schlinge zu ziehen. Neben 22. T:e4 verdiente Beachtung 22. Sg3!? S:g3 23. T:e5 oder 22. Df3!?

22. ... S:c3!

Der einzige, aber zugleich hinreichende Zug. Es geht nicht 22. ... D:h5 23. fe Dh4 24. S:e5 Dg3 25. Te3 D:e5 26. ed Dd6 (26. ... Db8 27. dc S:c6 28. L:f7+! K:f7 29. Dd5+ mit Gewinn) 27. dc D:c6 28. Tf3. Der Anziehende steht deutlich überlegen.

23. b:c3 D:h5
24. T:e5

Nichts bringt auch 24. S:e5 Td8 25. La3.

24. ... Dh4
25. Le3

Zum Ausgleich führte 25. Dd4 Sg6 26. T:e8 L:e8 27. Ld2.

25. ... Sg6
26. Lf2 Dd8
27. T:e8 D:e8
28. L:d5 h5!
29. Se3 Sf4!
30. L:c6 D:c6
31. Lg3

Weiß muß sich schon genau verteidigen, auf 31. Dd2 folgt 32. ... Dc3 mit Vorteil für den Nachziehenden.

| 31. | ... | Se6 |
| 32. | Sd5 | Dc4 |

Oder 32. ...Sd4! 33. Lf2 (33. D:d4? Lc5, 33. cd?! D:d5, 33. Le5 D:d5 34. L:d4 Lc5) 33. ... D:d5 34. D:d4 D:d4 35. L:d4 f6 36. g4! hg 37. fg Kf7 38. Kf2 Ke6 39. Ke3 Kd5 40. h4 mit Remis.

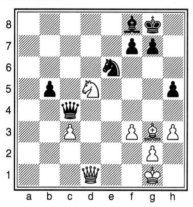

Diagramm 10

33.	Dd2	Db3
34.	Kh2	Db1
35.	De1	D:e1
36.	L:e1	Ld6+
37.	Lg3	Lc5
38.	Le1	Kf8
39.	g4	h:g4
40.	f:g4	Ke8
41.	Kg2	Kd7
42.	Lg3	Ke6
43.	Sb4+	L:b4

Remis.

Nachdem Timman in der Partie den Sieg aus den Händen gab, war er gebrochen und spielte die letzten zwei Begegnungen unter seinen Möglichkeiten. Beide konnte ich gewinnen, und der Weg zu einem neuen Zweikampf mit Kasparow war frei!

Partie Nr. 3

Kasparow - Karpow
WM-Match (2, 9)
Moskau 1985

1.	e4	e5
2.	Sf3	Sc6
3.	Lb5	a6
4.	La4	Sf6
5.	0-0	Le7
6.	Te1	b5
7.	Lb3	d6
8.	c3	0-0
9.	h3	Lb7
10.	d4	Te8
11.	Sbd2	Lf8
12.	a4	h6

Ich wählte eine andere Fortsetzung als in der 5. Matchpartie (in diesem Buch Nr. 1), wo 12. ... Dd7 geschah. Interessanterweise hat Kasparow kurz vor unserem Wettkampf in einem Trainingsmatch mit Timman diese Zugfolge zweimal gewählt. Der holländische Großmeister gab beide Male statt a2-a4 dem ruhigeren a2-a3 mit der Idee b2-b4, Lc1-b2 und c3-c4 den Vorzug. Obwohl Kasparow eine Partie gewann und die andere verlor, erhielt er in beiden aus der Eröffnung heraus das bessere Spiel.

13. Lc2
Die andere Möglichkeit ist 13. d5, der Läuferrückzug sieht jedoch solider aus.

13. ... Sb8
Der Tausch auf d4 und der Ausfall Sc6-b4 kamen, wie schon erwähnt, in zwei Partien des Revanchematchs und in vier Begegnungen des letzten Wettkampfs vor. Ausführliches Material dazu folgt später. Der Rösselsprung über b8 nach d7 ist charakteristisch für das Breyer-System. Dort spielt Schwarz gleich 9. ... Sb8 und verzichtet üblicherweise auf h7-h6. Das ist eventuell gar nicht so wesentlich.

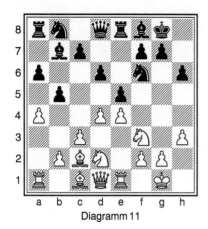

Diagramm 11

14.	Ld3	c6
15.	Sf1	Sbd7
16.	Sg3	Dc7

In der Partie Sax - Rivas (Rom 1984) zog Schwarz gleich 16. ... g6, und nach 17. Ld2 Sh7! 18. Dc1 h5 19. Dd1 Lg7 20. Lc2 Sb6 21. b3 ba 22. ba a5 23. Ld3 La6 24. L:a6 T:a6 25. de de war die Stellung völlig gleich. Energischer ist 17. h4 h5 (sonst ist h5 unangenehm), und angesichts der Schwäche von g5 verdient die weiße Stellung den Vorzug.

17.	Ld2	g6
18.	Dc1	Kh7
19.	b3	

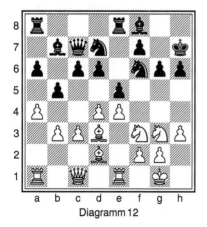

Diagramm 12

Auf 19. Dc2 (dieses Manöver verlegt Weiß auf den nächsten Zug) sieht 19. ... c5! 20. ab c4 gut aus. Aufmerksamkeit verdiente hier ebenfalls 19. h4, was 19. ... h5 erzwingt. Ein Gegenspiel im Zentrum wäre ungenügend: 19. ... c5 20. ab c4 21. b6! (21. ba cd 22. ab T:a1 23. D:a1 D:b7 mit gutem Spiel für den Bauern) 21. ... S:b6 22. Lc2 mit Vorteil. Somit kann man konstatieren, daß das Eröffnungsexperiment von Schwarz in dieser Partie nicht sonderlich gelungen war. Zum Spielende gelang es Kasparow und mir, eine kleine Studie zu schaffen, weswegen ich mich entschied, diese Begegnung als eine der Stammpartien in das Buch aufzunehmen.

19.	...	Lg7
20.	Dc2	

Gegen d6-d5 gerichtet, beispielsweise: 20. ... d5 21. S:e5 S:e5 22. de S:e4 23. S:e4 de 24. T:e4 c5 25. Tg4 D:c5 26. L:g6+! fg 27. D:g6+ Kg8 28. Te1, und der Nachziehende hat Sorgen.

20.	...	Sf8
21.	Le3	Se6
22.	Tad1	Tac8
23.	Lf1	Lf8
24.	Td2	

Der grundsätzliche Plan des Anziehenden ist verbunden mit einem Vorrücken des b- und anschließend des c-Bauern, um im Zentrum Spiel zu bekommen. Man könnte ihn schon gleich realisieren: 24. b4 Db6 25. Da2 Lg7 26. de de 27. c4.

24.	...	Db8
25.	Db1	La8
26.	b4	Lb7
27.	a:b5	

Der erste Tausch in dieser Partie erfolgt kurioserweise erst im 27. Zug.

27.	...	a:b5
28.	Ted1	Dc7
29.	Tc1	Lg7
30.	Tcd1	

Möglich ist jetzt ebenfalls 30. de de 31. c4.
Weiß stellt erneut das Vorrücken des c-
Bauern zurück, und mir gelingt es, die Stel-
lung zu konsolidieren.

30.	...	Tcd8
31.	d:e5	d:e5
32.	T:d8	T:d8
33.	T:d8	S:d8
34.	c4	b:c4
35.	L:c4	Se8

Der Ausgleich war mittels 35. ... Lc8 36. Da1
Se8 37. Da5 Le6 einfacher zu erreichen.

| 36. | Da2 | Sd6 |
| 37. | Lb3 | Sb5 |

Auf 37. ... Lc8 folgt nun unangenehm 38.
Da5.

| 38. | h4 |

20 Züge früher hätte dieses Manöver gefährlicher ausgesehen. Jetzt hat der Nachziehende ausreichendes Gegenspiel.

38.	...	Sd4
39.	L:d4	e:d4
40.	h5	De7
41.	Dd2

Weiß verliert ein wichtiges Tempo, und die
Lage spitzt sich zu. Richtig war das sofortige 41. Dc2, und nach 41. ... La6 42. Lc4 L:c4
43. D:c4 wahrte er die Initiative.

| 41. | ... | c5 |
| 42. | Dc2 | c:b4 |

Der Abgabezug. Die vertagte Stellung schaut
etwas angenehmer für Schwarz aus, Kasparow fand jedoch ein studienhaftes Remis.

| 43. | h:g6+ |

Zu schwarzer Überlegenheit führte 43. Dc4
gh 44. S:d4 De5.

| 43. | ... | f:g6 |
| 44. | Dc4 | h5 |

Nach 45. S:d4 L:e4 46. S:e4 D:e4 47. Se6
De1+ 48. Df1 Dd2 hätte Schwarz etwas
bessere Aussichten. Kasparow hatte aber
eine Überraschung vorbereitet, und schon
mußte ich mich um die Partie Sorgen machen.

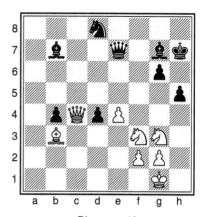

Diagramm 13

45. e5!

Mit der Öffnung der Diagonalen b1-h7 schafft
Weiß die unangenehme Drohung 46. S:h5!
gh 47. Dg8+ Kh6 48. Lc2. Das Rösselopfer
geht auch nach 45. ... h4 - 46. Sh5! gh 47.
Dg8+ Kh6 48. Lc2 mit unabwendbarem
Matt, oder 46. ... L:f3 47. Dg8+ Kh6 48. K:g7
D:g7 (48. ... Lg4 49. f4 D:g7 50. D:d8) 49.
D:d8 mit großem Endspielvorteil von Weiß.
In den Partiekommentaren zeigte Kasparow
dagegen, daß Schwarz sich in diesem Fall
herauswinden kann: 46. ... L:e5! 47. S:e5
D:e5 48. Dg8+ Kh6 49. f4 De1+ 50. Kh2 gh!
(50. ... K:h5 51. Ld1+! D:d1 52. D:d8) 51.
Dg5+ Kh7 52. D:h5+ Kg7 mit Remis.

45.	...	L:f3
46.	g:f3	L:e5
47.	f4!	L:f4!

Nach 47. ... Lg7 48. f5! bleibt dem schwarzen König keine Hoffnung mehr.

| 48. | Dg8+ | Kh6 |
| 49. | Lc2 | Dg7! |

Es verliert 49. ... Df6 wegen 50. Se4 oder
49. ... d3 50. L:d3 Df6 51. Se4 Da1 52. Kg2
Lc7 (52. ... Sc6 53. Df8+) 53. Sc3! Da8+ 54.
Sd5 Dc6 55. Df8+ Kh7 56. Le4, und alles ist
erledigt.

| 50. | D:d8 | L:g3 |
| 51. | f:g3 | De5 |

52. Df8+ Kg5
53. Kg2

Der Sturm, der über das Brett fegte, hat sich gelegt, und wir einigten uns auf Remis: 53. ... De2+ 54. Kh3 Dg4+ (D:c2?? 55. Df4 matt) 55. Kg2 De2+ mit ewigem Schach.

Partie Nr. 4

Kasparow - Karpow
WM-Revanchematch (3, 14)
Leningrad 1986

1.	e4	e5
2.	Sf3	Sc6
3.	Lb5	a6
4.	La4	Sf6
5.	0-0	Le7
6.	Te1	b5
7.	Lb3	d6
8.	c3	0-0
9.	h3	Lb7
10.	d4	Te8
11.	Sbd2	Lf8
12.	a4	h6
13.	Lc2	e:d4

Obwohl Schwarz hinsichtlich der Eröffnung in beiden "Spaniern" des Revanche-Wettkampfes keinen Grund zur Klage hat, haben die Nieder-lagen mich dennoch psychologisch stark beeindruckt. Nach dem Zweikampf mit Kasparow orientierte ich mich zeitweilig auf den anderen bekannten Zug 13. ... Tb8.

(siehe Diagramm 14)

Etwas abschweifend möchte ich zwei meiner Partien zu dem Thema vorstellen. Timman - Karpow (Tilburg 1986). 14. ab (zum Ausgleich führt 14. Ld3 Lc8 15. Sf1 Ld7 16. Sg3 Dc8 17. Lf1 Db7 18. a5 Dc8 19. Sh2 Se7 20. f4 ef 21. L:f4 Sg6, Beljawski - Gligoric, Sotschi 1986) 14. ... ab 15. Ld3 Lc8

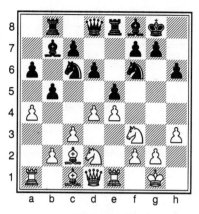

Diagramm 14

16. Sf1 (man spielt auch 16. Sb3 und 16. d5) 16. ... b4 (eine Neuerung, nach 16. ... ed 17. cd Sb4 18. Lb1 c5 19. Lf4 hat Weiß Vorteil) 17. Sg3 bc 18. bc ed 19. cd Sb4 20. Lb1 c5 21. Lf4 Tb5 22. Dd2 Ta5 23. T:a5 D:a5 24. d5 Dd8 25. Td1 Ld7. Die Stellung ist ungefähr gleich. Im Streben nach Initiative hat Weiß, wie es häufig vorkommt, seine Lage verschlechtert. Schließlich endete die Partie aber friedlich.

Hjartarson - Karpow (Dubai 1986): 16. ... Ld7 (eine andere Neuerung - statt 16. ... ed oder 16. ... b4) 17. Sg3 Dc8! 18. Le3 (besser ist 18. Ld2 Db7 19. b4! Ta8 20. Db3 T:a1 21. T:a8 D:a8 23. Db1 De8 24. Da2! mit weißer Initiative, Geller - Gligoric, Sotschi 1986) 18. ... Db7 19. de (nach 19. d5 ist das Spiel ausgeglichen) 19. ... S:e5 20. Ta7 Dc8 21. S:e5 de 22. Df3 Te6! 23. Lc2 c5. Die Chancen von Schwarz sind höher einzuordnen. Weiß rettete sich mit Mühe, nach weiteren 50 Zügen.

Der Bauerntausch im Zentrum und der Rösselzug nach b4 ist gegenwärtig das aktuellste System in der Sämisch-Variante.

14. c:d4

Gespielt wird auch 14. S:d4. Mit einem solchen Aufbau im Zentrum kann der Anziehende nicht mit Vorteil rechnen.

19

14.	...	Sb4
15.	Lb1	c5

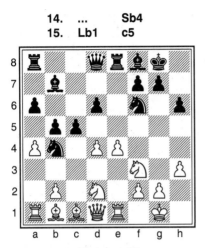

Diagramm 15

Häufig kommt auch das Nehmen auf a4 vor. Dies erfolgte z. B. in der zweiten Partie unseres Matchs 1990. Darüber sprechen wir später. Der Zug 15. ... c5 wurde gründlich geprüft, nicht nur in diesem, sondern auch in unserem fünften Zweikampf. Möglich ist ebenfalls 15. ... g6, obwohl die Ergebnisse, welche der Nachziehende damit erzielte, bescheiden sind.

16. d5

Das hält man fast für obligatorisch. Nach 16. b3 cd 17. S:d4 ba 18. T:a4 a5 19. Lb2 g6 20. Lc3 Tc8 21. L:b4 ab 22. T:b4 La8 23. Ta4 Lg7 24. Ld3 Db6 25. La6 Tcd8 ergriff Schwarz in der Partie Zeschkowski - Balaschow die Initiative (Minsk 1982). Nichts erreicht Weiß mit dem Tausch auf c5, nach 16. dc dc 17. e5 Sd7 (möglich ist auch Sh7 oder Sh5) 18. ab ab 19. T:a8 L:a8 20. e6 T:e6 21. T:e6 fe 22. Se4 Dc7, und die Aussichten sind gleich (Kasparow - Balaschow, Kislowodsk 1982).

16.	...	Sd7
17.	Ta3	

Ein typisches Manöver für diesen Eröffnungsaufbau: Mit dieser geistreichen Wendung gelangt der Turm rasch auf zentrale Linien.

Der Zug 17. Sf1 erlaubt Schwarz, mit Vorteil das Zentrum zu unterminieren - 17. ... f5! 18. e5 L:d5 19. L:f5 L:f3! 20. D:f3 S:e5 21. Dd1 c4 22. Te3 Df6 23. Sg3 d5. Die Bauernfaust im Zentrum ist eine drohende Macht, und Schwarz gelangte rasch zum Punktgewinn (Dwoiris - Kruppa, Halbfinale 54. UdSSR-Meisterschaft 1986). Nach 18. ef Sf6! hat der Nachziehende ebenfalls vorzügliche Perspektiven, z. B. : 19. Ld2 Sb:d5 20. Sg3 Dd7 21. Se4 b4! 22. Sh2 S:e4 23. L:e4 Sf6 (de Firmian - Beljawski, Tunis 1985).

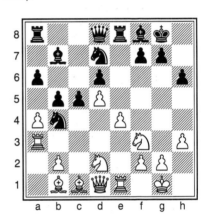

Diagramm 16

17. ... c4

Im weiteren richtete sich die Aufmerksamkeit der Theoretiker auf den Gegenschlag f7-f5. Besonders sorgfältig wurde er in unserem fünften Match (New York - Lyon 1990) geprüft. Entsprechende Partien findet der Leser weiter unten.

18. a:b5

Nun zog Weiß nach der Antwort 18. ... ab den Springer nach d4, in der 16. Partie folgt dagegen sogleich 18. Sd4. Scheinbar ist der Unterschied gering. Wir werden aber sehen, daß sich die Entwicklungswege des Spiels wesentlich unterscheiden. Der natürliche Tausch auf b5 kam übrigens in dieser

Partie das erste Mal vor. Die 14. und die 16. Begegnung des Matchs bildeten den Beginn eines heftigen Eröffnungsdisputs. Viele Partien wurden ausgetragen, und die Einschätzungen wechselten mehr als einmal. In diesem Buch wird neues und wesentliches Material zu dem Thema vorgestellt.

18. ...   a:b5

19. Sd4   T:a3

Interessant ist 19. ... Db6. Nach 20. Sf1 T:a3 21. ba Sd3 22. L:d3 D:d4 23. Le2 D:d1 24. T:d1 Sc5 mit schwarzer Initiative, stärker ist aber 20. Sf5 (möglich ist ebenfalls 20. S2f3 Sc5 21. Le3, und der Bauer e4 ist unantastbar: 21. ... S:e4 22. T:a8 L:a8 23. Ld2!) 20 ... g6 21. Sf1 Kh7 22. Dd2! T:a3 23. ba Sd3 24. L:d3 c4 25. S:h6 L:d5 26. Df4 (genauer 26. Dd3!) mit etwas Übergewicht für Weiß (Jefimow - Foigelson,UdSSR 1988). Bei der Analyse der Partie stellten die Gegner fest, daß nach 20. Sf5 der unmittelbare Tausch auf a3 für den Nachziehenden gefährlich ist, aber im nächsten Zug ist er schon möglich, beispielsweise: 20. ... g6 21. Sf1 T:a3 22. ba S:d5 23. ed T:e1+ 24. D:e1 gf 25. De8 Sf6 26. Db8 Sd7 27. De8 Sf6 mit Remis.

20. b:a3   Sd3

21. L:d3   c:d3

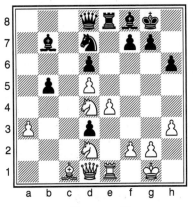

Diagramm 17

Die Diagrammstellung muß man als Ausgangspunkt für weitere Untersuchungen ansehen.

Falls nun 22. S:b5, dann hat Schwarz nach 22. ... La6, 22. ... Db6 oder 22. ... Da5 23. Sd4 Sc5 für den Bauern eine völlig ausreichende Kompensation.

22. Lb2

In der Begegnung Arnason - Chandler (Beer Sheva 1987) geschah 22. Te3, und nach 22. ... Df6 23. Lb2 Sc5 24. La1 Dd8 25. Dc1 Dc8 26. Db1! Da8 27. Sf5 Da5 28. Db4 D:b4 29. ab g6 30. S:d6 erzielte Weiß entscheidendes Übergewicht.

Interessant ist die zweite Partie des Kandidaten-Matchs Sax - Short (St. John 1988). 22. Te3 Se5! (statt 22. ... Df6, Beachtung verdiente 22. ... Sc5!) 23. S:b5 Da5 24. Sd4 Dc3 25. S2b3 La6 26. Ld2 Db2 27. Lb4 g6 28. f4. Zu riskant. Besser war 28. Dd2, um den sofortigen Damentausch anzubieten. Obwohl der Nachziehende nach 28. ... Sc4 29. D:b2 S:b2 30. Sd2 ausreichende Kompensation für den Bauern hat.

28. ... Sc4 29. T:d3 T:e4 30. Df3 Te8 31. Kh2 Lg7 32. Sc6 De2 33. Sbd4 D:f3 34. T:f3 Te4 35. Sb3 Te2 36. Scd4 Te4 37. Sc6 Te2 38. Kg3?. In großer Zeitnot lehnt Sax Zugwiederholung ab und begeht einen fatalen Fehler. 38. ... Se3 39. h4 T:g2+ 40. Kh3 Lc8+ 41. f5 L:f5+ 42. T:f5 gf 43. L:d6 Tb2 44. Se7+ Kh7 45. Sc5 Lf6. Weiß gibt auf. Zwei Versuche, das weiße Spiel zu verstärken, hängen mit dem 23. Zug zusammen.

Hübner - Short (Belfort 1988) 23. Db3 La6 24. S4f3 Dc7 25. Lb2 b4 26. ab S:f3+ 27. S:f3 Dc4 28.D:c4 L:c4 29. Lc3 g6 mit Kompensation für den Bauern. Die Partie endete unentschieden.

Iwantschuk - Kruppa (Frunse 1988) 23 S4f3! Sc4 (schlecht ist 23. ... S:f3+ 24. T:f3!) 24. T:d3 Dd7 (sicherer ist 24. ... g6) 25. S:c4! bc 26. Te3 f5 27. Sd2 Tc8 28. Lb2 Db5 20. Da1! mit gewonnener Stellung für den Anziehenden.

Genauer ist 23. ... f5 24. S:e5 T:e5 25. Lb2
Te7 (25. ... Te8? 26. Db3 fe 27. S:e4 d2 28.
Dd3! mit der Drohung 29. Sf6+) 26. Db3 fe!
27. T:e4 T:e4 28. S:e4 Da8 29. D:d3 L:d5
30. Sg3 L:g2! 31. Dg6 Lf3 32. Sf5 De4 33.
S:h6+ Kh8 34. Sf7+. Remis (Glek - A.
Kusmin, Blagoweschtschensk 1988).
In der Fernpartie Glek - Charlamow (UdSSR
1989/90) fand schon Weiß eine Verstär-
kung des Spiels: 26. ef! T:e3 27. fe L:d5 28.
Dg4 Dc8 29. Dd4 Lc4 30. S:c4 bc 31. f6 Dc7
32. a4 gf 33. Lc3! Le7 35. a5 mit starker
Initiative.

22.   ...   Da5
Einige Kommentatoren hielten den Zug für
den besten. Beachtung verdient auch
22. ... Sc5, was die Entfaltung der weißen
Attacke mittels 23. Sf5 oder 23. Dg4 verhindert. Nach 23. S:b5 hat Schwarz die Wahl
zwischen 23. ... La6 mit Initiative für den
Bauern und einer forcierten Variante, die
fast garantiert zum Remis führt: 23. ... Db6
24. a4 L:d5 25. ed T:e1+ 26. D:e1 S:a4 27.
L:g7 D:b5 (27. ... K:g7 28. Da1) 28. L:f8 K:f8
29. De3 D:d5 30. D:h6+ Kg8. Offenbar muß
Weiß 23. Te3 ziehen mit der Drohung 24.
S4b3.

23.   Sf5!
Es gelingt nicht, den vorgerückten Bauern
sofort einzukesseln: 23. Te3 Se5 24. f4 Sc4;
23. S2f3 Sc5 24. Sb3 S:b3 25. D:b3 d2 26.
Te2 Da4! 27. D:a4 ba 28. S:d2 L:d5; 23.
S2b3 Da4 24. D:d3 L:d5 - in allen Varianten
erreicht Schwarz einen Vorteil. Die Ablen-
kung der gegnerischen Dame ausnutzend,
möchte Weiß einen Königsangriff organisieren. Es droht nun 24. L:g7 L:g7 25. Dg4.

23.   ...   Se5

(siehe Diagramm 18)

Bei diesem Zug unterschätzte ich den folgenden Tausch auf e5. Zuverlässiger war
23. ... g6. Kasparow untersucht als Haupt-
fortsetzung 24. Sb3 und bringt die für beide
Seiten optimale Zugfolge - 24. ... Da4 25.

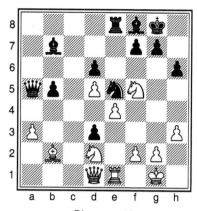

Diagramm 18

D:d3 Se5! (25. ... gf 26. Dg3+ Kh7 27. Df3)
26. L:e5 (26. Dg3 L:d5!) 26. ... T:e5 27. f4
Te8 28. Sg3 mit unklarem Spiel. Viele Kommentatoren empfahlen 24. Te3 und nun
geht nicht 24. ... gf 25. Tg3+ Kh7 26. Dh5,
dafür ist 24. ... Se5 jetzt völlig zuverlässig.
Somit kann man davon ausgehen, daß der
Eröffnungkampf für Schwarz recht zufrie-
denstellend verlief. Übrigens ist der Springerausfall nach e5 kein so schlimmer Fehler.

24.   L:e5!
Beim ersten Hinschauen sieht 24. f4 gefährlich aus. Falls nun das schüchterne
24. ... Sg6, dann hat Schwarz nach 25. Tf1
Se7 26. Se8 oder 26. Sb3 Db6 27. Ld4 Da6
28. S:h6+ gh 29. f5 ein schwieriges Spiel.
Das aktive 24. ... Sc4 führt zu einem spannenden Kampf, beispielsweise: 25. S:c4 bc
26. L:g7 Lc8! 27. L:f8 L:f5 28. L:h6 T:e4 29.
T:e4 L:e4 30. Dg4+ Lg6 31. f5 (31. Dc8+
Kh7 32. Df8 Dc5+ 33. Kh1 Dd4 mit Vorteil
von Schwarz) 31. ... De1+ 32. Kh2 De5+ mit
vollem Ausgleich, oder 26. ... L:d5! 27. Dg4
D:e1+ 28. Kh2 De2! 29. Dg3 Te61, und
Schwarz geht zum Gegenangriff über.

24.   ...   d:e5
Nach 24. ... T:e5 25. Sf3 Te8 26. D:d3 hat
Schwarz keine Kompensation für den Bau-
ern.

25. Sb3   Db6

Möglich ist ebenso 25. ... D:a3 26. D:d3 g6 27. Se3 (27. D:b5 Db4!) 27. ... Da6 28. Ta1 Db6

26. D:d8

Endlich ist der Bauer d3 beseitigt, aber für den auf a3 gibt es keine Rettung mehr.

26. ... Ta8

Beachtung verdiente 26. ... Lc8.

27. Tc1   g6

Ein Nehmen auf a3 wäre verfrüht: 27. ... T:a3 28. d6 g6 29. d7! Ta8 (29. ... Dd8 30. D:b5 La6 31. D:e5 T:b3 32. De8 Tb8 33. Tc8 usw.) 30. Se3 Td8 31. Sg4 Lg7 32. Sc5 h5 33. Se3 Lf8 34. S:b7 D:b7 35. Sd5! mit deutlichem Vorteil für Weiß.

28. Se3   L:a3

Nach 28. ... T:a3 29. Sg4 hätte der Nach-ziehende ernste Probleme, den Bauern zu halten - 29. ... Dd6 (29. ... Lg7 30. d6!) 30. D:b5 La6 31. De8! T:b3 32. Tc6!, 29. ... Ta2 30. Db1 Da7 31. Tc7 h5 32. T:b7 D:b7 33. Sf6+ mit Gewinn.

29. Ta1   Ta4

Eine hartnäckige Vereteidigung war mög-lich nach 29. ... h5 30. Dc3 f6 30. Sg4 Lf8 31. Tc1.
Selbstverständlich nicht 31. S:e5? Lg7! 32. Sd7 T:a1+ 33. S:a1 Dc7, und es gewinnt Schwarz.

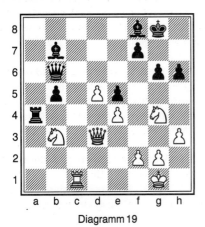

Diagramm 19

30. Sg4   Lf8

31. Tc1   Dd6?

Erst dieser in Zeitnot gewählte Zug ist der entscheidende Fehler. Ebenso wenig taug-te 31. ... Lg7 32. d6 L:e4 33. Tc8+ Kh7 34. Dd1, und der d-Bauer kann nicht aufgehal-ten werden. Viel zäher war 31. ... f6 32. Df3 Ta6 (32. ... Kg7 33. Tc6!, 32. ...Lg7 33. Sc5), und die schwarze Stellung ist schwer zu bezwingen.

32. Sc5   Tc4

33. T:c4   b:c4

34. S:b7   c:d3

35. S:d6   L:d6

36. Kf1   Kg7

37. f3   f5

38. Sf2   d2

39. Ke2   Lb4

40. Sd3   Lc3

41. Sc5.

Schwarz gab auf, da der d-Bauer verloren geht und im Endspiel keine Rettungschance besteht.

Partie Nr. 5

Kasparow - Karpow
WM-Revanchematch (3, 16)
Leningrad 1986

1.	e4	e5
2.	Sf3	Sc6
3.	Lb5	a6
4.	La4	Sf6
5.	0-0	Le7
6.	Te1	b5
7.	Lb3	d6
8.	c3	0-0
9.	h3	Lb7
10.	d4	Te8
11.	Sbd2	Lf8
12.	a4	h6
13.	Lc2	ed
14.	cd	Sb4
15.	Lb1	c5

Die Stellung mit dem ebenfalls vorkom-menden Tausch auf a4 betrachten wir weiter unten.

16.	d5	Sd7
17.	Ta3	c4
18.	Sd4	

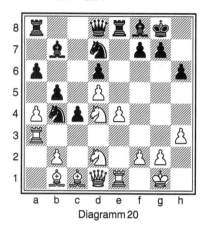

Diagramm 20

Der Rösselsprung nach d4 kam das erste Mal in der Partie Sokolow - Psachis, (Wolgograd 1985) vor. Nach 18. ... Se5 19. ab Db6 20. S2f3 Sbd3 opferte Weiß die Qualität - 21. Le3 S:e1 22. S:e1 Dc7 23. Sef3 ab 24. S:b5 Dd7, erhielt aber keine ausreichenden Kompensation. Ich bereitete für diese Begegnung die Überraschung 18. ... Df6! vor. Somit wurde die detaillierte Untersuchung der Variante 18. ... Se5 19. ab Db6 vertagt.

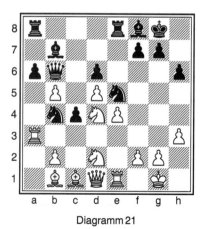

Diagramm 21

Bevor wir mit der Hauptpartie fortfahren, untersuchen wir einige wertvolle Beispiele, beginnend mit der Diagrammstellung.

Oll - Kruppa (Uschgorod 1087) 20. Sf5 Sbd3 21. L:d3 S:d3 22. Te3 ab 23. S:h6+!? gh 24. Tg3+ Lg7 25. Ta:d3 cd 26. Sb3 mit scharfem Spiel.

Eine überraschende Idee wurde in der Begegnung Sax - Short (Subotica 1987) angewandt, wo das völlig undenkbare 20. S:c4!? folgte. Ein Blitz aus heiterem Himmel. Für den Angriff auf den gegnerischen König gibt Weiß einen Springer. 20. ... S:c4 21. Tg3 Lc8 22. L:h6 ab. Es geht nicht 22. ... S:d5 23. ed T:e1+ 24. D:e1 D:d4 25. T:g7+, hartnäckiger war aber 22. ... Ld7. 23. Sf3 Ta1 24. Sg5? Nach dem besseren 24. b3! Se5 25. Dd2 Da5 26. Le3 Sg6 27. Ld4 wäre die Kompensation für die Figur ausreichend. In einer etwas anderen Situation ein Jahr später wählte Sokolow den stillen Zug b2-b3 (s. Kommentare zur nächsten Partie).

24. ... T:b1? Jetzt irrt Short, indem er einen Turm für den verträumten Läufer auf b1 gibt. Das materielle Gleichgewicht ist wiederhergestellt, aber der Angriff von Sax wird nicht schwächer. Beachtung verdient die Empfehlung Gellers 24. ... g6! 25. L:f8 K:f8 26. b3 Se5 (oder 26. ... Sa3) 27. Dd2 Sa6. Offenbar hätte auch folgende Variante den Angriff abgewehrt: 24. ... Se5 25. Dh5 g6 26. Dh4 Sbd3!

Untauglich ist 27. ... Dd8 28. Dc1 Df6 wegen 29. Sg6+!. Richtig war dagegen 27. ... Dd4, um der gegnerischen Dame die Diagonale c1-h6 zu sperren, da der Springer f8 sowieso nicht fliehen kann. Auf 28. Dc1 würde nun 29. ... Dd2 erfolgen und falls 28. b3 - 28. ... Sd2. Dennoch muß man in der zweiten Variante nach 29. Dc1 T:f8 (29. ... Sa2 30. Dc7 T:f8 31. D:d6 mit Gewinn) 30. Te2 Weiß etwas den Vorzug einräumen.

25. D:b1 gh 26. Se6+ Kh8 27. S:f8 T:f8.28. Dc1! Kh7 29. Dc3 Se5 30. D:b4 Ld7 31. Dd2 Sc4 (es drohte 32. Kh2 und f2-f4) 32. Dd1 b4 (32. ... S:b2 33. Da1!) 33. b3 Se5 34. Kh2. Weiß möchte den f-Bauern in Marsch setzen und, falls er geschlagen wird, den Turm aktivieren. 34. ... D:f2 35. Tf1 Db2 36. Dh5 f6 37. Tf4! Dd2?? Ein schlimmer Zeitnotfehler. Nach 37. ... Le8 38. Df5+ Lg6 39. De6 Dc1 40. T:f6 41. D:f6 Dc7 ist die schwarze Festung fast uneinnehmbar. 38. D:h6+! Es endet mit einem Matt. Schwarz gab auf.

Sokolow - Portisch (Brüssel 1988): 20. S:c4 S:c4 21. Tg3 Lc8 22. b3! Se5 23. Le3 (aber nicht 23. L:h6 Sbd3! mit Übergewicht für Schwarz) 23. ... Sg6. Nach 23. ... ab 24. Sf5 und 25. S:h6+ dringt der weiße Angriff durch, schlecht ist auch 23. ... Dc7 - 24. L:h6! 24. f4 Dd8. Wiederum reicht die Zeit nicht für 24. ... ab 25. f5 Se5 26. Se6 und 27. S:g7. 25. f5 Se5 26. Dd2 a5 27. L:h6 Dh4. Zäher war 27. ... Kh7 28. Lf4 Le7 29. Tf1 Lf6 30. Kh1 Ld7 31. De2 Th8, obwohl Schwarz hier nach 32. Sc6 eine schwierige Verteidigung bevorsteht.
28. Kh2 Ld7 29. Lg5 Dh5 30. Tf1 g6 31. Sc6! L:c6. Keine Erleichterung wäre 31. ... Lg7. 32. dc Tab8 33. fg fg 34. c7 Tbc8 35. b6 Dh7 36. T:f8+ T:f8 37. D:d6 Sbc6 38. Lf6 T:f6 39. D:f6 Dd7 40. b7. Schwarz gibt auf.
Bevor wir zur Stammpartie zurückkehren, bleibt zu sagen, daß statt 18. ... Se5 19. ab Db6 (oder 18. ... Df6) das sofortige 18. ... Db6 gefährlich wäre, beispielsweise: 19. Sf5 Se5 (genauer 19. ... g6 20. Tg3 Kh7) 20. Tg3 Kh7 (Ftacnik empfiehlt 20. ... g6 21. Sf3 Sed3 22. Le3 Dc7 23. L:h6 S:e1 24. D:e1) 21. Sf3 Lc8 22. S:g7! L:g7 23. Dd2 Sbd3 24. L:d3 S:d3 25. T:g7+! K:g7 26. D:h6+ Kg8 27. Le3 Dc7 28. Ld4 f6 29. D:f6 mit großem Vorteil (Sax - Nikolic, Lugano 1987).

18.   ...   Df6
19.   S2f3   Sc5

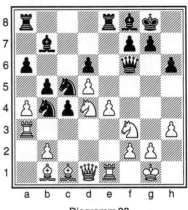

Diagramm 22

Den Damenausfall könnte man schon jetzt rechtfertigen unter Hinweis auf die Fortsetzung 19. ... Sd3 20. L:d3 (ungenügend ist 20. T:d3 cd 21. D:d3 Sc5 22. Dc2 g6) 20. ... b4! (ein wichtiger Zwischenzug) 21. L:c4 (21. Ta1 cd 22. D:d3 Sc5 23. Db1 L:d5; 23. Dc4 a5 24. Sb5 Tac8 mit Überlegenheit von Schwarz. In dieser Variante ist übrigens gut sichtbar, warum die Dame auf f6 besser steht als auf b6 (bei 18. ... Db6): im zweiten Fall ist 19. ... Sd3 schon nicht mehr so gefährlich wegen des Zwischenzuges a5.

20.   a:b5
In der Partie A. Sokolow - Karpow (Rotterdam 1989) folgte 20. Tee3 ba 21.Tac3 Sbd3 22. T:c4 S:c1 23. D:c1 Tac8 24. Lc2 g6 25. Sc6 L:c6 26. dc h5 27. Tec3 (besser 27. Da1!?) T:c6, und nach zehn Zügen einigten wir uns auf Remis.

20.   ...   a:b5
21.   S:b5
Es geht nicht 21. T:a8 T:a8 22. S:b5 Ta1 23. Sc3 Sbd3 24. Tf1 Sb3. Aber schon hier verdiente der Zug 21. Tee3!? Beachtung, der vor kurzem "gefunden" wurde. Nach 21. ... T:a3 22. ba Sbd3 23. L:d3 cd 24. De1 Df4 25. g3 Df6 26. Ld2 (mit der Drohung Lc3) 26. ... Lc8 27. Kg2 Df6 28. Sh4 Df6 29. Lc3 mit geringem Vorteil für Weiß (de Firmian - Timoschtschenko, Moskau 1990).

21. ... T:a3
22. S:a3

Im Falle von 22. ba dringt die schwarze Dame auf a1 ein.

22. ... La6

Noch zu früh ist es für 22. ... Sbd3 wegen 23. L:d3 S:d3 24. Te3!. Zum Beispiel 24. ... S:b2 25. L:b2 D:b2 26. S:c4 oder 24. ... La6 25. Da4 Ta8 26. Ld2 D:b2 (26. ... S:b2 27. Dc2! Sd3 28. S:c4 Da1+ 29. Se1; 28. ... L:c4 29. D:c4 Ta1+ 30. Le1) 27. S:c4 Db1 28. Le1! Sc5! 29. Dc6 Tc8 30. Db6 D:b6 31. S:b6 Tb8 32. La5, und Schwarz hat keine Kompensation für den Bauern. Deswegen verteidigte ich zuerst den Bauern c4.

23. Te3 Tb8

Das gehört zum Plan, Druck auf dem Damenflügel auszuüben. Jedoch war schon hier 23. ... Sbd3 gut möglich. Kasparow gibt die Variante 24. L:d3 cd 25. b4 S:e4 26. b5 Lb7 27. T:d3 Sc3 28. Lb2 S:d1 29. L:f6 S:f2 30. K:f2 gf 31. Sc4 mit Übergewicht für Weiß. Nach 27. Da1 (statt 27. ... Sc3) kann Weiß den Bauern wahrscheinlich nicht halten.

24. e5!?

Weniger aktiv ist 24. Tc3 Sbd3! (dieser Zug erfolgt auch nach 24. Sh2 oder 24. Se1) 25. Ld3 cd 26. Le3 S:e4 27. Tc6 Ta8 28. Da4 d2 (Anand - Timoschtschenko, Frunse 1987). Nun startet Weiß den Königsangriff, wobei die schwarze Dame und der passive Läufer auf f8 aber Handlungsfreiheit erlangen.

24. ... d:e5
25. S:e5

(siehe Diagramm 23)

Noch eine kritische Stellung. Nun ist es Zeit, einen der Springer nach d3 zu schicken, ich wählte leider den falschen. Richtig war 25. ... Scd3!, und Schwarz kann hoffnungsvoll in die Zukunft blicken. Dieses Manöver wurde offenbar gleich nach der Partie untersucht, in der Praxis kam es erstmals in der

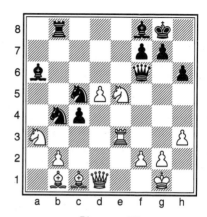

Diagramm 23

Begegnung Nunn - Psachis (Hastings 1987/ 88) vor. Nach 26. Sg4 (auch bei 26. L:d3 S:d3 27. T:d3 cd 28. Sd7 Dd6 29. S:b8 D:b8 30. Da4 kann man sich auf Remis einigen) 26. ... Dh4 27. Tg3 Kh8 28. Ld2 Ld6 29. Tf3 S:b2 30. De2 De7 31. D:e7 unterzeichneten die Partner den Friedensschluß.

Zum Zug 26. ... Dh4 gibt es einen Alternative - 26. ... Dd4 (gefährlich wäre 26. ... Db6 - 27. Tg3 g6 28. Le3) 27. Sc2 S:c2 28. L:c2.

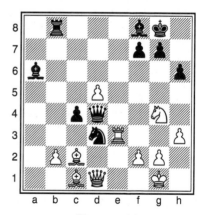

Diagramm 24

Diese Stellung kam zweimal in Partien zwischen Dwoiris und Timoschtschenko

(UdSSR 1988) vor. Im Halbfinale der Landesmeisterschaft in Barnaul erwiderte Timoschtschenko 28. ... Lc5, und nach 29. Df3! S:c1 (29. ...Tf3 30. Te4!) 30. S:h6+! Kh8 (30. ... gh 31. Dg3+Kf8 32. D:b8+ Kg7 33. Tg3+ Kf6 34. Dd8+ Ke5 35. Te3+ mit Gewinn) 31. Sf5 D:e3 (sonst: Matt 32. Dh5+ Kg8 33. Se7+ usw.) 32. fe T:b2 33. Se7! L:e3+ 34. D:e3 T:c2 35. De5 gab er auf. In einer weiteren Partie zog Timoschtschenko stärker 28. ... Ld6! So ging es weiter: 29. b3. Oder 29. Te2 S:c1 30. D:c1 D:d5 31. S:h6+ Kf8! 32. Te1 mit unklarem Spiel (schlecht ist 32. Td2 Lf4! 33. T:d5 L:c1). 29. ... Da1 30. bc L:c4 31. L:d3 L:d3 32. Te1 Lg6 33. Ld2 Tb1 34. De2 T:e1+ 35. D:e1 D:e1+ 36. L:e1 Le4 37. Se3 Lc5. Remis. Eigentlich könnte man unsere spanische Diskussion zu den Eröffnungergebnissen im Revanche-Match hier beenden. Die aufgeführten Varianten zeigen, daß der schwarze Plan ehrenhaft die Prüfungen bestanden hat. Den weiteren halsbrecherischen Teil der Partie absolvieren wir etwas zügiger.

| 25. | ... | Sbd3? |
| 26. | Sg4? | |

Auch der Gegner antwortet mit einem Versehen. Der Zug 26. Dc2! hätte für mich traurige Folgen gehabt. Unter Verteidigung des Bauern f2 greift die Dame auf der gefährlichen Diagonale an, wodurch der Springer d3 einer unangenehmen Fesselung unterworfen wird. Jetzt geht weder 26. ... Sb3 - 27. Sd7 noch 26. ... Td8 - 27. Sa:c4 T:d5 28. b4, oder 26. ... Tb4 - 27. Sc6 Tb7 28. Te8 g6 29. Le3 T:b2 30. Ld4, mit deutlichem Vorteil für Weiß, obwohl das Spiel noch nicht beendet ist. Nach der Weiß unterlaufenen Ungenauigkeit, ist wieder ein dynamisches Gleichgewicht auf dem Brett.

| 26. | ... | Db6 |
| 27. | Tg3 | g6 |

Eine sichere Fortsetzung, obwohl auch 27. ... Kh8 oder 27. ... Se4 möglich war.

28.	L:h6	D:b2
29.	Df3	Sd7
30.	L:f8	K:f8
31.	Kh2	Tb3!

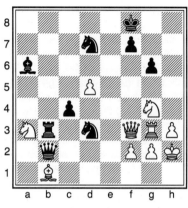

Diagramm 25

Der Turmzug wurde von vielen kritisiert, aber er ist wahrhaftig stärker als 31. ... D:a3, 31. ... Dc1 oder 31. ... Kg7.

| 32. | L:d3 | c:d3?? |

Ein schreckliches Versehen, ich versuche es zu erklären. Zuerst muß ich zugeben, daß ich davon ausging, Schwarz stehe bereits überlegen. In der Tat, der weiße Damenflügel ist vernichtet, und der gegnerische Königsangriff erschien mir uneffektiv. Selbstverständlich begann ich die Analyse der Stellung mit dem Zug 32. ... cd. Nachdem ich ihn lange untersucht hatte, erkannte ich, daß er unbefriedigend war. Aber auch bei anderen Fortsetzungen stellte ich jedes Mal fest, daß Schwarz kein Übergewicht hat. Nachdem ich den bedauerlichen Fakt festgestellt hatte, warf ich einen Blick auf die Uhr und entdeckte, daß sich der Zeiger der gefährlichen Marke nähert. Und mechanisch machte ich gerade den Zug, über den ich am meisten nachgedacht hatte... Natürlich sah ich die folgende einfache Variante: 32. ... T:d3 33. Df4 D:a8 34. Sh6 De7 35.

T:g6 De5 36. D:e5 (hier käme die in der Partie erfolgte Kombination nicht durch: 36. Tg8+ Ke7 37. d6+ T:d6 38. Sf5+ Kf6 39. D:e5+ K:e5 40. S:d6 K:d6) 36. ... S:e5 37. T:a6 T:d5 38. Ta8+ Ke7 39. Sf5+ Ke6 40. Se3. Es ist unmöglich, den symbolischen Vorteil von Weiß im Endspiel zu realisieren. Noch stärker ist 32. ... T:a3. Kasparow gibt folgende lange Variante an: 33. Df4 T:d3 34. Dd6+ Kg7 35. D:d7 T:g3 36. fg Lb7 37. h4 La8 38. Dd8 Dd4 39. D:a8 D:g4 40. Da1+ Kf8! 41. d6 Ke8 42. De5+ Kd8 43. Da5+ Ke8 44. Db5+ Dd7 45. De5+ De6 mit Remis.

33. Df4 D:a3?
Dieses Nehmen in starker Zeitnot verdirbt die Partie endgültig. Später entdeckte man, daß 33. ... d2! Rettungschancen bot. Sei es wie es sei, der dramatischste Fehler im Revanche-Match ist für mich der Zug 32. ... cd in dieser Begegnung.

34.	**Sh6**	**De7**
35.	**T:g6**	**De5**
36.	**Tg8+**	**Ke7**

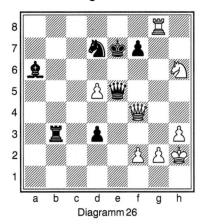

Diagramm 26

37.	**d6+!**	**Ke6**
38.	**Te8+**	**Kd5**
39.	**T:e5+**	**S:e5**
40.	**d7**	**Tb8**
41.	**S:f7.**	

Schwarz gab auf.

Partie Nr. 6

Kasparow - Karpow
WM-Match (5, 4)
New York 1990

1.	e4	e5
2.	Sf3	Sc6
3.	Lb5	a6
4.	La4	Sf6
5.	0-0	Le7
6.	Te1	b5
7.	Lb3	d6
8.	c3	0-0
9.	h3	Lb7
10.	d4	Te8
11.	Sbd2	Lf8
12.	a4	h6
13.	Lc2	e:d4
14.	c:d4	Sb4
15.	Lb1	c5

Mit der Fortsetzung 15. ...ba, die in der zweiten Begegnung vorkam, beschäftigen sich die Partien Nr. 11 und 12.

16.	d5	Sd7
17.	Ta3	f5!?

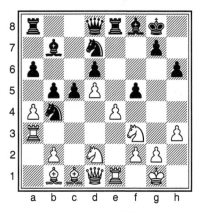

Diagramm 27

Dieser Gegenschlag im Zentrum ist schon einige Jahre bekannt, offenbar wurde er aber erst in unserem Match einer derart ernsten Analyse unterzogen.

18. e:f5

In der 20. Partie bevorzugte Kasparow 18. Tae3 (s. Partie Nr. 8), später wurde auch das Manöver 18. Sh2 gefunden (vgl. Partie Nr. 10). Damit ist die Angelegenheit jedoch noch nicht erschöpft. Der Vorstoß 18. e5!? führte Weiß in dem Treffen Raaste - Rantanen (Helsinki 1990) zu einem raschen Punktgewinn: 18. ... g6 19. e6 Sb6 20. g4 Df6 21. gf gf 22. Sh2 Te7 23. Tg3+ Tg7 24. Se4! fe 25. Sg4 T:g4 26. D:g4 Lg7 27. De4 Ld5 28. D:h7+. Schwarz gab auf.

Selbstverständlich mußte der e-Bauer vernichtet werden: 18. ... de! (schwächer wäre 18. ... S:e5 19. S:e5 de 20. L:f5 mit starker Attacke) 19. L:f5 Ld5 (Sznapik empfiehlt 19. ... Sd5!? mit der Drohung c5-c4) 20. ab Sf6 (zuverlässiger gleich 20. ... ab) 21. S:e5 ab 22. Lg6, und Weiß hat etwas Initiative (Sznapik - A. Iwanow, Biel 1990).

18. ... Sf6

18. ... L:d5 19. Se4 Sf6 wäre eine Zugumstellung, in der 22. Partie wollte ich jedoch einer mögliche Überraschung des Gegners ausweichen und wartete selbst mit einer Neuerung auf - 19. ... Lf7!? (Partie Nr. 7).

19. Se4

In dem Aufeinandertreffen Wasjukow - Rasuwajew (Moskau 1987), wo erstmals der Gegenangriff f7-f5 gespielt wurde, erhielt Schwarz nach 19. Sh2 T:e1+ 20. D:e1 De7 21. Df1 Te8! ein vortreffliches Spiel. Eine weitere Möglichkeit wurde in der Begegnung A. Sokolow - Hjartarson (Manila 1990) erprobt: 19. T:e8+ D:e8 20. Sh4 L:d5 (Aufmerksamkeit verdiente 20. ... Sb:d5) 21. Sg6. Diese Stellung wiederholte sich in der Partie S. Polgar - Kamsky (New York 1990), wo die Anziehende schwächer zog 21. Tg3?!, nach 21. ... L:a1!? 22. L:a2 S:a2 23. Sdf3 S:c1 24. D:c1 Kh7 25. Sg6 d5! 26. Sfe5 d4! 27. Sg4 Sh5!? 28. Td3 De4! 29. S:f8+ T:f8 30. Dc5 Sf4! 31. Tf3 Tf5 32. Dd6

h5 erhielt Schwarz eine große Überlegenheit.

21. ... Df7 22. Sf1 ba 23. D:a4 Le4 24. L:e4 S:e4 25. Sg3 Te8 26. Lf4 S:g3 27. T:g3 Te1+ 28. Kh2 D:f5 29. Ld2, und hier hätte das Spiel nach 29. ... Tf1! (statt 29. ... Te2?) 30. De8 D:f2 31. Le3 De1 32. De6+ Kh7 33. S:f8+ Kh8 mit ewigem Schach enden können.

19... L:d5

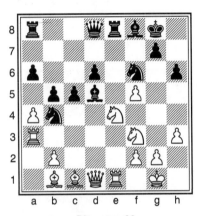

Diagramm 28

Diesen Zug hatte ich speziell für den Wettkampf vorbereitet. Nach 19. ... Sb:d5 20. ab ab 21. Db3 oder 20. S:f6+ D:f6 21. T:e8+ T:e8 22. ab ab 23. Ta7 hätte Weiß eine ernste Initiative. Weniger gefährlich ist 20. Sh2 S:e4 21. L:e4 T:e4! 22. T:e4 Sc3 23. T:c3 L:e4 24. Tg3 Kh8 mit gutem Spiel für den Nachziehenden (de Firmian - A. Ivanov, Las Vegas 1989); oder 20. Sh4 Sc7 21. Sf6+ D:f6 22. Sg6 T:e1+ 23. D:e1 Te8 24. Te3 T:e3 25. D:e3 ba 26. La2+ Ld5 27. L:d5+ S:d5 28. De4 Se7, mit gleichen Chancen (de Firmian - A. Iwanow, San Mateo 1989).

20. S:f6

Zu schwierigem Spiel führt 20. Tae3 L:e4 21. L:e4 d5 22. Lb1 T:e3 23. T:e3 d4.

20. ... D:f6

21. Ld2

Im Falle von 21. Tae3 Lf7 ist bei Schwarz alles in Ordnung. Die Partie Rantanen - Ojanen (Suomi 1990) entwickelte sich wie folgt: 21. ab ab 22. Ld2 T:a8 23. ba L:f3 24. D:f3 T:e1+ 25. L:e1 Db2 26. De4 d5 27. De6+ Kh8 28. ab D:b1 29. bc L:c5 30. f6 gf 31. D:f6+ Kg8? Hier hätte 31. ... Kh7! den halben Punkt gesichert, der unglückliche Königsrückzug verliert: 32. De6+ Kg7 33. Kh2 Dc1 34. Dd7+ Kf6 35. Dc6+ Ke7 36. Dc7+ Kf6 37. Lb4. Schwarz gab auf.

21. ... D:b2
22. L:b4 Lf7!

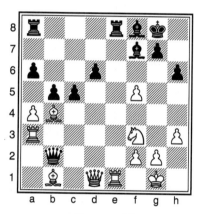

Diagramm 29

Dieses Manöver hatte Schwarz im Auge, als er den Bauern d5 mit dem Läufer schlug. Weniger gut wäre 22. ... L:f3 23. T:f3 D:b4 24. Te6 D:a4 25. Lc2 Dd4 26. Td3 Dh4 27. Tde3 mit gefährlicher weißer Initiative.

23. Te6!

Die einzige Chance im Kampf um Initiative, nach 23. ab D:b4 24. T:e8 T:e8 25. T:a6 D:b5 26. Ta7 wäre das Spiel verteilt.

28 ... D:b4

Das Qualitätsopfer ist abzulehnen: 23. ... L:e6 24. fe cb 25. Tb3 Df6 26. Te3 ba 27. Dd5 Le7 28. Dd3 g6 29. Sh4.

24. Tb8!

24. Tae3 scheitert an 24. ... ba! 25. La2 c4.

24. ... D:a4

Noch stärker ist offenbar 24. ... Dc4 mit der Drohung 25. ... ba, nach 25. Ld3 Dd5 hat Schwarz Vorteil.

25. Lc2 Tad8

Riskant wäre 25. ... T:e6 26. fe L:e6 27. Te3 (nach 27. Sg5? verliert Weiß - 27. ... hg 28. Dh5 Dh4!) 27. ... Da2 28. Dd3 Te8 29. Dg6! (weniger klar wäre 29. Dh7+ Kf7 30. Lg6+ Ke7 31. L:e8 K:e8 32. Dg8+ Ke7 33. Sh4 Da1+ 34. Kh2 Df6).

26. Tbe3 Db4
27. g3!

Zu weißer Überlegenheit hätte geführt 27. De2!? Dc4 28. T:e8 T:e8 29. T:e8 L:e8 30. D:e8 D:c2 31. De6+ Kh7 32. Df7! Dc1+ 33. Kh2 Df4+ 34. Kh1 Dc1+ 35. Sg1 Db2 36. D:f8 D:f2 37. Sf3, richtig ist dagegen 28. ... D:e2 29. T:f8+ K:f8 30. T:e2, und Schwarz steht gut.

27. ... a5

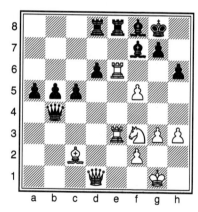

Diagramm 30

Schwarz besitzt eine Bauernlawine am Damenflügel. Dieser Vorstoß erweist sich jedoch als falsch; viel stärker war gleich 27. ... d5! Schauen wir uns folgende Varianten an: 28. T:e8 T:e8 29. T:e8 L:e8

30. D:d5+ Lf7 31. Db7 Dc8 32. Le4 (32. De4 Dc4!) 32. ... Df6 33. g4 De7 34. Dc6 De8! 35. Db7 De7!; 28. De2 Dc4 29. T:e8 D:e2 30. T:f8+ K:f8 31. T:e2 d4; 28. Se5 d4 29. Tb3 L:e6! 30. fe (30. T:b4 L:f5! 31. L:f5 T:e5!) 30. ... d3 31. T:b4 dc 32. D:c2 cb - überall mit besseren Chancen für den Nachziehenden.

28. Sh4

Nach der Meinung von Asmaiparaschwili, einem Sekundanten Kasparows, könnten die Gegner die Partie durch Zugwiederholung beenden: 28. Kg2 a4 29. De2 Dc4 30. Ld3 Dd5 31. Le4! (aber nicht 31. L:b5?! L:e6 32. fe Te7) 31. ... Dc4 32. Ld3. Dieses Ergebnis entspricht offenbar der Lage auf dem Brett.

28.	...	d5
29.	De2	Dc4!
30.	Ld3	Dc1+
31.	Kg2	

Schwächer ist 31. Kh2, da der Bauer f2 Hilfe braucht.

31.	...	c4
32.	Lc2	

Der einzige Zug, nach 32. T:e8 cd 33. T:f8+ T:f8 34. D:d3 Dc4 hat Schwarz deutlichen Vorteil.

32.	...	L:e6

Weiß hat etwas Druckspiel auf den weißen Feldern, ich habe aber zwei Mehrbauern. Hier hätte ich wahrscheinlich sofort den d-Bauern vorrücken sollen: 32. ... d4 33. T:e8 d3 34. T:f8+ K:f8 35. L:d3 cd 36. T:d3 Dc6+, und Weiß ist um seine Stellung nicht zu beneiden.

33.	T:e6	T:e6
34.	D:e6+	Kh8
35.	Sg6+	Kh7
36.	De2?	

Es verliert 36. S:f8? (36. Se5 Td6) 36. ... T:f8 37. Dg6+ Kg8 38. f6 Dg5! 39. fg D:g6 40. gfD+ K:f8 41. L:g6 a4; oder 36. Se7? L:e7 37. Dg6+ Kg8 38. De6+ Kh8! 39. D:e7 Dg5. Es scheint, daß sich Weiß retten konnte

mittels 36. Db6 Tc8 37. De6 Td8 38. Db6 mit Remis. Somit hat sich das Schlagen der Qualität nicht gelohnt.

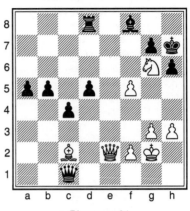

Diagramm 31

36.	...	Dg5?

In Zeitnot vergebe ich den Sieg: 36. ... d4! 37. f6 (37. Le4 d3 38. Df3 d2) 37. ... d3 38. De4 Dg5 39. S:f8+ Kg8 40. Sd7 T:d7 41. De8+ Kh7 42. D:d7 dc 43. f7 Df6, und alles ist vorbei.

37.	f6	D:f6
38.	S:f8+	Kg8
39.	Sg6	Df7?

Hier bestand die letzte Siegeschance in 39. ... d4!? Nach 40. Lf5 Dc6+ 41. Le4 Dd6! (jedoch nicht 41. ... Te8 42. L:c6! T:e2 43. Ld5+ Kh7 44. Sf8+ mit Remis) kann sich Weiß nur mit Mühe retten. Nach 40. De4! d3 41. Ld1! d2 42. Lg4 hält er sich aber noch.

40.	Se7+	Kf8
41.	Sg6+.	

Remis.

Partie Nr. 7

Kasparow - Karpow
WM-Match (5, 22)
Lyon 1990

1.	e4	e5
2.	Sf3	Sc6
3.	Lb5	a6
4.	La4	Sf6
5.	0-0	Le7
6.	Te1	b5
7.	Lb3	d6
8.	c3	0-0
9.	h3	Lb7
10.	d4	Te8
11.	Sbd2	Lf8
12.	a4	h6
13.	Lc2	e:d4
14.	c:d4	Sb4
15.	Lb1	c5
16.	d5	Sd7
17.	Ta3	f5
18.	e:f5	L:d5
19.	Se4	Lf7!

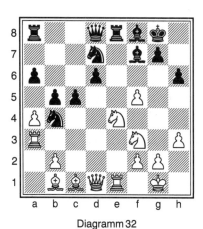

Diagramm 32

Eine Neuerung, nach der Schwarz eine aussichtsreiche Stellung erhält. Auf diesem Läuferrückzug fußte das schwarze Gegen-spiel auch in der vierten Partie. Nun besetzt er aber gleich das Feld f7. Dieser Einfall stammt von L. Portisch.

20. a:b5

Vorteilhaft für den Schwarzen wäre 20. Lf4 d5 21. Sd6 L:d6 22. L:d6 Db6! 23. Lf4 d4. Und 20. S:d6 verliert glatt: 20. ... T:e1+ 21. S:e1 Sb6 22. Lf4 Sc4 23. Td3 L:d6 24. T:d6 S:d6, der Prüfung harren dagegen 20. Ld2 und 20. Tae8.

20. ... d5!

In diesem Bauernopfer besteht die Idee von Schwarz.

21.	Sc3	T:e1+
22.	S:e1	d4
23.	Sa2	

Ein anderer Weg für den Springer wäre - 23. Se4 ab 24. f6 g6 (schlechter ist 24. ... T:a3 25. ba Sd5 26. fg L:g7 27. Sd6 und es verliert 24. ... S:f6 25. S:f6+ gf 26. Dg4+ Kh8 27. Df5 Kg8 28. L:h6 L:h6 29. Dh5 usw.) 25. T:a8 (günstig für den Nachziehenden ist 25. Dg4 T:a3 26. ba Sd5 27. Dh4 S7:f6 28. L:h6 L:h6 29. D:h6 S:e4 30. L:e4 Df6) 25. ... D:a8 26. Dg4 Da1 mit verwickeltem Spiel. Im Falle von 23. Le4 dc 24. L:a8 D:a8 25. D:d7 De4 26. Dd1 c2 27. Dd2 ab sind die Chancen etwa gleich, möglich wäre auch 23. ... Ta7 24. Se2 Sf6 25. Lf3 d3 mit Kompensation für den Bauern.

23. ... S:a2

Ich dachte ebenfalls über den Zug 23. ... a5 nach, erkannte jedoch, daß Weiß nach 24. S:b4 ab 25. T:a8 D:a8 26. b3 eine kleine Überlegenheit behält.

24. L:a2 c4!

Selbstverständlich nicht 24. ... L:a2 25. T:a2 ab 26. Db3+ c4 27. D:b5 T:a2 28. D:c4+, und Schwarz hat Sorgen.

25.	T:a6	Sc5!
26.	T:a8	D:a8
27.	Lb1	d3

Nach 27. ... Da1 28. Lf4 D:b2 29. Le5 Sb3 30. b6 ist die schwarze Stellung besorgnis-erregend. Genauer wäre 28. ... Sd7 (29. f6?

D:b2) oder 28. ... d3 29. Le5 Se4 30. Ld4 Lc5 31. L:c5 S:c5 32. f6 D:b2 33. Dg4 Se6 mit angespannter Lage. Die Matchsituation (es war die letzte Chance, die Oberhand zu erringen) zwang mich, schärfer zu spielen.

28. Le3 Da5

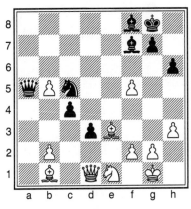

Diagramm 33

Schwarz hat zwei Bauern weniger, aber seine Figuren stehen auf idealen Feldern, der gegnerische Läufer b1 ist dagegen völlig aus dem Spiel ausgeschlossen. Der Bauernvorteil erlaubt dem Anziehenden, mittels Figurenopfer eine Befreiungsaktion durchzuführen.

29. b3!

Überzeugender als 29. f6, 29. Sf3 D:b5 oder gleich 29. S:d3.

29. ... S:b3
30. S:d3! c:d3
31. L:d3 Sc5

Mehr versprach offenbar 31. ... Dh4, obwohl nach 32. Dg4 D:g4 33. hg das Remis nicht mehr fern ist.

32. Lf1 Dc7?!

Der letzte Versuch im Kampf um Initiative bestand in 32. ... Db4!?.

33. Dg4! Kh7?

Im Falle von 33. ... h5 34. Dd4 ist der friedliche Ausgang unausweichlich.

34. Lc4 L:c4

Der Läufer kann dem Tausch nicht entgehen - 34. ... Le8? (34. ... h5 35. De2!) 35. L:h6 K:h6 36. Dh4+ Lh5 37. g4 usw.

35. D:c4 De5
36. Df7 Ld6

Sicherer ist 37. ... Df6 38. D:f6 gf mit remisverdächtigem Endspiel.

37. g3 De7

Zuverlässiger ist hier 37. ... Se4.

38. Dg6+ Kh8

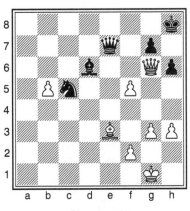

Diagramm 34

39. Ld4.

Das Remis in dieser Begegnung bewahrte Kasparow die Schachkrone, weswegen er den Partieausgang forcierte (Natürlich war dies auch eher möglich - mit 11. Sg5 usw., das wäre jedoch nicht solide, nun ist aber der Kampf erschöpft...). Objektiv stärker war 39. b6! Jetzt 39. ... Kg8 40. f6, 39. ... Sd7 40. De6!? oder 39. ... Se4 40. De6 mit der Drohung 41. D:e7, 42. b7 und 43. Lf4 hätte Schwarz in eine recht gefährliche Lage gebracht. Nach 39. ... Sb7 40. f6 gf (40. ... D:f6? 41. De8+ Kh7 42. De4+) 41. D:h6+ Kg8 würde die Sache wahrscheinlich auch friedlich enden, in dem Endspiel hätte Weiß aber bessere Chancen.

39. ... Le5

40.	L:c5	D:c5
41.	De8+	Kh7
42.	Dg6+	Kg8
43.	De8+.	

Remis.

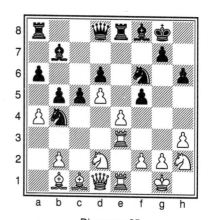

Diagramm 35

Partie Nr. 8

Kasparow - Karpow
Amsterdam 1991

1.	e4	e5
2.	Sf3	Sc6
3.	Lb5	a6
4.	La4	Sf6
5.	0-0	Le7
6.	Te1	b5
7.	Lb3	d6
8.	c3	0-0
9.	h3	Lb7
10.	d4	Te8
11.	Sbd2	Lf8
12.	a4	h6
13.	Lc2	e:d4
14.	c:d4	Sb4
15.	Lb1	c5
16.	d5	Sd7
17.	Ta3	f5
18.	Tae3	

Die Folgen des Zuges 18. ef wurden in den beiden vorigen Partien gründlich analysiert, dem neuen Zug 18. Sh2 ist die Partie Nr. 10 gewidmet.

18.	...	Sf6

Die Fortsetzung 18. ... f4 wird in der nächsten Begegnung untersucht.

19.	Sh2

Dieser Springerrückzug sicherte Kasparow den Erfolg im Weltmeisterschaftskampf. Bevor wir uns die Verstärkung des Spiels anschauen, die ich für das Treffen in Amsterdam vorbereitete, welches einige Monate später stattfand, erinnern wir uns an die WM-Partie.

Kasparow-Karpow (5,20): 19. ... Kh8. Offensichtlich nicht der beste Zug, obwohl der König in der Ecke sicherer steht. 20. b3 ba 21. ba c4 22. Lb2 fe (zuverlässiger 22. ... Tc8 23. Lc3 a5) 23. S:e4 Sf:d5 24. Tg3! Auf 24. Dh5 verliert 24. ... S:e3 25. D:h6+ Kg8 26. Sg5!!, es gibt aber eine gute Erwiderung 24. ... c3! 25. Sg5 (25. S:c3 S:e8 26. Dg6 Sec2; 25. Dg6 c2 26. D:h6+ Kg8 27. Tg3 Dc7) 25. ... D:g5 26. D:g5 hg 27. T:e8 cb 28. T:a8 L:a8 29. Te8 Kg8 30. T:a8 Sc3 mit Gewinnchancen für Schwarz.

24. ... Te6! 25. Sg4 De8?

(siehe Diagramm 36)

In einer solch scharfen Stellung kann ein unvorsichtiger Zug alles verderben. So passierte es hier. Nötig war 25. ... Sd3 26. L:d3 cd 27. T:d3 Da5 (aber nicht 27. ... Sf4 28. Tde3 Sd5 wegen 29. Sg5!) mit etwa gleichen Chancen. Nun kann Weiß ein energisches Angriffsspiel aufziehen.

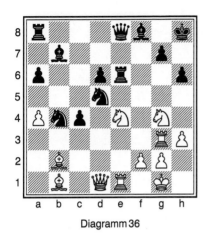

Diagramm 36

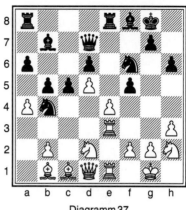

Diagramm 37

26. S:h6!
Obwohl recht verwickelte Varianten entstehen, lasse ich sie lieber weg. Der Eröffnungsstreit ging zugunsten des Anziehenden aus. Die Erinnerung an die Details dieser Partie ist keine allzu angenehme Beschäftigung. **26. ... c3.** Die Annahme des Opfers hätte auch nichts gebracht: 26. ... T:h6 27. S:d6 D:e1+ 28. D:e1 T:d6 29. De4 Th6 30. Tg6 Th7 31. T:g7! mit Matt.
27. Sf5! cb **28. Dg4** Lc8 **29. Dh4+** Th6 **30. S:h6** gh **31. Kh2!** De5 **32. Sg5!** Df6 **33. Te8** Lf5 **34. D:h6+** D:h6 **35. Sf7+** Kh7 **36. L:f5+** Dg6 **37. L:g6** Kg7 **38. T:a8** Le7 **39. Tb8** a5 **40. Le4** K:f7 **41. L:d5+.** Schwarz gab auf.
Zum nächsten Treffen mit Kasparow in dieser Variante bereitete ich einen neuen Zug vor, wodurch sich das Spiel für den Nachziehenden viel günstiger gestaltete.
19. ... Dd7!?

(siehe Diagramm 37)

20. e:f5
Die Neuerung 20. Tf3 wurde in der Begegnung Oll - Hjartarson (Philadelphia 1991) angewandt. Weiter folgte 20. ... Te5! (ein sofortiges Nehmen auf e4 ist, wie leicht ersichtlich, günstig für Weiß) 21. b3 (Falls 21. T:f5 T:f5 22. ef, so kann Schwarz auf d5

mit dem Läufer oder dem b-Springer schlagen.) 21. ... S:e4 22. S:e4 fe 23. T:e4 T:d5 (ungenügend wäre 23. ... L:d5 24. T:e5 de 25. Sg4 mit weißem Angriff) 24. De2 Te5 25. T:e5 de 26. Tg3 Td8 27. Sf1 e4!? (Hjartarson führt folgende Remisvariante an - 27. ... Dd1 28. D:e5 D:c1 29. De6+ Kh8 30. Dg6 Kg8 31. Dh7+ Kf7 32. Df5+ Kg8 33. Dh7+) 28. ab ab 29. L:h6 D:d1 30. Db2 Dd4 31. De2 Dd1 32. Db2 Dd4. Mit Zugwiederholung hätte die Partie im Falle von 33. Dc2 geendet. Nach 33. Dc1? Sd3 ergriff Schwarz die Initiative, obwohl es letztendlich nur zum Unentschieden reichte. Die Überführung des Turmes in einem Zug Ta3-f3 wurde in der Partie Nr. 10 praktiziert. Der Nachziehende erhielt aber ebenfalls ein gutes Spiel.
20. ... T:e3
Dies ist genauer als 20. ... Sb:d5 21. Te6 Sf4 22. Sg4.
21. f:e3
Nach 21. T:e3 Sb:d5 22. Tg3 Te8 hat Schwarz nichts zu befürchten.
21. ... L:d5
22. Sg4 Le7!
23. e4 Lf7
24. Sf3
Nichts ergibt 24. e5 de 25. S:e5 Dd4+ 26. Kh1 Td8.

24.	...	Td8
25.	De2	Lc4!
26.	De3	

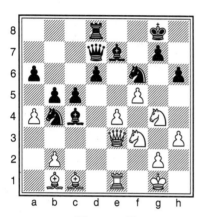

Diagramm 38

Beachtung verdient 26. Df2! Nun 26. ... Ld3 27. Dg3! S:g4 (27. ... L:b1? 28. S:h6+ Kf8 29. Sg5 L:a2 30. b3 oder 27. ... Kh8? 28. L:h6! Sh5 29. Df2! L:b1 30. Lg5 Sd3 31. Dh4 S:e1 32. L:e7 S:f3+ 33. gf Te8 34. D:h5+ Kg8 35. Sf6+! bringt Weiß sofort den Punkt) 28. D:g4 Kh8 29. Ld2 Lf6 30. Lc3 gibt dem Anziehenden das bessere Spiel. Im Falle von 26. ... S:g4! muß sich Weiß jedoch Sorgen um das Gleichgewicht machen: 27. hg Ld3 28. Ld2 L:b1 29. T:b1 Sd3 30. Dg3 c4 31. g5 Da7+ 32. Kh2 hg 33. L:g5 Tf8!? 34. ab ab 35. Ta1! D:a1 36. L:e7 Dc1! 37. D:d6 Dh6 38. D:h6 gh 39. L:f8 K:f8 40. Sd4 b4 41. b3 Sc5 42. bc b3 43. S:b3 S:b3 44. Kg3 mit nahem Remis (Variante von Kasparow).

26.	...	S:g4!
27.	h:g4	Lf6
28.	Ld2	

Ein kritischer Punkt, nach 28. e5 de 29. D:c5 Sc6 30. g5 hg 31. L:g5 L:g5 32. S:g5 Dd4+ wären die Chancen verteilt. Jetzt beginnt Schwarz, schrittweise die Bedingungen zu diktieren.

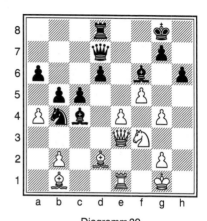

Diagramm 39

| 28. | ... | Te8! |

Habgier wäre fehl am Platz, nach 29. g5! hätte Weiß ausreichende Kompensation für den Bauern.

| 29. | b3 | |

Nicht 29. L:b4 wegen 29. ... cb 30. Dd2 b3, und 31. e5? scheitert an 31. ... Da7+.

| 29. | ... | Lf7 |
| 30. | Df2 | De7! |

Eine Stellung mit beiderseitigen Chancen ergab 30. ... L:b3 31. ab ab 32. g5 oder 30. ... ba 31. ba D:a4 32. g5.

31.	a:b5	a:b5
32.	Df1	Tb8
33.	Ld3	

Wieder wäre es schlecht, den Springer auf b4 zu nehmen - 33. L:b4 cb 34. Lc2 Dc7 mit Vorteil für Schwarz.

| 33. | ... | S:d3 |

Auf 33. ... Dd7 stört 34. g5.

34.	D:d3	c4
35.	b:c4	b:c4
36.	Da3	Tb3
37.	Da8+	De8

Ein Königsrückzug nach h7 ist weniger gut - 38. g5! hg 39. Kf2 mit der Drohung 40. Th1+.

| 38. | D:e8+ | L:e8 |
| 39. | g5 | |

Endlich verwirklichte Weiß den programmgemäßen Bauernzug, der ohne Damen jedoch an Kraft verlor. Die Initiative ging vollständig auf Schwarz über, der zudem noch den Vorteil des Läuferpaares besitzt. Der Versuch, den d-Bauern mittels 39. Lf4 anzugreifen, wird leicht pariert: 39. ... c3! 40. L:d6 c2 41. Lf4 Tb1.

39. ... h:g5
40. L:g5 Lb2

Zum Remis führte 40. ... T:f3 41. L:f6.

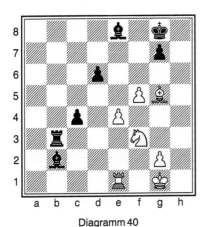

Diagramm 40

41. Td1?

Jetzt wird die Lage von Weiß äußerst schwierig, obwohl ich im weiteren den sicheren Sieg ausließ. Kasparow, der dieses Endspiel detailliert analysierte, zeigte, daß Weiß nach dem richtigen 41. e5! mit Ausgleich rechnen konnte. Hier sind die Hauptvarianten: 41. ... de 42. S:e5 c3 43. f6! gf 44. L:f6 c2 45. Sd3 L:f6 46. T:e8+ Kf7 47. Tc8; 41. ... d5 42. e6 (42. f6? Lg6! 43. fg d4!) 42. ... c3 43. f6 gf 44. L:f6 c2 45. L:b2 T:b2 46. Sd4 La4 47. e7 Kf7 48. g4! Ke8 49. Sf5 Tb6 50. Kf2 Ld7 51. Tc1 L:f5 52. gf Tc6 53. Ke3 oder 44. ... La3 45. Sd4 Lc5 46. Kf2! Kh7 47. Ke2! Tb2+ 48. Kd3 c2 49. S:c2! (49. Tc1? Lg6+ 50. Kc3 Tb1 51. T:c2 Lb4 matt) 49. ... . Lg6+ 50. Kc3 Tc2+ 51. Kb3 Lf5 52. e7 mit Remis.

41. ... La3
42. e5 c3!

Jedoch nicht 42. ... de 43. Td8 Kf8 44. S:e5 c3 45. Sg6+ Kf7 46. Se5+ mit ewigem Schach.

43. e:d6?

Hartnäckiger ist 43. Sd4 Tb2 46. ed L:d6.

43. ... c2
44. Td5 Tb1+
45. Kf2 Td1
46. Ta5 c1D
47. L:c1 L:c1
48. Ta6.

Es verliert sowohl 48. Ta1 - 48. ... Le3+, als auch 48. Ta8 wegen 48. ... Kf8! (48. ... Kf7? 49. Se5+ mit Remis) 49. Se5 T:d6 50. Sg6+ Kf7 51. Ta7+ Kf6.

48. ... Td5
49. f6

Auf 49. g4 findet sich die starke Antwort 49. ... Lf4!.

49. ... g6

Es lohnt sich, den Bauern zu erhalten, da auf 49. ... gf 50. d7! folgt.

50. g4 g5

Es bestand auch die Möglichkeit, den König dem Zentrum anzunähern - 50. ... Kf7 51. g5! Lf4 (51. ... L:g5 - 52. S:g5+ T:g5 53. Ta7+ K:f6 54. d7) 52. Ta7+ Kf8

51. Ta7 Lf4

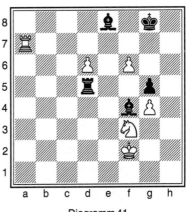

Diagramm 41

37

Stärker war das sofortige Schlagen des d-Bauern - 51. ... T:d6. Der Kampf könnte sich so entwickeln: 52. Tc7 (52. S:g5 T:f6+ 53. Sf3 Lc6; 52. Tg7+ Kf8 53. S:g5 T:f6+) 52. ... Lf4 53. S:g5 Td2+ 54. Ke1 L:c7 55. K:d2 Lf4+. In allen Varianten kann Schwarz leicht gewinnen.

52.	f7+	L:f7
53.	d7	Kf8
54.	Sg1	Td2+?

Eine zweifelhafte Fortsetzung. Im Falle von 54. ... Le6 55. Kh8 Td2+ (oder 55. ... Ld2) 56. Ke1 (56. Kf3? Ld5 Matt) 56. ... . T:d7 57. S:f4 gf 58. Ta4 Tf7 erreicht der Nachziehende entscheidenden Vorteil.

| 56. | Ke1 | Td5? |

Wieder ungenau. Es gewann 55. ... Le6! 56. Sh3 T:d7 57. S:f4 gf (57. ... T:a7 58. S:e6+ oder 59. S:g5) 58. Ta4 Lf7.

| 56. | Sh3 | Ld2+? |

Natürlich mußte statt dessen 56. ... Le3! gespielt werden (um auf 57. Ta5 die Antwort 57. ... Ld2+ zu haben) 57. Tb7 (nicht 57. Ta3 wegen 57. ... Lb6 mit 58. ... Ld8) 57. ... Le6 58. Tb5 Ke7.

| 57. | Ke2 | Kg7? |

Ein Endspiel Turm und Läufer gegen Turm entstand nach 57. ... Lc1 58. Tc7 Le6 59. T:c1 L:g4+ 60. Kf2 L:h3 61. Tc5 T:d7 62. T:g5. Erst jetzt kann Weiß endlich frei atmen...

58.	Ta2!	Lc1
59.	Tc2	La3
60.	S:g5!	Lg8
61.	Tc7	Kg6.

Remis.

Partie Nr. 9

Timman - Karpow
Kandidatenfinale
Kuala Lumpur 1990

1.	e4	e5
2.	Sf3	Sc6
3.	Lb5	a6
4.	La4	Sf6
5.	0-0	Le7
6.	Te1	b5
7.	Lb3	d6
8.	c3	0-0
9.	h3	Lb7
10.	d4	Te8
11.	Sbd2	Lf8
12.	a4	h6
13.	Lc2	e:d4
14.	c:d4	Sb4
15.	Lb1	c5
16.	d5	Sd7
17.	Ta3	f5
18.	Tae3	f4!?
19.	T3e2	

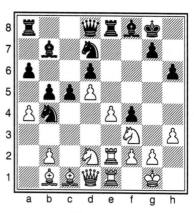

Diagramm 42

In der Begegnung de Firmian - A. Iwanow (Chicago 1988) ging der Turm nach a3 zurück, und nach 19. Ta3 Df6 20. Sb3 Sb6 21. Sa5 Tab8 22. ab ab 23. S:b7 T:b7 24. Ld2 Sc4 25. Lc3 Se5 26. De2 Df7 27. S:e5 (besser ist 27. Ta5! S:f3+ 28. D:f3 g5 29. L:b4 cb 30. e5 T:e5 31. T:e5 de 32. Ta6 mit etwas Vorteil für Weiß) 27. ... de 28. Ta5 c4 29. Dd2 De7 erhielt der Nachziehende ein bequemes Spiel. Der holländische Großmeister entschied sich für den Turmrückzug nach e2.

19.	...	Se5
20.	Sf1!?	

Der Tausch auf e5 bietet Weiß recht wenig: 20. S:e5 de 21. Sf3 Ld6 (aber nicht 21. ... g5?! 22. Ld2 h5 23. L:b4 cb 24. d6! mit gefährlicher Initiative) 22. Ld2 c4 23. Lc3 Sd3! 24. L:d3 cd 25. D:d3 b4 26. Ld2 a5 mit schwarzer Überlegenheit. Zu unklarem Spiel führt dagegen 22. b3 und falls 22. ... g5 - 23. Td2 und weiter Sh2.

20.	...	S:f3+
21.	g:f3	Dh4

21. ... g5 wird scharf beantwortet mit 22. e5.

22.	Sh2	Te5
23.	Dd2	

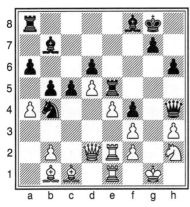

Diagramm 43

23. ... D:h3

Schon hier verdiente 23. ... g5 ernste Beachtung, beispielsweise: 24. Sg4 Lg7 25. b3 Tae8 26. Lb2 Lc8 mit vielen Möglichkeiten für Schwarz. Auf 23. ... Tg5+ hat Weiß die einzige Erwiderung 24. Sg4 (es verliert 24. Kh1 D:h3 25. Tg1 Le7 26. D:f4? T:g1+ 27. K:g1 Lg5).

Weiter konnten sich die Ereignisse wie folgt entwickeln: 24. ... h5 (oder 24. ... D:h3 25. D:f4 Th5 26. Dh2 ba 27. D:h3 T:h3 28. Kg2) 25. D:f4 Le7 26. Dg3 D:d3 (26. ... Tg6 27. e5) 27. fg hg 28. L:g5 L:g5 (schlecht wäre

28. ... gf - 29. L:e7 fe 30. L:d6) 29. f4 Le7 (nun aber nicht 29. ... L:f6?! 30. e5 Le7 31. ed L:d6 32. Te8+ T:e8 33. T:e8+ Kf7 34. Te6 Lf8 35. Lg6+ Kg8 36. d6 Lc6 37. ab ab 38. hg) 30. hg ba mit verteilten Chancen. Damit kann man die Erörterung des Eröffnungsteils beenden, uns erwartet aber noch ein äußerst spannendes Mittelspiel.

24.	D:f4	b:a4

Jedoch nicht 24. ... Tg5+ 25. Sg4 Lc8 26. Dg3!

25.	Dg4!	D:g4
26.	S:g4	Tee8
27.	f4	

Die nach dem Damentausch entstandene Stellung muß als etwas günstiger für Weiß angesehen werden. Im harten Kampf gelang es mir schrittweise, die Initiative zu erringen.

27.	...	a5
28.	f3	La6
29.	Tg2	Kf7

Auf 29. ... Kh8 war 30. f5 unangenehm, ebensowenig ging 29. ... Ld3 30. Sf6+ Kf7 31. S:e8 L:b1 32. Sc7.

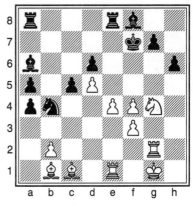

Diagramm 44

30. Td1

Interessant war hier 30. e5!? S:d5 31. Le4 (ungefährlich für Schwarz ist 31. S:h6+? gh

32. Lg6+ Ke7 33. ed+ Kd7, möglich war aber
31. Lh7 h5 32. Sh6+ gh 33. Lg8+ Ke7 34.
L:d5) 31. ... Sb4 32. L:a8 T:a8 33. e6+ Ke7
34. f5. Jetzt bewahrt Weiß einen deutlichen
Vorteil bei 34. ... Sd3?! - 35. Td1! Tb8 36.
Se3 Sf4 37. Tg4 oder 34. ... Ld3 - 35. L:h6!
gh 36. f6+, aber nach 34. ... Sd5 hätte er nur
die etwas besseren Chancen.

30.	...	Lc4
31.	Se3	Lb3
32.	Te1	c4
33.	e5!	d:e5
34.	Lg6+	Kg8
35.	Sg4	

Unklar ist die Stellung nach 35. L:e8 T:e8
(35. ... Sd3? 36. Lc6!) 36. Sg4 Sd3.

35.	...	Sd3
36.	S:h6+	g:h6
37.	L:d3+	Kh8
38.	Lg6	Ted8

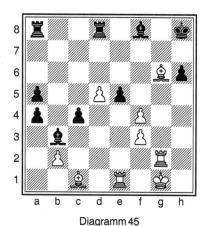

Diagramm 45

Hier zog Timman in Zeitnot 39. Ld2, und
Schwarz muß sich nach 39. ... Lb4! schon
keine Sorgen mehr machen. Zum Ausgleich führte 39. Lf7 Lc5+ 40. Kh2 Ta7.
Phantastische Varianten entstanden im Falle
von 39. fe! T:d5 40. e6! (40. Le4 T:e5 41.
Ld2 Lb4 42. L:a8 T:e1+ 43. L:e1 L:e1 ist
günstig für Schwarz.) Schlecht wäre jetzt

40. ... Td1 41. T:d1 L:d1 42. Ld2 Ta7
(42. ... Lb4 43. e7! L:d2 44. T:d2) 43. Le3!
Te7 (43. ... Ta8 44. Ld4+ und Lc2+) 44. Lc5
T:e6 45. L:f8 L:f3 46. Tg3, und Weiß ge-
winnt. Nicht gut wäre auch 40. ... Lc5+ 41.
Kh1 (41. Kf1 c3!) 41. ... Td1 (41. ... Lb4 42.
Le4 Te5 43. L:h6) 42. Ld2! T:d2 43. T:d2 Lb4
44. Tde2 mit Gewinn.
Genauer ist augenscheinlich 40. ... Lb4,
aber nach 41. Le4 Te5 42. L:h6! kommt
Schwarz nicht mit einem blauen Auge da-
von, beispielsweise: 42. ... Lc5+ (42. ... L:e1
43. Lg7+ Kg8 44. L:e5+ Kf8 45. Ld6+ Ke8
46. Tg8 matt; 42. ... T:e6 43. Lg7 Kg8 44.
Ld5 L:e1 45. L:e6 45. L:e6+ Kh7 46. Lf5+
Kg8 42. Lc3+) 43. Kf1 Ta7 44. Ld2! Lb4 45.
Th2+ Kg8 46. Lh7+! T:h7 47. T:e5 T:h2 48.
L:b4 ab 49. e7, und alles ist vorbei. Auch der
Versuch, den kritischen Punkt g7 sofort
unter Kontrolle zu nehmen, hilft wenig:
42. ... Tg8 43. T:g8+ K:g8 44. Lh7+ K:h7 45.
T:e5 K:h6 46. e7 L:e7 47. T:e7 mit Gewinn;
42. ... Ta7 43. Le3! Lc5 (43. ... Tg7 44. Ld4
Lc5 45. L:c5 T:g2+ 46. K:g2 T:c5 47. Lb1)
44. L:c5 T:c5 45. Kf2! Tg7 (45. ... Th5 46.
Lg6!) 46. Ld5! T:d5 (46. ... c3 47. L:b3 cb 48.
Th2+ Th7 49. T:h7+ K:h7 50. e7 Tc8 51.
L:a4) 47. T:g7 K:g7 48. e7, und Weiß gewinnt die Oberhand.
Die angeführten Varianten wurden in der
Zeitschrift "Die Schachwoche" veröffent-
licht. Aus ihnen ergibt sich, daß Timman mit
der Fortsetzung 39. fe! T:d5 40. e6 Sieges-
chancen behielt. Schwarz kann sich jedoch
hartnäckiger verteidigen - 40. ... Ta7!, ohne
die Kontrolle über die Felder g7 und h6
aufzugeben. Weiter kam in Frage 41. Lf7
(41. f4 Lb4 führt zu scharfem Spiel) Lc5+ 42.
Kh1 (schlechter war 42. Le3 c3! 43. bc a3
44. e7 L:e3+ 45. T:e3 Td1+ 46. Kh2 L:f7 47.
e8D+ L:e8 48. T:e8+ Kh7 mit besseren
Chancen für Schwarz) 42. ... T:f7! 43. ef
Th5+ 44. Th2 T:h2+ 45. K:h2 Kg7 mit wahrscheinlichem Remis.

39. Ld2? Lb4!

40.	Lc3	L:c3
41.	b:c3	a3

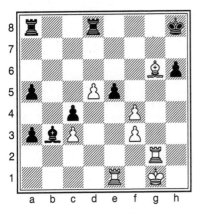

Diagramm 46

In diesem Endspiel stehen die Aussichten für Schwarz sogar etwas besser.

42.	f:e5	T:d5
43.	e6	Td1!

Genauer als 43. ... a2 44. f4.

44.	T:d1	L:d1
45.	e7	

Sofort verliert 45. Td2? La4 46. e7 Kg7 47. Td8 a2.

| 45. | ... | La4! |

Zum Unentschieden führt 45. ... Lb3 46. Te2.

| 46. | Lf7? | |

Nun erhält Schwarz entscheidendes Übergewicht. Richtig war 46. f4!?, und weiter eventuell folgende Varianten: 46. ... Tg8 47. f5 Le8 48. Ta2 (48. L:e8? a2) 48. ... L:g6 49. fg T:g6+ 50. Kf2 Te6 51. T:a3 T:e7 52. T:a5 mit Remis im Turmendspiel; 46. ... Ta7 47. Te2! (es verliert 47. e8D+ L:e8 Tg7 49. Lg6 T:g6! 50. T:g6 a2) 47. ... Tb7 48. e8D+ L:e8 49. L:e8 (aber nicht 49. T:e8+ Kg7 50. Lf5 a2 51. Te1 Kf6 52. Lc2 Tb2 53. Le4 h5 usw.) 49. ... Kg7 50. La4 Tb2 51. T:b2 ab 52. Lc2 und Remis.

| 46. | ... | Tb8 |

| 47. | Te2 | |

Es hilft nicht 47. e8D+ L:e8 48. L:e8 T:e8 49. Ta2 Te3 50. T:a3 T:f3 51. T:a5 T:c3.

47.	...	Tb1+
48.	Kf2	Tb2
49.	L:c4	Kg7
50.	Ke1	T:e2+
51.	K:e2	h5
52.	Lb3	Ld7
53.	Ke3	Kf6
54.	Kf4	Lc6!

Nach 54. ... K:e7 windet sich Weiß heraus: 55. Kg5 Le6 56. c4!

55.	c4	K:e7
56.	c5	Le8

Weiß gab angesichts der Drohung Lf7 auf.

Partie Nr. 10

Chalifmann - Karpow
Reggio Emilia 1991/92

Diese Begegnung zieht eine gewisse Bilanz in der aktuellen Theorie der Saizew-Variante. Obwohl die Partie infolge eines dummen Versehens ganz am Schluß mit einer Niederlage von mir endete, demonstriert gerade sie wie keine andere die reichen Ressourcen, die in der schwarzen Stellung stecken. Das Spiel verlief nach klassischem Muster - Weiß konzentrierte seine Kräfte am Königsflügel, während Schwarz am Damenflügel dominierte, wo er übrigens gute Fortschritte machte. Die Partie besitzt zweifelsohne theoretischen Wert.

1.	e4	e5
2.	Sf3	Sc6
3.	Lb5	a6
4.	La4	Sf6
5.	0-0	b5
6.	Lb3	Le7
7.	Te1	d6
8.	c3	0-0

9.	h3	Lb7
10.	d4	Te8
11.	Sbd2	Lf8
12.	a4	h6
13.	Lc2	e:d4
14.	c:d4	Sb4
15.	Lb1	c5
16.	d5	Sd7
17.	Ta3	f5
18.	Sh2	

Ein neuer Zug, bisher gab es, wie wir wissen, lediglich 18. ef, 18. e5 oder 18. Tae3.

18.	...	Sf6

Riskant wäre 18. ... fe 19. S:e4 L:d5 22. Tg3 mit gefährlichem weißem Angriff. Zu prüfen ist 18. ... c4 oder 18. ... Kh8.

19.	Tf3	

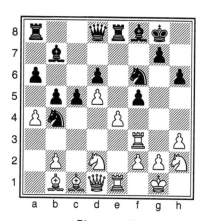

Diagramm 47

Nach 19. Tae3 entstand eine bekannte Stellung aus meinem Zweikampf mit Kasparow - 19. ... Kh8 oder 19. ... Dd7 20. ef usw. Im zweiten Fall haben wir es mit einer Stellung aus der o. g. Begegnung Oll - Hjartarson (vgl. Partie Nr. 8) zu tun. Gerade in dem Turmmanöver nach f3, über e3 hinweg, besteht die Neuerung von Weiß. Diese Fortsetzung ist übrigens, wie wir bald sehen, nicht besonders gefährlich für den Nachziehenden.

19.	...	Te5!?

Falls 19. ... fe, so 20. S:e4 Sb:d5 21. Dd3!?

20.	T:f5	

Das andere Nehmen auf f5 - 20. ef T:e1+ 21. D:e1 L:d5 22. Tg3 De8 24. Te3 Df7 - führt zu verteilten Chancen.

20.	...	T:f5
21.	e:f5	L:d5
22.	Se4	

Eine weitere Möglichkeit bestand in 24. Sg4 S:g4 25. hg (jedoch nicht 25. D:g4 Dg5!).

22.	...	L:e4

Bei einem anderen Tausch des Springers müßte sich Schwarz mehr mühen: 22. ... S:e4? 23. L:e4 L:e4 24. T:e4 d5 25. Te6 oder 22. ... ba 23. S:f6+ D:f6 24. Sg4 Dd4 25. De2.

23.	L:e4	d5
24.	Lf3	

Ein Läuferrückzug auf der üblichen Diagonale käme Schwarz entgegen: 24. Lb1 d4 25. Sg4 d3 26. S:f6+ D:f6 27. L:d3? Td8! (besser 27. Ld2, nach 27. ... c4! hat der Nachziehende ausgezeichnete Aussichten).

24.	...	c4!
25.	Te6	

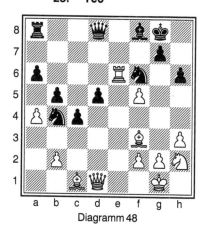

Diagramm 48

Dieser Turm bereitet Schwarz nicht viel Kummer, deswegen sollte geschehen: 25. Sg4 S:g4 26. hg Sd3 27. Te5!? S:e5 28.

D:d5+ D:d5 29. L:d5+ Kh7 30. L:a8 Sd3 oder 26. L:g4 Sd3 27. Te6 Lc5 mit etwa gleichem Spiel.

25. ...   Sd3
26. Le3   d4!

Ein genauer Zug - der b-Bauer läuft nicht davon, auf 26. ... S:b2?! war 27. Dd4! sehr stark.

27. L:h6

Der einzige Weg, Öl ins Feuer zu gießen.

27. ...   S:b2
28. Dc2

Ein wahrhafter Nahkampf. Weiß richtet seine Geschütze auf den gegnerischen König und überläßt seinen Damenflügel dem Schicksal.
Die Dame hatte auch andere Rückzüge. Ungünstig ist 28. Dc1?! Sd3 (aber nicht 28. ... S:a4) 29. Dg5 Sc5. Beachtung verdiente dagegen 28. De2 c3 29. Lg5 d3 30. De5 d2 31. L:f6 gf (31. ... d1D+ 32. L:d1 D:d1+ 33. Sf1 c2) 32. T:f6 c2 33. De6+ mit wahrscheinlichem Remis.

28. ...   S:a4

Damit ist der letzte weiße Bauer am Damenflügel vernichtet, der Springer muß aber noch in aktive Handlungen eingebunden werden.

29. Lg5   d3
30. Dd2   Sc5!

Nach 30. ... c3 kommt die weiße Dame ins Spiel: 31. Da2+ Kh8 32. T:f6! gf 33. Df7.

31. L:f6   g:f6
32. Tc6

Der Turm ist zum Rückzug gezwungen. Es ging nicht 32. L:a8 S:e6 33. fe D:a8 34. Sg4 Dd8 mit schwarzem Vorteil.

32. ...   Tc8

Der weiße Turm kann Schwarz Sorgen bereiten, deswegen soll er getauscht werden. Möglich war ebenfalls 32. ... Sb3 33. Df4 Sd4 34. Tc7 Lg7!

33. T:c8

Schlecht wäre 33. Ld5+ D:d5 34. T:c8 D:f5.

33. ...   D:c8

34. Ld5+   Kh7

Genauer, als 34. ... Kh8 35. Df4 Dd7 36. Dh4+ Dh7 37. D:f6+ Dg7 38. Dh4+ Dh6 39. Dg4 (interessant ist 39. Dd4!?) 39. ... Lg7 40. f6 mit beiderseitigen Chancen.

35. Df4

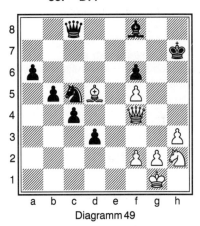

Diagramm 49

35. ...   d2!

Die Dame muß vom Königsflügel abgelenkt werden. Der andere Weg war gefährlicher - 35. ... Lh6 36. Dg3! Df8 37. Dg6+ (schlecht ist 37. Sg4 d2 38. S:f6+ Kh8 39. Dg6 d1D+ 40. Kh2 Lf4+ 41. g3 L:g3+ 42. Kg2 D:d5+, 42. fg Dd2+ 43. Lg2 Ddh6, 42. K:g3 Dg1+ 43. Lg2 Dg7) 37. ... Kh8 38. Sg4 d2 39. Lf3 oder 39. S:f6.

36. Dg4   d1D+
37. D:d1   D:f5
38. Sg4?!

Stärker war 38. Sf1.

38. ...   Lh6??

Ein unverzeihliches Versehen. Statt in einem Zug die Partie zu meinen Gunsten zu entscheiden, verliere ich unerwartet einzügig. Das war recht ärgerlich, da ich bis zu diesem Moment fast fehlerfrei gespielt hatte. Sofort entschieden hätte 38. ... Dd3! (39. S:f6+ Kg6) 39. ... Kg7 40. Se3 (40. f3 Ld6) 40. ... c3, und alles ist vorüber.

39. De1!

43

Das Feld e7 ist ungedeckt. Dies ausnutzend, bricht die weiße Dame in das gegnerische Hinterland ein.

| 39. | ... | Lf8 |

Ebensowenig hilft 39. ... Lg7 40. De7 usw.

40.	De8	Db1+
41.	Kh2	Ld6+
42.	g3	Dg6
43.	Dd8.	

Schwarz gab auf.

Das Ergebnis der Partie entspricht, wie wir sahen, nicht ganz der schöpferischen Diskussion in dieser aktuellen Variante.

Partie Nr. 11

Hjartarson - Karpow
Kandidaten-Viertelfinale
Seattle 1989

Im Kandidatenwettkampf mit Hjartarson entschloß ich mich, als Schwarzer die Spanische Partie anzuwenden. In der ersten Begegnung wich mein Gegner einem offenen Kampf aus. Er wählte die Abtauschvariante, und nach 15 Zügen erfolgte der Friedensschluß. Die vierte und die fünfte Partie verliefen recht spannend und stellen eine gewisse Bereicherung der Theorie dar. In die Kommentare zu dieser abschließenden Partie des Wettkampfes habe ich eine meiner Begegnungen mit Kasparow, welche ein Jahr später stattfand, eingefügt. In letztgenannter brachte Weiß eine wichtige Neuerung ein.

1.	e4	e5
2.	Sf3	Sc6
3.	Lb5	a6
4.	La4	Sf6
5.	0-0	Le7
6.	Te1	b5
7.	Lb3	d6
8.	c3	0-0
9.	h3	Te8
10.	d4	Lb7
11.	a4	

In der dritten Partie zog der isländische Großmeister das etwas zurückhaltendere 11. Sbd2 Lf8 12. a3 usw. Das Treffen ist in den Amerkungen zur Partie Nr. 13 enthalten, in welcher das System mit dem weißen Zug a2-a3 behandelt wird.

11.	...	h6
12.	Sbd2	Lf8
13.	Lc2	

Diese Stellung hatten wir schon einmal auf dem Brett (Hjartarson - Karpow, XXVI. Olympiade 1986), damals zog ich etwas reserviert 13. ... Tb8, und hatte nach 14. ab ab 15. Ld3 Lc8 16. Sf1 Ld7 17. Sg3 Dc8 18. Le3 Db7 19. de S:e5 20. Ta7 Dc8 21. S:e5 de alle Eröffnungsprobleme erfolgreich gelöst. Weiß konnte aber stärker spielen, z. B. 18. Ld2 oder 19. d5.

13.	...	e:d4
14.	c:d4	Sb4
15.	Lb1	b:a4

Die Alternative zu dem gegenwärtig populären Zug c7-c5. Nach 15. ... c5 16. d5 Sd7 17. Ta3 zieht Schwarz entweder c5-c4 (Partien Nr. 4,5), oder unterminiert das Zentrum mittels f7-f5 (Partien Nr. 6-10).

| 16. | T:a4 | a5 |
| 17. | Ta3 | |

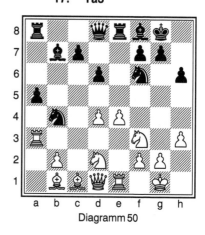

Diagramm 50

Hier spielte ich Ta8-a6. Zuvor werden wir noch auf zwei andere Fortsetzungen eingehen, die früher vorkamen - 17. ... g6 und 17. ... Dd7. Illustrieren wir sie an den Partien von A. Beljawski, der den Eröffnungskämpfen zum "Opfer" fiel.

Sax - Beljawski (Moskau 1982): 17. ... g6 18. Tae3. In der bekannten Begegnung Kasparow - Beljawski aus demselben Interzonenturnier (Moskau 1982) wurde Weiß sofort im Zentrum aktiv - 18. e5!? und nach 18. ... de 19. de Sh5! 20. Sh2 Dd5 21. Sdf3 T:e5! 22. Sg4 T:e1+ 23. D:e1 Kh7 24. Te3 Td8 entstand eine verwickelte Stellung mit beiderseitigen Chancen, in der Schwarz den Mehrbauern und Weiß dafür Kompensation hat. So endete die Partie. 25. Ld2 Dd6 26. Sge5 Ld5?! (26. ... L:f3) 27. Sh4 Kg8 28. Se:g6! fg 29. L:g6 Lf7 30. L:h5 L:h5 31. Tg3+ Kf7 32. De4 D:d2 33. Df5+ Ke7 34. Te3+ D:e3 35. fe Td1+ 36. Kh2 Td5 37. Dc8 Kf7 38. g4 Ld6+ 39. Kg2 Lg6 40. S:g6 K:g6 41. Dg8+ remis.

18. ... . Lg7 19. Sf1 c5. Auf 19. ... d5 könnte folgen 20. e5 Se4 21. Sg3!, interessant wäre jedoch 19. ... Sd7!?, um die zentralen Felder unter Kontrolle zu nehmen.

20. Sg3 cd. (Beachtung verdiente hier 20. ... Sd7)

21. S:d4 d5 22. e5 Se4 23. S:e4 de 24. L:e4 L:e4 25. T:e4 Dd5. Das Bauernopfer von Schwarz garantiert ihm keinen Ausgleich. 26. Sf3 D:d1 27. T:d1 Tac8 28. Ld2 Ted8 29. Ta1 Td5 30. Lc3 Sd3 31. Td1! a4 32. Ta1 Tb5 33. Te:a4 S:b2 34. Ta8 T:a8 35. T:a8+ Lf8 36. e6! fe 37. Sd4, und Schwarz gibt auf.

Ehlvest - Beljawski (Lwow 1984): 17. ... Dd7 18. Sh4! Der abwartende Zug der Dame, die die Diagonale d8-h4 verließ, ermöglichte den starken Springerausfall. Weniger energisch ist 18. Tae3, das in der UdSSR-Meisterschaft (Balaschow - Beljawski, Lwow 1984) vorkam: 18. ... a4 19. Sf1 d5 20. e5

Se4 21. S1d2 Db5! 22. S:e4 de 23. L:e4 L:e4 24. T:e4 Sd3 25. T1e2 c5!, und der Nachziehende hat ausreichende Kompensation für den Bauern. In dem Turnier wurde noch eine Partie zu dem Thema gespielt - 21. S3d2 c5 22. S:e4 de 23. L:e4 cd 24. Tg3 mit minimalem Vorteil für Weiß. Diese Partie endete wie die vorhergehende unentschieden (A. Sokolow - Beljawski, Lwow 1984). 18. ... Db5. Auf 18. ... g6 ist möglich: 19. Tg3! Lg7 20. S:g6!? mit Angriff.

19. Tf3 Sh7 20. Tg3 Sg5 21. Sf3. Noch stärker ist 21. Sf5?! mit vielfältigen Drohungen am Königsflügel.

21. ... S:f3+ 22. S:f3. Weiß hat eine recht gefährliche Aktivität auf dem Königsflügel. 22. ... Dh5 23. Ld2 Te7 24. Dc1 Kh8 25. d5! c5 26. Tg4! Lc8 27. Tf4 Kg8 28. e5 g5 29. Tf6 de 30. L:b4 ab 31. Dc2 Kg7 32. d6! K:f6 33. de L:e7 34. De4, und Schwarz gab auf.

17. ... Ta6!

Dieser Zug wurde erstmals in meiner Partie mit Balaschow vor zehn Jahren angewendet (50. UdSSR-Meisterschaft, Moskau 1983). Seine Idee besteht in der Prophylaxe - der schwarze Turm ist rechtzeitig zur Verteidigung des Damen- und des Königsflügels bereit. Beispielsweise überdeckt er im Falle von e4-e5 und dem Tausch auf e5 die Schwächen e6 und g6.

18. Sh2

Die Diskussion in dieser Variante wurde im Halbfinale des Kandidatenwettkampfes fortgesetzt. Timman bevorzugte das Feld h4 für diesen Springer. In unserer ersten Begegnung rückte er das Pferd sofort zum Brettrand, und in der dritten erst nach 18. Tae3 a4. Vergleichen Sie dazu bitte die folgende Partie, die dem Zug 18. Tae3 gewidmet ist. Im Treffen Sznapik - Szimtschek (Polen 1989) gab Weiß 18. Tc3 den Vorzug, und nach 18. ... g6 19. b3 Lg7 20. Lb2 c5? (richtig war 20. ... d5 21. e5 Sd7, bereitet c7-

c5 vor) 21. d5 Sd7 22. Dc1 a4 23. ba Sb6 24. Tce3 L:b2 25. D:b2 macht sich die Schwäche der schwarzen Felder am Königsflügel bald bemerkbar.

Falls 18. d5, so führt zu gleichem Spiel 18. ... c6 19. dc L:c6 20. Sd4 Lb7 21. Tae3 g6 22. Sf1 Lg7. Nicht geeignet ist das sofortige 18. e5? de 19. de Sd7 20. Sc4 Ld5 21. S:a5 L:f3 22. gf S:e5, und der Nachziehende steht besser.

18. ... g6

Lehrreich ist die Niederlage, die Schwarz in der Partie Sax - Banas (Ungarn 1984) erlitt: 18. ... Da8? 19. Tae3 Da7 (ein recht künstliches Damenmanöver) 20. e5! Sfd5 21. Tg3 de 22. de Tae6 23. Se4 Kh8 24. Sf3 Db6 25. Sfg5! hg 26. S:g5 g6 27. Dh5!! Schwarz gab wegen 27. ... gh 28. S:f7 matt auf.

19. Sg4

Ungefährlich für Schwarz ist 19. e5, was in der Partie Jo. Horvath - Rasuwajew (Sotschi 1987) vorkam: 19. ... de 20. de Sh7 21. Sc4 Dd5 22. D:d5 L:d5 23. Tc3 Sf6 24. Sd2 Sd7 25. Le4 remis.

Einen Monat später wandte Iwantschuk gegen mich den neuen Zug 19. f4 an. Hier ist diese spannende Auseinandersetzung, die nach weiteren 10 Zügen zur Erschöpfung der Streitkräfte beider Seiten führte. Iwantschuk - Karpow (Linares 1989): 19. f4 d5! (schlechter ist 19. ... c5?! 20. d5 Lg7 21. Shf3) 20. e5 Se4 21. Sg4. Das Bauernopfer darf man nicht annehmen: 21. S:e4 de 22. L:e4 L:e4 23. T:e4 c5; nichts ergibt auch 21. Shf3 c5 22. Tae3 cd (22. ... c4!?) 23. S:d4 Lc5 24. S2f3 f6!?

21. ... c5 22. S:e4 de 23. dc. Es verliert 23. Sf6+? T:f6 24. ef cd; ungeeignet ist ebenfalls 23. L:e4? L:e4 24. T:e4 f5!; Ausgleich sicherte die Variante 23. d5 L:d5 (Beachtung verdient 23. ... S:d5 24. L:e4 c4!?) 24. Sf6+ T:f6 25. ef c4 26. L:e4 Sd3 27. L:d3 T:e1+ 28. D:e1 L:a3 29. ba cd.

23. ... L:c5+ 24. Le3 Lf8 25. Sf6+ T:f6 26. D:d8. Schlecht für den Anziehenden wäre 26. ef? D:d1 27. T:d1 Sd5 28. Tb3 S:e3 29. T:e3 Lc5 30. Kf2 Te6.

26. ... T:d8 27. ef Sd3 28. Td1 L:a3 29. ba Ld5 remis (beispielsweise nach 30. L:d3 Lb3 31. Tb1 T:d3 32. Kf2).

Eine viel heimtückischere Neuerung hatte Kasparow für unser Match 1990 vorbereitet. Kasparow - Karpow (5,2): 19. f3! Ein giftiger Zug.

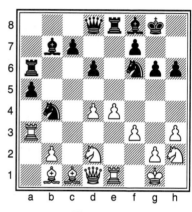

Diagramm 51

19. ... Dd7. Meine erste Reaktion war nicht ganz richtig. Logischer ist das einfache 19. ... Lg7 20. Sc4 c6 21. Ld2 Sh5 mit angenehmem Spiel für Schwarz. Weniger klar ist 20. ... Da8.

21. d5! Sh5 22. Sf1 oder 19. ... c5 20. d5 (20. dc? d5!) 20. ... Lg7 21. Sc4 Sd7 22. Le3! mit weißer Überlegenheit.

20. Sc4 Db5 21. Tc3 Lc8 22. Le3 Kh7 23. Dc1 c6. Die Schwächung des Bauern d6 entscheidet bald das Schicksal der Partie, hartnäckiger war 23. Db8.

24. Sg4 Sg8? Nun folgt die gewinnbringende Kombination von Weiß, obwohl auch der Tausch 24. ... L:g4 25. hg Db8 26. g5! (26. Kf2 d5!) für ihn günstig wäre.

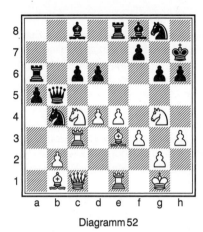

Diagramm 52

25. L:h6! L:h6 26. S:h6 S:h6 27. S:d6 Db6
28. S:e8 D:d4+ 29. Kh1 Dd8 30. Td1 D:e8
31. Dg5 Ta7 32. Td8 De6 33. f4 La6 34. f5
De7 35. Dd2 De5 36. Df2 De7 37. Dd4 Sg8
38. e5 Sd5 39. fg+ fg 40. T:c6 D:d8 41.
D:a7+ Sde7 42. T:a6 Dd1+ 43. Dg1 Dd2 44.
Df1. Schwarz gab auf.

Diese Begegnung endete somit weniger
erfolgreich für Schwarz als die kommentierte Stammpartie. Möglicherweise nimmt der
Nachziehende in künftigen Turnieren "Revanche"... In diesem Match griff ich nicht
mehr auf den Zug b5:a4 zurück.

19. ... S:g4
20. D:g4

Zu zweischneidgem Spiel führte 20. hg Lg7
21. Sf3 Lc8 22. g5 h5.

20. ... c5!?

Einen Neuerung, die zu diesem Match vor-
bereitet wurde. Schwächer ist 20. ... Lg7?!
21. Sf3 c5 22. d5 c4 23. Td1 Ta8 24. h4
Lc8?! (genauer 24. ... h5?!) 25. Dg3, und
Weiß hat gute Angriffschancen (A. Iwanow
- Klowan, Kuldiga 1987).

21. d:c5

Einmal konnte ich beobachten, wie ein be-
kannter Spieler hier standardmäßig d4-d5
zog und dabei die Antwort 21. ... L:d5
übersah.

21. ... d:c5
22. e5!?

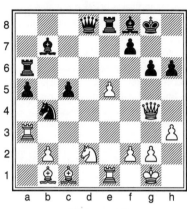

Diagramm 53

Schwer zu sagen, ob Hjartarson den Verlauf unseres Matches kippen wollte, auf
jeden Fall ist es die einzige Chance im
Kampf um die Initiative. Falls Weiß Lf8-g7
zuläßt, dann kommt er nie mehr zu e4-e5.
Die schwarze Stellung sieht gefährdet aus,
mir gelingt es jedoch, einen fast forcierten
Weg zur Vereinfachung der Lage zu finden.

22 ... Dd4!

Es wurde 22. ... h5 vorgeschlagen, dabei
werden aber alle schwarzen Felder am
Königsflügel geschwächt. Nach 23. Dg3
macht der Vorstoß 23. ... Dd4 schon keinen
Sinn mehr. Im Falle von 23. ... h4 entfernt
sich der h-Bauer zu weit von den "Seinen".
Bei der Fortsetzung Dd8-d4 mußte man
natürlich alle Folgen des entstehenden takti-
schen Scharmützels voraussehen.

23. Dg3 Tae6
24. Tae3

Schwarz erringt die Oberhand nach 24.
Sb3? Dd5 25. S:a5 T:e5 26. T:e5 T:e5 27.
S:b7 28. Kh2 T:c1.

24. ... c4!
25. Lf5 Sd3

Der Turm kann das Feld e6 wegen des
thematischen e5-e6 nicht verlassen. Mög-

lich war 25. ... Lg7 oder 25. Lc5 mit einer gewissen Kompensation für das Qualitätsopfer. Ich wollte jedoch nicht die Qualität, sondern eine ganze Dame opfern...

26. L:d3

Selbstverständlich kalkulierte ich die Variante 26. L:e6 T:e6 27. Sb3 Db6 28. T:d3 cd 29. D:d3 a4! 30. Sd4 Lc5! ein. Zu verteiltem Spiel führt 26. Sb3 Dd5 27. L:e6 T:e6.

26. ... c:d3

27. T:d3

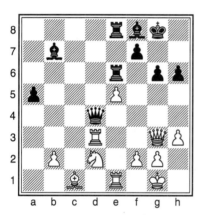

Diagramm 54

27 ... T:e5!

Ein positionelles Damenopfer beendet den Kampf in unserem Match. Die Dame hat übrigens keine guten Rückzüge, auf 27. ... Dc5 folgt 28. Sb3, auf 27. ... Db6 ist 28. Sc4 äußerst stark und die Kompensation für den Bauern ungenügend.

28. T:d4 T:e1+

29. Kh2 T:c1

Auf Grund der offenen Stellung und des Läuferpaares kann Schwarz seine Chancen mit Recht als günstig bewerten. Falls es Weiß gelingt, einen Turmtausch herbeizuführen, dann würde das die Stärke der Läufer verringern. Ein solcher Tausch ist jedoch nicht möglich.

30. Sf3

Der Springer deckt alle Schwächen. Schwarz muß nun genau spielen, z. B. falls 30. ... L:f3 31. D:f3 Tc5, so wäre seine Festung nicht derart stabil wie in der Partie. Besser war immer noch 30. Sb3.

30. ... Tc5!

Dieses elegante Manöver sichert das Zusammenspiel der schwarzen Figuren, ohne daß die weiße Dame aktiviert werden kann. So droht 31. ... Tf5, und Weiß stößt auf Schwierigkeiten.

31. Td7 L:f3

Der Tausch ist nun angebracht. Nach 31. ... Lc6 32. Td2 könnten die schwarzen Figuren ihr Zusammenspiel verlieren (es droht Sd4).

32. D:f3 Tf5

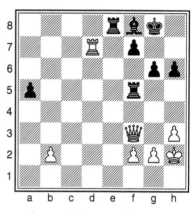

Diagramm 55

Hier bot Weiß Remis an, was ich gern akzeptierte, da ich damit den Sieg im Kandidatenmatch errang. In einer anderen Situation hätte ich den Gegner gebeten, einen Zug auszuführen und erst dann eine Entscheidung getroffen. Im Falle von 33. Dg3 Lg7! (33. ... Lc5 34. Td2 La7 35. Da3, 33. ... Te2 34. f4 Lg7 35. b3 T:f4 36. D:f4 L:e5 37. T:f7 mit Remis) 34. f4 L:b2 besitzt Schwarz die Initiative. Richtig wäre hier 33. Dd1 (der

Bauer f2 kann sowieso nicht gehalten werden) 33. ... T:f2 34. Td2 mit Tausch des aktiven schwarzen Turms. Nach der Partie stellte sich heraus, daß Hjartarson fortsetzen wollte mit 33. Dd3 T:f2 34. Td8 T:d8 35. D:d8, und Schwarz verbleibt der andere Turm. In diesem Fall könnte Schwarz nach 35. ... T:b2 36. D:a5 Ld6+ 37. Kg1 Lg3 noch auf Sieg spielen. Obwohl Weiß mit 38. Dd8+ und 39. Dd3 alle Gefahren liquidieren kann.

Partie Nr. 12

Karpow - Timman
Kandidatenfinale
Kuala Lumpur 1990

1.	e4	e5
2.	Sf3	Sc6
3.	Lb5	a6
4.	La4	Sf6
5.	0-0	Le7
6.	Te1	b5
7.	Lb3	d6
8.	c3	0-0
9.	h3	Te8
10.	d4	Lb7
11.	a4	h6
12.	Sbd2	Lf8
13.	Lc2	ed
14.	cd	Sb4
15.	Lb1	ba
16.	T:a4	a5
17.	Ta3	Ta6

All das kam schon in meinem Viertelfinalmatch mit Hjartarson vor. In der Schlußpartie wurde 18. Sh2 g6 19. Sg4 getestet. Später setzte sich die Diskussion, die mit 18. Sh2 begann, im Weltmeisterschaftskampf fort (19. f3!). Lebhaft verliefen auch die Eröffnungen zwischen diesen beiden Matchs - im Kandidatenfinale, wo Timman an der Idee Sf3-h4 hing...

18. Tae3

In der ersten Begegnung zog Timman gleich 18. Sh4?!, dabei unterschätzte er die Antwort 18. ... S:e4! Nach 19. S:e4 (19. L:e4?! d5 20. Lb1 T:e1+ 21. D:e1 Dh4) 19. ... L:e4 20. L:e4 d5! hat Schwarz ein deutliches Übergewicht. Schauen wir uns diese Partie bis zum Ende an.

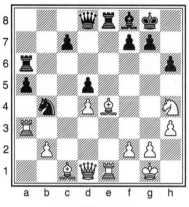

Diagramm 56

21. Tae3 Tae6. Stärker war 21. ... de!? 22. T:e4 T:e4 23. T:e4 Dd5!
22. Lg5!? D:h4! 23. T:e6 T:e6 24. T:e6 fe 25. Le3 Df6 26. Dg4. Nun erringt Schwarz entscheidenden Vorteil. Nötig war 26. Lb1!?, um mit der Dame über a4 oder h5 nach e8 zu gelangen. Nach 26. ... c5 (26. ... e5? 27. de D:e5 28. Dg4!) 27. dc e5 (auch nicht besser ist 27. ... Sc6 28. Dc2!, 27. ... D:b2 28. Ld4 Da3 29. De1! Kf7 30. Lg6+! K:g6 31. De6+ mit Remis) 28. Ld2 Sc6 29. L:a5 S:a5 30. D:d5 Kh8 31. La2 Kh7 32. Lb1+ behält Weiß gleiche Aussichten (nicht 32. ... g6 wegen 33. Le4! mit der Drohung b4).
26. ... Ld6 27. h4 Sc6! 28. Le8 Se7 29. Ld7 Sf5 30. h5 Kf7 31. Lc8 Ke7 32. b3 c5! 33. De2 cd 34. Ld2 d3! 35. Dd1 Dh4 36. g3 S:g3! Weiß gibt auf.

18.	...	a4
19.	Sh4	

49

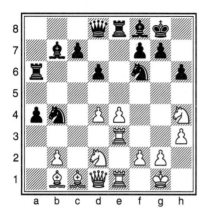

Diagramm 57

In dieser Situation ist dies schon ein recht seriöser Zug. In der Ursprungspartie Balaschow - Karpow (50. UdSSR-Meisterschaft, Moskau 1983) geschah 19. Sf1 d5 20. e5 Se4 21. S1d2 c5 22. S:e4 de 23. L:e4 L:e4 24. T:e4 c4!?, und Schwarz hat genügend Kompensation für den Bauern. Übrigens, Weiß gab ihn hier gleich zurück - 25. e6! Te:e6 26. T:e6 fe 27. Se5 Dc7 und behielt dadurch die Initiative. Genauer war möglicherweise 27. ... Dd5 28. Dh5 Ta7 29. Dg6 Sd3 30. S:d3 cd 31. D:d3 Td7 mit ungefährem Ausgleich (A. Sokolow - Bronstein, Reykjavik 1990).
In der Fernpartie Maeder - Haag (1984) geschah 19. Sh2 g6 20. Sg4 c5 (Beachtung verdiente der Tausch auf g4) 21. S:f6+ D:f6 22. dc dc 23. e5! De6 24. Se4!, und der Anziehende behielt die besseren Chancen.

19.   ...   c5!?

Jetzt geht der Einschlag auf e4 schon nicht mehr:19. ... S:e4? 20. S:e4 L:e4 (20. ... D:h4 22. Sf6+) 21. L:e4 D:h4 22. Lh7+; ebenfalls schlecht ist 19. ... Sfd5? - 20. ed T:e3 21. fe D:h4 22. Sf3 Dg3 23. e4.

20.   d:c5

Auf 20. d5 folgt 20. ... Sfd5 21. ed T:e3 22. fe D:h4.

20.   ...   d:c5

Interessant wäre auch der Gegenschlag d5!?.

21.   Sf5

Im Falle von 21. e5 Sfd5 22. Te4 a3! 23. ba Sc3 24. Dg4 S:b1 25. S:b1 L:e4 ist der Vorteil auf der Seite des Nachziehenden.

21.   ...   Lc8

Ein sicherer Zug, möglich war aber auch 21. ... g6!? 22. Tg8 Kh8 23. e5 Sfd5 (Sh5) 24. Se3 Sf4 mit verteilten Chancen.

22.   e5   Sfd5
23.   Tg3   Sf4
24.   Df3   L:f5!

Der einzige Zug, nichts taugt 24. ... Sfd3 wegen 25. De4! und ebenso 25. ... S:e1 wegen 26. Se7+.

25.   L:f5   Se6
26.   Lb1

Zu gleichem Spiel führt 26. L:e6 Ta:e6 27. Sc4.

26.   ...   Sd4
27.   Dg4?!

Verloren hätte 27. Db7? Te7, besser war aber 27. Dc3 Dd5 28. Le4 T:e5! 29. L:d5 (29. Tge3 Dd6 30. Lh7+ K:h7 31. T:e5 Sbc2 mit Ausgleich) 29. ... Te1+ 30. Kh2 S:d5 oder 27. Dd1!? mit verwickelter Stellung. Nun übernimmt dagegen Schwarz die Initiative.

27.   ...   Sbc2!
28.   De4

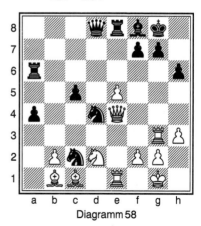

Diagramm 58

Nicht besser wäre 28. L:c2 S:c2 29. Dc4 S:e1 30. D:a6 T:e5 31. D:a4 Sd3 32. Sf3 Te2.

28.	...	f5!
29.	Dd3	S:e1
30.	D:a6	T:e5
31.	Te3	

Gefährlich für Weiß wäre dagegen 31. D:h6?! (mit der Drohung 32. La2+) 31. ... Dd5! (31. ... Se2+ 32. Kh2 S:g3 33. La2+ Td5 34. De6+) 32. Kh2 (im Falle von 32. Tg5? oder 32. Dh4? entscheidet das effektvolle 32. ... D:g2+! 33. T:g2 Sef3+ 34. S:f3 S:f3+ 35. Kh1 Te1+ 36. Tg1 T:g1 matt). Schlecht ist ebenso 31. Dc4+ Kh7 32. La2 Se2+ 33. Kh2 Ld6, nach 31. La2+ Kh8 32. Lc4 f4 33. Tg4 f3 würde jedoch noch ein hartnäckiger Kampf bevorstehen.

31.	...	Dg5
32.	Kf1!	

Das einzige, verloren hätte 32. Df1 Se2+ 33. T:e2 T:e2 usw.

32.	...	T:e3
33.	f:e3	D:e3
34.	Dc4+	

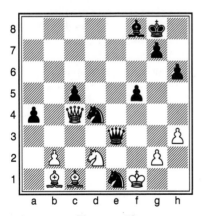

Diagramm 59

Ein Bauernrückgewinn ist nicht möglich: 34. D:a4? Df4+ 35. Ke1 Sf3+.

34.	...	Kh7?!

Bei tieferem Eindringen in die Stellung stellt sich heraus, daß 34. ... Kh8! viel stärker war. Betrachten wir folgende Varianten. 35. La2 (35. Sf3 Sec2!) 35. ... Dd3+ 36. Kf2 (36. Ke1? Sc2+! 37. Kf2 De3+ 38. Kf1 De1 matt) 36. ... D:c4 37. L:c4 Sec2 38. Sb1 Ld6 39. Sc3 Sb3! 40. Ke2. Das ist des Pudels Kern: Jetzt, mit dem König auf h8, verliert 40. Le3 wegen 40. ... f4! Mit dem König auf h7 geht das angesichts von 41. Ld3+ nicht.

40. ... a3! Ungenügend wäre 40. ... S:c1+ 41. Kd2! - Weiß schlägt den Springer, anschließend den Bauern a4 und wahrt dabei Remischancen.

41. L:b3 (41. ba S:c1+ 42. Kd2 S:a3) Sd4+ 42. Kd1 ab! mit Gewinn.

35. La2

Schlecht ist 35. Se4 Sec2! 36. Sf6+ Kg6 oder 35. Sf3 Sec2!

35.	...	Sd3?!

Ein Zeitnotversehen. Unklar wäre 35. ... De8!? 36. Lb1 (ganz schlecht ist 36. Se4 fe 37. Dg8+ Kg6 38. K:e1 e3) 36. ... Ld6 37. Kf2 und g2-g4. Gewinnchancen bot 35. ... Dd3+ 36. Kf2 D:c4 37. L:c4 Sec2 38. Sb1 Sb3 39. Le3 Ld6 40. Sc3 Sbd4 (und auch hier scheitert f5-f4 am Läuferschach).

36.	Dg8+	Kg6
37.	Df7+	Kh7
38.	Dg8+	

Remis.

Partie Nr. 13

Hjartarson - Karpow
Kandidatenviertelfinale
Seattle 1989

1.	e4	e5
2.	Sf3	Sc6
3.	Lb5	a6
4.	La4	Sf6
5.	0-0	Le7

6.	Te1	b5
7.	Lb3	d6
8.	c3	0-0
9.	h3	Lb7
10.	d4	Te8
11.	Sbd2	Lf8
12.	a3	

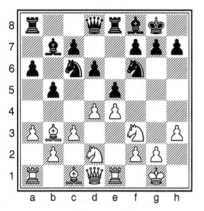

Diagramm 60

Neben 12. a4 trifft man auch oft diesen zurückhaltenden Bauernzug. Weiß bewacht das Feld b4 gegen einen möglichen Springerausfall und plant, später am Damenflügel Initiative zu entwickeln. Eine andere Art, scharfen Disputen auszuweichen, besteht in dem Läuferrückzug 12. Lc2. In der Begegnung Sokolow - Karpow (Bugojno 1986) spielte ich nach 12. ... Sb8 13. a4 die nicht sehr gelungene Neuerung 13. ... c5. Weiß riegelte den Damenflügel ab - 14. d5 Sbd7 15. b4 c4 16. Sf1 und entwickelte danach eine energische Attacke auf dem Königsflügel: 16. ... Sh5 17. S3h2 g6 18. Le3 Le7 19. Dd2 Tf8 20. Lh6 Sg7 21. Sg3 Kh8 22. Sg4 Sf6 23. S:f6+ L:f6 24. Tf1 Dd7 25. f4 a5 26. f5 ab 27. cb ba 28. Tf8 Kg8 29. Df2 Lh4 30. L:g7 L:g3 31. T:g3 K:g7 32. f6+ usw. Statt 15. ... c5 war 15. ... Sbd7 angebracht, der Zentrumsvorstoß sollte verschoben wer-

den. Einige Runden später endete die Partie Ljubojevic - Portisch rasch remis: 15. ... Sbd7 16. Ld3 d5!? (gut ist auch das übliche 16. ... c6) 17. ab de 18. S:e4 S:e4 19. L:e4 L:e4 20. T:e4 ab 21. Lg5 f6 22. Lh4 T:a1 23. D:a1 Ld6 24. Da2+ Kh8 25. de S:e5. Nach 12. Lc2 Sb8 (häufig wird auch 12. ... g6 gezogen) gibt es neben dem scharfen 13. a4 noch der ruhige Zug 13. b3 möglich. Hier ist ein Beispiel aus meiner Praxis, das zeigt, daß Schwarz auch in diesem Fall keine Furcht haben muß.

Ljubojevic - Karpow (Tilburg 1986): 13. ... Sbd7 14. Lb2 g6 15. a4 Tb8 16. Ld3 c6 17. Dc2 Sh5 18. Sh2 (nach 18. c4 ed 19. S:d4 b4 übernimmt der Nachziehende die Initiative, besser ist dagegen 18. Lf1 Sf4 19. g3 Se6 20. h4) 18. ... Sf4 19. Lf1 Se6 20. Sg4 Lg7 21. de. Nichts ergibt 21. Sf3 h5 22. Se3 ed 23. cd c5 24. d5 (24. dc L:e4!) 24. ... Sd4 25. S:d4 cd 26. Sd1 Tc8, und Schwarz hat Vorteil.

21. ... de 22. Sf3 h5 23. Se3 Dc7 24. Tad1 Tbd8 25. h4 remis.

Ich erinnere daran, daß die Idee dieser Variante darin bestand, das Standardmanöver Sd2-f1 mit Überführung des Springers nach g3 zu verhindern. Nach 12. Sf1 ed 13. cd ist 13. ... Sa5 günstig für Schwarz, wie schon erwähnt (vgl. Partie Nr. 1), mit Abtausch des weißfeldrigen "spanischen" Läufers. Das Schlagen des e-Bauern ist dagegen gefährlich: 13. ... T:e4 14. L:f7+; 13. ... S:e4 14. T:e4! T:e4 15. Sg5 Te7 16. Dh5.

12.	...	h6

(siehe Diagramm 61)

Ungeeignet wäre das sofortige 12...Sb8 wegen 13. de de 14. Sg5 Te7 15. S:f7!? T:f7 16.Sf3 D:d1 c5 20. Le6! (Kuporossow - Schuchowizki, UdSSR 1986).

In der Partie Hjartarson - Short (Belfort 1988) gelang Weiß nach 12. ... g6 ein schöner Sieg. 13 La2 Lg7 14. b4 h6 15. Lb2

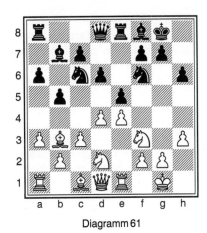

Diagramm 61

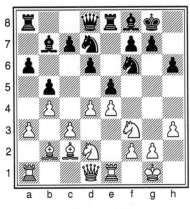

Diagramm 62

Sh5 16. d5 Se7 17. Sb3 Tf8 18. c4 bc 19. Sa5 Lc8 20. Tc1 f5 (konsequenter wäre 20. ... Sf4 21. Sh2 f5 22. f3 g5) 21. ef Sf4 22. T:c4 L:f5. 23. S:e5! L:h3 24. Sb7! Dc8 25. S:d6 cd 26. T:c8 L:c8 27. Dd2 g5 28. Sc6 Sf5 29. Lb1 Sh4 30. Te7 Sh5 31. L:g7 S:g7 32. Dc3 Shf5 33. g4! S:e7 34. S:e7+ Kf7 35. Lg6+ K:e7 36. D:g7+. Schwarz gab auf.

13. Lc2   Sb8

14. b4

Die Verbindung der Züge a2-a3 und b2-b3 ist für den Nachziehenden ungefährlich, überzeugen wir uns davon.

Sax - Short (St. John 1988) 14. b3 Sbd7 15. d5. Interessanter erscheint 15. Lb2 g6 16. a4 Lg7 17. Ld3 c6 18. Dc2 Dc7 (besser 18. ... Tc8) 19. b4 (stärker ist 19. c4! ed 20. cb ab 21. ab T:a1 22. L:a1 mit Übergewicht für Weiß - Iwantschuk) 19. ... d5! mit verteilten Chancen (Anand - Iwantschuk, Novi Sad 1990). Nun haben wir es bei geschlossenem Zentrum mit der Smyslow-Variante zu tun, wobei Weiß ein Tempo mit a2-a3 verloren hat.

15. ... c6 16. c4 Dc7 17. a4 Tec8 18. Ta2 ba 19. ba a5 20. La3 La6 21. Sh2 g6 22. Shf1 cd 23. cd h5, und die Aussichten sind gleich.

14. ...   Sbd7

15. Lb2

Zum Match habe ich speziell den Zug 15. ... a5!? vorbereitet. Vorher möchte ich jedoch zwei meiner anderen Partien zeigen, in denen die häufiger anzutreffende Fortsetzung 15. ... g6 vorkam. Nebenbei erwähne ich einige weitere Begegnungen, die für die Theorie der Variante eine große Bedeutung haben.

Timman - Karpow (Bugojno 1986) 15. ... g6. Nach 15. ... c5 16. bc ed 17. cd dc folgte in der Partie Nunn - Greenfeld (Groningen 1988) der neue Zug 18. Tc1 (statt den populäreren 18. Lb1 und 18. d5) und führte nach 18. ... Tc8 19. Lb1 Sh5 20. e5 Sf4 21. Se4 cd 22. T:c8 D:c8 23. D:d4 zu einem geringen Vorteil des Anziehenden. In der Partie Nunn - Shvidler (Saloniki 1988) führte der Versuch, das weiße Spiel mit Dc2 zu verstärken, nach 21. ... g6 22. Se4 cd 32. Dd2 T:c1 24. T:c1 Se6 zur Initiative in den Händen von Schwarz.

16. c4 ed 17. cb ab 18. S:d4 c6 19. a4. Eine Verstärkung wurde in der Begegnung zweier ungarischer Schachspielerinnen ausprobiert:

Madl - Veröcsi (Ungarn 1987): 19. Ld3! Lg7 20. Tc1 Db6 21. Db3 Se5 22. Lf1 Tad8 23. S4f3 S:f3+ (besser wäre es, das Zentrum zu stärken mittels 23. ... Sfd7) 24. D:f3 Te6 25.

Sb3 Tde8 26. Ld4 Da6 27. Dc3. Die Lage von Schwarz ist nicht beneidenswert.

19. ... ba 20. L:a4 Db6. Diesen Zug wählte erstmals Kasparow in der ersten Partie des Matchs gegen Timman (Hilversum 1985). Nach 21. b5 cb 22. L:b5 d5! 23. T:a8 L:a8 24. Da4 Sc5 25. Dc2 Tb8 ergriff der Nachziehende die Initiative und errang einen Punkt. In der dritten Begegnung wich Timman ab - 21. Sc2. Diesen Zug wiederholte er in der Partie mit mir.

21. Sc2 Dc7 22. Lb3 T:a1. In der Partie des erwähnten Matchs Timman - Kasparow zog Schwarz 22. ... La6, was nach 23. Tc1 Lg7 24. Se3 Lb5 zum Ausgleich führte. Im weiteren, nicht fehlerfreien Spiel (Weiß stand schon am Rand des Verlusts) konnte Timman dennoch die Oberhand erringen.

23. L:a1. Nach 23. D:a1 Lg7 24. Sc4 führt 24. ... d5 zu verteiltem Spiel, interessanter ist dagegen 24. ... c5 25. Da5 (besser ist 25. e5 mit gleichem Spiel) 25. ... D:a5 26. ba S:e4 27. L:g7 K:g7 28. f3 d5 29. fe dc 30. L:c4 T:e4, und Schwarz besitzt die Initiative. 23. ... Lg7 24. Se3 c5. Löst die Spannung auf. Groß war die Versuchung, sich an dem Bauern zu vergreifen - 24. ... S:e4. Wahrhaftig, nach 25. S:e4 T:e4 26. L:f7+ K:f7 27. Df3+ Sf6 28. L:f6 T:e3! 29. D:e3 L:f6 30. D:h6 c5 hat Schwarz Übergewicht. Jedoch konnte Weiß nach 25. Sg4! einen gefährlichen Angriff entfalten, beispielsweise: 25. ... Sef6 (25. ... d5 26. L:g7 K:g7 27. S:e4 de 28. Dd4+ Se5 29. f4) 26. T:e8 S:e8 27. L:g7 K:g7 28. Se4 h5 29. L:f7! K:f7 30. Sg5+ Ke7 31. Df3! Sef6 32. S:f6 S:f6 33. De3+, mit Gewinn.

25. bc S. c5 26. L:f6 L:f6. Remis.

Nun die zweite der versprochenen Partien. Hjartarson-Karpow (Linares 1989): 15. ... g6 16. Tb1. Interessanterweise fand dieses Treffen einen Monat nach dem Kandidatenmatch statt, diesmal sah ich von dem Experiment 15. ... a5 ab. Den Zug 16. c4

haben wir schon ausführlich betrachtet. Neben 16. Tc1 kam 16. Db1 vor, um den Bauern e4 zusätzlich zu stützen. Nach 16. ... Lg7 17. Sb3 c6 18. Sa5 Dc7 19. Lb3! Tad8 20. Da2 d5 21. ed S:d5 22. de S:e5 23. S:e5 T:e5 24. c4 hat Weiß deutliches Übergewicht. Genauer ist 17. ... Tc8 18. Sa5 La8 19. d5 Sb6 20. a4 Dd7 21. ab ab 22. Ld3 Sh5! 23. c4 bc 24. S:c4 Sf4 25. S:b6 cb 26. Lc1 mit ungefährem Ausgleich (Psachis - Portisch, Sarajevo 1986). Das Manöver Sf6-h5 eignet sich als Antwort auf 22. Ld3, im Falle von 22. Lc1 ist es weniger gut - 22. ... Sh5 23. Le3 Sf4 24. Ta3 Kh8 25. Dd1 g5 26. L:f4 gf 27. Sh4 Tg8 28. Sf5, und Schwarz hat es nicht leicht (Short - Hjartarson, Tilburg 1988). Richtig ist 22. ... c6! 23. dc L:c6 24. Le3 Se4.

16. ... c6. Eine Neuerung. Schwarz stützt zuverlässig das Zentrum. In der Partie Timman - Portisch erhielt der Anziehende nach 16. ... Tb8 17. Tc1 La8 18. Lb1 Tc8 19. c4 ed 20. cb ab 21. S:d4 c6 22. Sf1 Se5?! (besser nach Timman 24. ... Db6, um c7-c5 vorzubereiten) 23. Se3 Sh5 24. Tf1! Dg5 25. Se2 Sf4 26. S:f4 D:f4 27. g3 Df3 30. Sg4! einen gefährlichen Angriff, obgleich die Begegnung remis endete. Interessanterweise stammt diese Begegnung aus dem anderen Viertelfinale, das zeitgleich mit meinem Wettkampf gegen Hjartarson (wo die kommentierte Stammpartie gespielt wurde!) ausgetragen wurde.

17. Sb3 Tc8 18. de de 19. c4 c5! Das Spiel ist gleich. 20. S:c5 S:c5 21. D:d8 (21. bc D:d1 22. Tb:d1 T:c5 mit Vorteil für Schwarz) 21. ... Te:d8 22. bc T:c5 23. L:e5 Sd7 24. Ld4 (24. Tbd1 T:c4! 25. Lb3 Tcc8) 24. ... T:c4 25. Lb3 Tc7 26. Sh4? Nötig war 26. a4 Sc5 27. L:c5 T:c5 28. ab ab 29. e5 oder 26. e5 L:f3 27. gf Lc5 28. Lb2 Sf8 29. e6 fe 30. L:e6+ - in beiden Fällen ist das schwarze Spiel etwas angenehmer, nun erreicht der Nachziehende schnell sein Ziel.

26. ... Sc5! 27. L:e5 Tcc8 28. Lf6 Td3 29. Lc2 Td2 30. Tb2 Sd7! 31. Lb1 Td6 32. e5 Tb6 33. a4 S:f6 34. ef b4 35. La2 T:f6 36. Td1 Tc3 37. Sf3 Lc6. Weiß gab auf.

15. ... a5
16. Ld3

Es war wohl genauer, erst die Bauern auf a5 zu tauschen und anschließend den Läufer nach d3 zu stellen. Beachtung verdient auch 16. de de 17. Sb3 ab 18. cb c5 19. bc (19. Sa5? cb 20. Sb7 Db6) 19. ... S:c5 20. D:d8 Te:d8 21. S:c5 L:c5 22. Tab1 Tac8 23. Tbc1 b4 24. a4 L:d4? 25. S:d4 ed 26. e5 Sh5 27. Lf5! mit Übergewicht für Weiß (Schabalow - Klovans, UdSSR 1989). Richtig war 24...Lb6! 25. Le5 Se4 mit gleichem Spiel.

16. ... c6
17. Sb3

Lediglich minimalen Vorteil verspricht 17. Db1 Db8 18. ba T:a5 19. c4 bc 20. S:c4, was in der Begegnung A. Rodriguez - Rubinetti (Toluca 1982) vorkam.

17. ... a:b4
18. c:b4

Zum Ausgleich führt 18. ab Sb6 19. Sa5 Dc7.

18. ... e:d4
19. Sf:d4

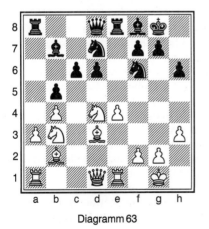

Diagramm 63

Nun ergreift der Nachziehende die Initiative. Schwarz steht ebenfalls gut nach 19. L:d4 c5 20. L:f6 S:f6 21. L:b5 T:e4. Richtig für Weiß war 19. Sb:d4 c5 20. bc dc 21. S:b5 S:e4 22. Se5 S:e5 23. L:e5 mit ungefähr gleichem Spiel.

19. ... c5!

Ein vielversprechendes Bauernopfer, nebenbei nimmt Schwarz das gegnerische Zentrum aufs Korn.

20. b:c5

Genauer war das sofortige 21. S:b5 cb 22. ab T:a1 22. L:a1 d5 23. ed (23. e5? L:b4) 23. ... T:e1+ 24. D:e1 S:d5 25. De4 S7f6 26. L:f6 S:f6 27. D:b7 D:d3, mit scharfem Spiel, wobei Schwarz für den Bauern ausreichende Kompensation hat.

20. ... d:c5
21. S:b5 S:e4!
22. Dc2?!

Eine wesentliche Ungenauigkeit. Nötig war 22. Df3 mit folgenden Varianten:

a) 22. ... Db6 (es verliert 22. ... Sd6? - 23. T:e8 D:e8 24. S:d6 L:d6 25. D:b7 Tb8 26. Dd5) 23. L:e4 L:e4 24. T:e4 D:b5 25. a4 mit unklarem Spiel;

b) 22. ... Tb8 23. L:e4?! (besser 23. Lc4 mit komplizierter Stellung) 23. ... L:e4 24. T:e4 T:e4 25. D:e4 T:b5 26. Dd5 Db8 27. D:d7 T:b3 28. Lc1 Tb1 29. T:b1 D:b1 30. Dd2 c4 31. Kh2 Db3, und Schwarz steht etwas besser;

c) 22. ... Sdf6!? 23. L:f6 S:f6 24. T:e8 (24. D:b7 D:d3) 24. ... L:f3 25. T:d8 T:d8 mit Ausgleich.

22. ... Sdf6
23. Sc3

Schlecht wäre 23. Tad1 Db6 24. Sc3 S:f2!

(siehe Diagramm 64)

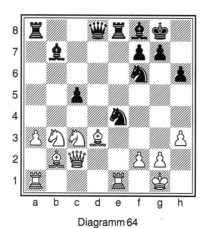

Diagramm 64

Kasparow - Karpow
WM-Match (5, 12)
New York 190

1.	e4	e5
2.	Sf3	Sc6
3.	Lb5	a6
4.	La4	Sf6
5.	0-0	Le7
6.	Te1	b5
7.	Lb3	d6
8.	c3	0-0
9.	h3	Sd7

23.	...	Sg5!
24.	Lb5	

Hartnäckiger war 24. Sd2, obgleich darauf 24. ... Db6 folgt mit der Drohung 25. ... Dc6.

24.	...	T:e1+
25.	T:e1	Dc7
26.	Lf1	

Nun gibt es auf 26. Sd2 die Replik 26. ... Df4!, Beachtung verdient dagegen 26. Te3.

26.	...	Dc6!

Schwarz schuf die tödliche Drohung Sf3+ oder S:h3+.

27.	Te3	Ld6
28.	h4	Se6
29.	Sd1?	

Ebenfalls schlecht wäre 29. T:e6? fe 30. Dg6 De8, notwendig war jedoch 29. Sb5!? Lf4 30. Th3 Se4, und Weiß kann noch Widerstand leisten. Nun schreite ich zum entscheidenden Angriff.

29.	...	Sg4
30.	T:e6	Lh2+!
31.	Kh1	D:e6
32.	f3	De1!

Weiß gab auf.

Auf 33. fg folgt 33. ... D:h4, und auf 33. Dc4 - 33. ... Lf4 oder 33. ... Ta4.

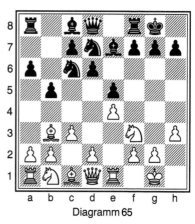

Diagramm 65

Dieser Plan, der auf die Festigung des Punktes e5 gerichtet ist, wurde noch von M. Tschigorin in die Praxis eingeführt. In meinem letzten Match mit Kasparow kam die Spanische Partie achtmal vor. Zur Hälfte ging die Diskussion um den Zug 9. ... Lb7 (Vgl. die Partien Nr. 1-12), und in der anderen um den Zug 9. ... Sd7. In den Anmerkungen zu beiden Partien, dieser und der folgenden, ist das aktuelle Material zu diesem Thema zusammengefaßt.

10.	d4	Lf6

Dadurch behindert Schwarz die Entwicklung des Springers nach d2. Ein anderes recht populäres System ist verbunden mit 10. ... Sb6. In letzter Zeit wurde es jedoch seltener gespielt. Nach 11. Sbd2 Lf6 12. d5 Sa5 13. La2 c6 14. dc Dc7 15. Sf1 D:c6 16. Se3 hat Weiß einen kleinen, aber anhaltenden Vorteil. Er steht ebenfalls bei 12. Sf1 besser, beispielsweise: 12. Te8 13. Lc2 g6 14. Se3 Lg7 15. d5 Se7 16. b3 Tf8 17. a4 ba 18. ba f5 (genauer 18. ... a5) 19. a5 Sd7 20. ef gf 21. La3 Kh8 22. Sg5! Sf6 23. c4 Lh6 24. Se6 L:e6 25. de e4 26. La4 Tb8 27. c5! d5 28. c6! Sfg8 29. Tb1, und der weiße Druck führte schließlich zum Sieg (Fedorowicz - Rasuwajew, New York 1989).

Statt des alten Zuges 13. ... c6 wählte Spasski gegen Beljawski (Barcelona 1989) 13. ... g6. Weiß erwiderte 14. Sf1, und errang in kompliziertem Kampf die Initiative. Noch stärker ist aber 14. a4! ba 15. L:a4 S:a4 16. D:a4 Sb7 17. Dc6 Ta7 18. b4 Ld7 19. Dc4 Lb5 20. Db3 Lg7 21. c4 Ld7 22. De3 mit der Drohung c4-c5 (Beljawski).

Im selben Turnier spielte Spasski nach 12. Sf1 Te8 13. Lc2 gegen Ljubojevic 13. ... ed. Die Gegner gingen rasch friedlich auseinander - 14. cd Sb4 15. Lb1 c5 16. a3 (eine Neuerung, stärker ist offenbar das bekannte 16. Se3) 16. ... Sc6 17. e5 de 18. dc D:d1 19. T:d1 Sa4 20. Le4 Lb7 21. Le3 Tad8 22. b4. Remis.

11. a4

Wenig versprechen 11. d5 oder 11. a3. Nichts bringt auch 11. Ld5. In der Partie Sax - Karpow (Rotterdam 1989) war das Spiel nach 11. ... Lb7 12. de de 13. Le3 Sa5 14. L:b7 S:b7 15. Dc2 De7 völlig ausgeglichen. Der traditionelle Flankenvorstoß sieht prinzipieller aus als 11. Le3, obwohl es häufig auf eine Zugumstellung hinausläuft.

11. ... Lb7

Wiederholt wählte ich 11. Te8 - ein etwas passiver, aber zuverlässiger Zug. Die Stellung nach 12. ab ab 13. Le3 Se7 tauchte in drei meiner Partien auf.

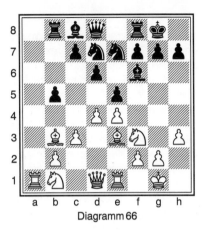
Diagramm 66

Nunn - Karpow (Rotterdam 1989) 14. d5 Sc5! 15. Lc2 c6 16. b4 Sa6 17. dc S:c6 18. Sa3 Sc7. Die Chancen sind verteilt.

Sax - Karpow (Skelleftea 1989) 14. Sg5 h6 15. L:f7+ T:f7 16. Se6 De8 17. S:c7 Dd8 18. Se6. Remis.

Kir. Georgiew - Karpow (Reggio Emilia 1990): 14. Sbd2 Lb7 15. Lc2 Ta8 16. De2 c6 17. de de 18. b4 Dc7 19. Sb3 Sg6 mit Ausgleich.

Auf das sofortige 11. ... Sa5 sieht 12. La2 statt des schablonenhaften 12. Lc2 sehr stark aus, und falls 12. ... Lb7 (12. ... Sb6 14. b4 Sac4 14. a5 Sd7 15. d5!), so 13. d5 Le7 14. Sbd2 c6 15. b4 Sc4 16. S:c4 bc 17. L:c4, und Schwarz hat Sorgen. In der Partie Geller - Krogius (Bad Wörishofen 1991) folgte 12. ... c5, und 13. dc dc 14. Ld5 Tb8 15. ab ab 16. Le3 ergab für Weiß großes Übergewicht.

12. Sa3

Kasparow hat in unserem letzten Match verschiedenes ausprobiert, um in diesem System Initiative zu entwickeln. Zweimal - in dieser und in der 18. Partie - entwickelte er den Springer nach a3, und zweimal ging er andere Wege - der Bauerntausch auf b5 (6. Partie) und 12. Le3 (8. Partie). Im Buch werden diese Fortsetzungen in der folgenden Partie (Nr 15) untersucht.

12. ... e:d4

Dieser Tausch wurde von de Firmian empfohlen. In der Begegnung de Firmian - Benjamin (USA 1988) führte 12. ... Db8 13. Lg5! ed 14. L:f6 S:f6 15. cd zu deutlichem Übergewicht von Weiß. Zu dessen Gunsten gestaltet sich das Spiel ebenfalls bei 12. ... b4 13. Sc4 bc 14. bc Sb6 15. a5 S:c4 16. L:c4. Die interessante Neuerung 12. ... Se7 wandte Kortschnoi im Kandidatenmatch gegen Sax an (Wijk aan Zee 1991). Schwarz hält seine Verteidigung, ohne das Zentrum aufzugeben. 13. Tb1. Beachtung verdiente 13. d5, da der Springer auf e7 eingeengt und c7-c6 nicht einfach durchzusetzen ist.

13. ... c6 14. Le3 Dc7 15. Sg5 ba?! Zuverlässiger wäre 15. ... h6 (es drohte 16. Dh5) und falls 16. de S:e5 (16. ... de 17. Se6!) 17. Sf3 Tad8, so ist die schwarze Stellung ausreichend verteidigungsfähig.

16. L:a4 d5 17. Lc2 h6 18. Sf3 ed 19. cd de 20. L:e4 Sd5 21. Ld2. Angesichts der Passivität des Läufers b7 hat Weiß deutliches Übergewicht (21. ... c5 wäre gefährlich wegen 22. Tc1, und 22. ... Db8 oder 22. ... Dd8 stoßen auf die unangenehme Antwort 23. Db3).

13. c:d4

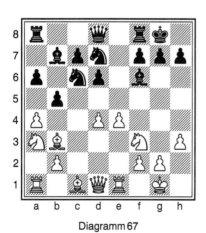

Diagramm 67

13. ... Sa5!?

Diesen Rösselsprung empfahl einer meiner Sekundanten, M. Podgajez. Etwas besser steht Weiß bei 13. ... Te8 14. Lf4 Sa5 15. Lc2 b4 16. Sb1 c5 17. Sbd2, Beachtung verdient ebenfalls 16. ... b3!? 17. Ld3 c5 18. Sbd2 cd 19. L:d6 Db6 20. e5 Le7 21. Se4 Tad8! mit verwickeltem Spiel (Ernst - Tisdall, Gausdal 1991). L. Gutman empfiehlt 14. ab ab 15. La2 b4 16. Sc4 oder 15. ... Sb4 16. Lb1 mit geringem Vorteil für Weiß. Schlechter wäre 15. Dd3?! S:d4! 16. S:d4 Sc5 17. D:b5 L:d4, und der Vorteil ist schon auf seiten des Nachziehenden (Todorovic - Smagin, Wien 1991).

Als die Stellung mir das nächste Mal auf das Brett kam, wollte ich den Gegner mit einer Neuerung überraschen und spielte Sd7-b6. Doch das war des Guten zuviel; unerwartet stieß ich selbst auf eine sehr starke Eröffnungsvorbereitung. Schauen wir uns die 18. Partie des Wettkampfes an.

Kasparow - Karpow (5,18) 13. ... Sb6?! 14. Lf4! Das ist genauer, als 14. ab ab 15. Lf4 - 15. ... b4 16. Sc2 Sa5 17. S:b4 S:b3 oder 16. Sc4 T:a1 17. D:a1 S:c4 18. L:c4 S:d4 mit gutem Spiel für Schwarz.

14. ... ba. Schlecht wäre 14. ... Sa5? 15. ab ab 16. e7 Le7 17. S:b5, und Schwarz hat keine Kompensation für den Bauern.

15. L:a4 S:a4. Genauer ist das sofortige 15. ... a5.

16. D:a4 a5. Schlecht wäre 16. ... Te8? 17. d5 Se5 18. S:e5 L:e5 19. L:e5 T:e5 20. Sc4 und Sa5. I. Saizew hat den auf den ersten Blick wenig schönen Zug 16. ... De8!? vorgeschlagen mit der Drohung 17. ... S:d4.

17. Ld2 Te8. Gutman rät zu 17. ... d5! 18. e5 Le7 mit einer stabilen schwarzen Stellung.

18. d5!

Fixiert den schwachen Bauern c7 und kontrolliert den Punkt c6.

18. ... Sb4 19. L:b4 ab 20. D:b4 Tb8.

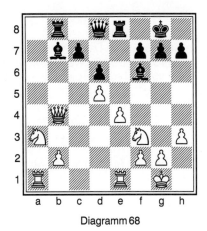

Diagramm 68

Diese Stellung stand bei der Partievorbereitung auf dem Brett, wir gingen davon aus, daß Schwarz eine hinreichende Kompensation für den Bauern hat: nach dem naheliegenden 21. Dd2 folgt 21. ... c6, die Stellung öffnet sich, und das Läuferpaar verspricht gute Aussichten.

21. Dc4!. Ein überraschender und sehr starker Zug, der eigentlich den Partieausgang entschied. Weiß gibt den Bauern zurück, nach 21. ... L:b2. Ta2 L:a3 23. T:a3 ist mein c-Bauer auf der 7. Reihe eingezwängt, und Schwarz hat Mühe, sich zu lösen. Nicht besser ist 22. ... Lf6 (22. ... Df6 23. D:c7 Tec8 24. Dd7 Dc3 25. Sb5 Db3 26. Ta7) 23. Sb5 Dd7 24. Ta7, und Schwarz kann sich nicht befreien: 24. ... L:d5? 25. ed T:b5 26. T:e8+ D:e8 27. D:b5! mit Gewinn. Jetzt geht auch nicht 21. ... c6 22. dc Tc8 23. Sd4 (oder 23. cb T:c4 24. S:c4 Dc7 25. Ta8 Tb8 26. Sa5).

Falls Weiß einen Zug mit dem Manöver Dc4 gewartet hätte - 21. Sb5 Dd7 22. Dc4, dann war 22. ... L:b2 schon möglich und weiter 23. Tab1 La6 (aber nicht 23. ... L:d5? 24. ed T:e1+ 25. T:e1 T:b5 26. D:c7! mit Gewinn) 24. T:b2 L:b5 und 25. ... c5 mit Ausgleich.

21. ... Dc8 22. Sd4! (jedoch nicht 22. Tab1 c6, und bei Schwarz ist alles in Ordnung) 22. ... La6 (oder 22. ... Ld4 23. Dd4 c5 24. dc D:c6 25. f3, der b-Bauer rückt unbeirrt nach vorn) 23. Dc3 c5 (nach Db7 24. Sac2 Db6 25. b3 hat Weiß einen gesunden Mehrbauern) 24. dc L:d4 25. D:d4 D:c6 26. b4!, und Schwarz mußte trotz hartnäckigen Widerstandes seine Niederlage akzeptieren.

14. La2

Der Bauerngewinn - 14. ab ab 15. S:b5 S:b3 16. T:a8 D:a8 17. D:b3 L:e4 18. S:c7 Dc6 19. Sb5 Tb8 - brächte Weiß an den Rand einer Katastrophe.

14. ... b4
15. Sc4 S:c4
16. L:c4 Te8

Das ist die Idee von Podgajez (und der ganzen Variante) - Vernichtung des weißen Zentralbauern. Nach 16. ... d5 17. L:d5! L:d5 18. ed Sb6 erreicht Schwarz keinen Ausgleich: 19. Lf4 S:d5 20. Le5!

17. Db3

Verhindert d6-d5, was nach 17. Dd3 möglich war - 17. ... d5 18. ed T:e1+ S:e1 Sb6. Im Falle von 17. Ld3 c5 18. d5 Se5 hat der Nachziehende gute Aussichten.

17. ... T:e4
18. L:f7+ Kh8

Es geht nicht 18. ... Kf8 wegen 19. Le3 De7 20. Ld5 L:d5 21. D:d5 Te8 22. a5!, möglich ist auch der starke Zug 19. Lg8!

19. Le3

Beachtung verdiente auch 19. Ld2, schlecht wäre dagegen 19. D:b4? T:e1+ 20. S:e1 Tb8 21. Dd2 De7, und schon besitzt Schwarz Initiative.

19. ... Te7
20. Ld5 c6?!

Ehrlich gesagt, habe ich den Läufer auf e6 unterschätzt. Zu unklarem Spiel führt 20. ... L:d5 21. D:d5 a5 22. Tac1 Sb6 23. Db5 Dg8 24. Tc6 Sd5 25. Ta6 T:a6 26. D:a6 g5 und weiter h7-h5.

21.	Le6	Sf8
22.	Lg4	a5
23.	Tac1	Sg6
24.	Lh5	Tc8
25.	Lg4	Tb8
26.	Dc2	Tc7
27.	Df5	Se7
28.	Dd3?	

Nach dieser Ungenauigkeit gelingt es mir, das Spiel schrittweise auszugleichen. Selbstverständlich verliert 28. D:a5?? Sd5 29. Ld2 Ta8 30. L:b4 T:a5 31. L:a5 Da8 32. L:c7 S:c7. Etwas Vorteil konnte Weiß jedoch behaupten mit 28. Dh5! g6 29. Dh6 (starken Eindruck macht die Fortsetzung Salows 29. Lg5 gh 29. L:f6+ Kg8 31. Le6+ Kf8 32. Sg5, es gibt jedoch die Erwiderung 32. ... Lc8! 33. S:h7+ Ke8) 29. ... Tc8 (nicht besser ist 29. ... Df8 30. D:f8+ T:f8 31. Lf4 mit unangenehmem Druck auf den Bauern d6) 30. Lg5 Sg8 31. Dh4 L:g4 32. hg.

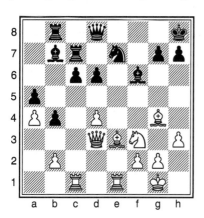

Diagramm 6

28.	...	Sd5
29.	Ld2	c5!
30.	Le6	Sb6
31.	d:c5	

Auf 31. b3 könnte 31. ... L:f3 folgen, und nun muß sich schon Weiß Gedanken um den Ausgleich machen.

31.	...	d:c5
32.	D:d8+	

Durch einen späteren Damentausch konnte man versuchen, die Initiative zu bewahren: 32. Df5!? L:f3 33. Lf4 und falls jetzt 33. ... Lc6, so 34. L:c7 D:c7 35. D:c5 L:b2 36. D:c6 D:c6 37. T:c6 S:a4 38. Lc8 g6 39. Te8+ Kg7 40. Tc7+ Kf6 41. T:h7 mit Übergewicht für Weiß. Genauer wäre jedoch 33. ... Lb7 34. Ted1 De7 35. L:c7 D:c7 36. T:c5 De7 37. T:a5 L:b2, und die Aussichten von Schwarz sind nicht schlechter.

32.	...	T:d3
33.	Lf4	Te7
34.	Sg5	Ld5!

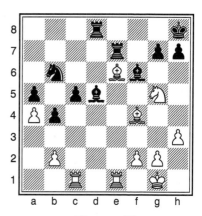

Diagramm 70

Bei 35. ... Tde8 35. Sf7+ Kg8 36. Sh6+ Kf8 37. Ld6 gh erhält Schwarz das bessere Endspiel, 36. Sg5+ führt aber zum Remis.

35. L:d5

Ungefährlich für den Nachziehenden wäre 35. Sf7+ T:f7 36. L:f7 L:f7 37. Lc7 S:a4 38. L:d8 L:d8 39. Tcd1 Lf6 40. Td7 Lg6.

35.	...	T:d5
36.	T:e7	L:e7
37.	Te1.	

Remis.

Die Schlußstellung ist wahrscheinlich etwas günstiger für Schwarz, dazu zeige ich einige

Varianten: 37. ... Lf8! (37. ... Sc8 38. Te6 mit der Drohung Tc6) 38. Te8 Kg8! 39. Se6 (39. S:h7? K:h7 40. T:f8 c4!,39. Tb8 Sd7 40. Td8 Sb6 41. Tb8 S:a4 - oder 41. ... Sd7 mit Remis - 42. Se6 Kf7 43. S:f8 S:b2 mit gefährlichen Drohungen für die Figur) 39. ... Kf7 40. T:f8+ K:e6 41. Lc7 und nun 41. ... S:a4 42. b3! Sc3 (oder 42. ... Sb2 43. L:a5 c4 44. L:b4 cb) 43. L:a5 Td1+ 44. Kh2 Tb1 45. Tc8 Kd5 46. Lb6 T:b3 47. T:c5+ Kd6 48. Tc4 Sd5 49. Lc5+ Ke6. Der b-Bauer kann Weiß einige Sorgen bereiten.
Ich wollte aber nichts riskieren und nahm das Friedensangebot an.

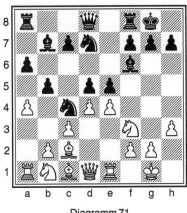

Diagramm 71

Partie Nr. 15

Kasparow - Karpow
WM-Match (5, 6)
New-York 1990

1.	e4	e5
2.	Sf3	Sc6
3.	Lb5	a6
4.	La4	Sf6
5.	0-0	Le7
6.	Te1	b5
7.	Lb3	d6
8.	c3	0-0
9.	h3	Sd7
10.	d4	Lf6
11.	a4	Lb7

Zweimal hat Kasparow in diesem Match hier 12. Sa3 gezogen (Partie Nr. 14), einmal 12. ab und ein weiteres Mal 12. Le3. Bevor wir uns ausführlicher mit dem Tausch auf b5 beschäftigen, schauen wir uns die folgende Partie an, in der Kasparow versuchte, das weiße Spiel zu verstärken.
Kasparow - Karpow (5,8): 12. Le3 Sa5 13. Lc2 Sc4 14. Lc1 d5!

In einer bekannten Stellung, wo Schwarz üblicherweise 14. ... c6 oder 14. ... ed zieht, wandte ich eine wesentliche Neuerung an. 15. de. Nicht besser wäre 15. ed L:d5 16. b3 L:f3 17. D:f3 Sd6 oder 15. b3 Sd6. 15. ... Sd:e5. Noch stärker war 15. ... de! 16. ef (16. L:e4 L:e4 17. T:e4 Sd:e5, und schon steht Schwarz besser) 16. ... ef 17. fg Te8, mit ausreichender Kompensation für den Bauern dank des Angriffs am Königsflügel. Besser für Weiß ist jedoch 17. b3 S4e5 und nun 18. fg Te8 19. Sbd2. Auf jeden Fall nahm Kasparow das nächste Mal, als ich mich des Systems mit 9. ... Sd7 bediente, Abstand von 12. ab oder 12. Le3 und zog 12. Sa3.
16. S:e5 S:e5 17. ab ab. Hier ist 17. ... de schon schlechter - 18. D:d8 Tf:d8 19. ba Sd3 20. L:d3 ed 21. a7! und weiter Le3 mit Übergewicht. Obgleich nach 19. ... T:a6 20. T:a6 L:a6 21. L:e4 Sd3 22. L:d3 L:d3 23. Sd2 die weiße Stellung lediglich etwas vorzuziehen wäre.
18. T:a8 D:a8? Richtig war 18. ... L:a8 und im Falle von 19. f4 Sd7! 20. e5 Lh4 stellt Schwarz den Springer über c5 nach e4 und hat gutes Spiel.

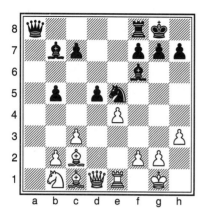

Diagramm 72

19. f4 Sg6. Das ist es. Nun geht nicht 19. ... Sd7 20. e5 Lh4? (20. ... Le7 21. f5) wegen 21. Dh5, und die Damen fehlt auf d8. 20. e5 Lh4 21. Tf1 Le7 22. Sd2 Lc5+? Die Analyse zeigte, daß Schwarz nach 22. ... d4 ein gutes Spiel hat. Interessant ist auch die Empfehlung Gutmans 22. ... b4 23. Sf3 bc 24. bc f5.

23. Kh2 d4. Es geht nicht 23. ... Le3 24. Sf3 L:f4+ 25. L. f4 S:f4 26. L:h7+? K:h7 27. Sg5+ usw.

24. De2! Zweischneidiges Spiel ergibt 24. Sb3 L:g2 25. S:c5 L:f1 26. D:f1 dc, jetzt ist aber die weiße Stellung besser. Das weitere Spiel verlief recht angespannt, nach Ungenauigkeiten von Kasparow erhielt Schwarz ein gewonnenes Endspiel. Schließlich endete alles friedlich im 84. Zug. Die Partie dauerte länger als 10 Stunden. Zur Vollständigkeit bringen wir sie bis zum Schluß mit kurzen Anmerkungen...

24. ... dc 25. bc Td8 26. Se4 La3. Mit dem Tausch eines Läufers verringere ich das weiße Angriffspotential. 27. L:a3 L:e4 28. D:e4 D:a3 29. f5 Se7 30. Dh4 f6! Ein guter Verteidigungszug, der den spanischen Läufer von Weiß aus dem Spiel ausgrenzt, auf 31. ef folgt 31. ... Dd6+ und 32. ... D:f6.

31. Dg3 Dc5! 33. ef gf 34. Lb3 Sd5 35. Dh4 Kg7 36. Td1 c6 37. Td4? Ein Fehler. Richtig war 37. Td3, was nicht nur 38. Tg3 droht, sondern auch den Bauern c3 verteidigt. 37. ... D:c3 38. Tg4+ Kh8 39. L:d5 Da1+ 40. Kh2 De5+. Hier wurde die Partie vertagt. Gewinnchancen hat jetzt nur noch Schwarz. 41. Tg3 cd 42. Dg4 Dc7 43. Dd4 Dd6 44. Kh1 Te8 45. Dg4 Dd7 46. Td3 Te1+ 47. Kh2 Te4 48. Dg3 Te5 49. T:a3 Te8 50. Df4 Db7 51. Kh1 Db8 52. Dh4 Db6 53. Db4.

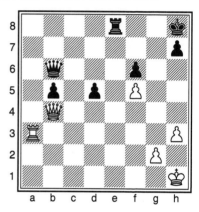

Diagramm 73

53. ... d4? Hier gewann offenbar 53. ... Df2!! Nach 54. D:b5? Te1+ 55. Kh2 Df4+ 56. Tg3 Te3 ist alles vorbei. Nicht besser wäre 54. Kh2? - 54. ... Tg8. Der einzige Versuch besteht in 54. Ta1 Tg8 55. Tg1, aber nun kann sich Weiß nach 55. ... De2 56. Dd6 De5 kaum retten.

54. Tg3 Dc7 55. Td3 Dc1+ 56. Kh2 Df4+ 57. Kg1 Dc1+ 58. Kh2 Df4+ 59. Kg1 Tc8. Gewinnchancen wahrte das von de Firmian vorgeschlagene 59. ... Kg7! 60. T:d4 Te1+ 61. D:e1 D:d4+ 62. Kh1 b4 63. De7+ Kh6. 60. Td1 Td8 61. D:b5 De3+ 62. Kh1 d3 63. Da5 Dd4 64. Da1 Db6 65. Da2 Kg7 66. Dd2 Dc5 67. Tf1 Td4 68. Tf3 Dd6 69. Te3 Ta4 70. Te1 h5 71. Tb1 Dd7 72. Dd1 Kh6 73. Dd2+ Kg7 74. De3 h4 75. Df3 Kh6 76. De3+ Kg7

77. Df3 d2 78. Dh5 Df7 79. D:f7+ K:f7 80.
Td1 Td4 81. Kg1 Td5 82. Kf2 T:f5+ 83. Ke2
Tg5 84. Kf2. Remis.

| 12. | a:b5 | a:b5 |
| 13. | T:a8 | D:a8 |

Schlechter ist 13. ... L:a8, beispielsweise:
14. d5 Se7 15. Sa3 Sc5 16. Lc2 c6 17. b4
Sa6 18. dc L:c6! 19. Dd3! und nun führte
sowohl 19. ... Db8 20. Sd4! ed 21. e5 Sg6
22. ef (Tal - Torre, Bugojno 1984) als auch
19. ... Sc7 20. Td1 Da8 21. D:d6 Se6 22.
Dd3 Sg6 23. Te1! Db7 24. g3 h5 25. h4 Dc8
26. Sh2 Td8 27. Df3 Le8 28. Lb3! (Hübner
- Short, Skelleftea 1989) zu einer für Weiß
gewonnenen Stellung.

14. d5

In der Begegnung Hjartarson - Short (Tilburg
1989) zog Weiß 14. Dd3? und nach 14. ... ed!
15. D:b5 (15. dc S:d4! 16. S:d4 Sc5 17. D:b5
L:d4 mit Gewinn) 15. ... Sc5 16. Ld5 Tb8 hat
der Nachziehende Vorteil. Ungefährlich ist
ebenfalls 14. Sa3 b4 15. Sc4 bc 16. bc Sa5
17. S:a5 D:a5 (Tal - Karpow, Skelleftea
1989).

| 14. | ... | Sa5 |

Gespielt wurde auch 14. ... Se7 15. Sa3 La6
mit etwas besserem Spiel für Weiß, ich
hatte einen anderen Plan vorbereitet.

| 15. | Lc2 | Sc4! |

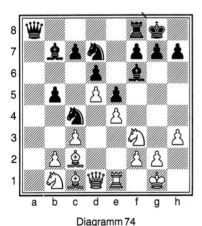

Diagramm 74

Der Rösselsprung auf die aktive Position
c4, speziell für diese Partie vorbereitet, ist
genauer als die früheren 15. ... Le7 oder
15. ... Tb8, beispielsweise 15. ... Tb8 16: Sa3
La6 17. b4 Sc4 18. S:c4 bc 19. La4 Sb6 20.
Lc6 Lb7 21. L:b7 D:b7 22. Le3 mit klarem
Übergewicht von Weiß (Tal - Keres, Tallinn 1964).

| 16. | b3 |

Nach 16. Sbd2 und dem Springertausch ist
für Weiß auch nicht viel drin.

| 16. | ... | Scb6 |
| 17. | Sa3 | La6! |

Der Läufer auf a6 sieht nicht sehr schön
aus, dem Springer auf a3 geht es aber auch
nicht besser. Übrigens, 17. ... c6!? war
ebenfalls möglich.

18.	Sh2	c6
19.	d:c6	D:c6
20.	Ld2	Le7

Die Initiative gehört schon dem Nachziehenden. Dennoch spielte ich im weiteren
ungenau und mußte, wie Sie sehen werden,
im Endspiel um das Remis ringen.
Im Eröffnungskampf behielt jedoch Schwarz
die Oberhand, und deswegen wartete Kasparow in der 8. Partie mit einem anderen
Plan auf. Wie wir bereits wissen, kam ich
auch dort mit den Eröffnungsproblemen
zurecht.

| 21. | Sg4 | Ta8 |

Das übliche 21. ... d5 wäre verfrüht, schon
wegen 22. b4, nicht schlecht ist es dagegen,
den Turm im Zentrum zu postieren:
21. ... Te8 22. Se3 Sf6 23. Sf5 Lf8 24. Kg5
Te6. In Frage kam auch 21. ... f5 22. ef Lb7
mit derselben Idee d6-d5, nach 23. Df3 ist
die Situation aber nicht so klar.

22.	Se3	Sf6
23.	Sf5	Lf8
24.	Lg5	Sbd7

(siehe Diagramm 75)

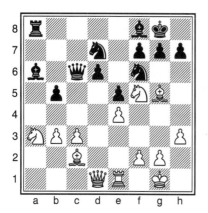

Diagramm 75

Verloren hätte 24. ... D:c3 wegen 25. L:f6 gf 26. Te3 Db2 27. Tg3+ Kh8 28. Kh2! mit unausweichlichem 29. Dg4. Jetzt ging jedoch 24. ... d5, und nach 25. ed Sb:d5 26. S:b5 L:b5 27. c4 wäre das Remis nicht mehr fern, beispielsweise: 27. ... Sb4 28. L:f6 S:c2 29. cb D:f6 (29. ... Dc3? 30. Sh6+! Kh8 31. S:f7+ Kg8 32. Sh6+ Kh8 33. Dd5) 30. D:c2 Tb8.

25. c4!?

Durch das Bauernopfer nimmt der weißfeldrige Läufer, der bisher abseits stand, am Angriff teil.

25.	**...**	**b:c4**
26.	**b:c4**	**L:c4?!**

Nach 26. ... Dc5! 27. Te3 (27. Sb5 d5! 28. ed D:c4 oder 27. Df3 d5) 27. ... h6 28. L:f6 S:f6 behielte Schwarz die Initiative (L. Gutman). Gut ist auch das zurückhaltende 26. ... h6. Jäh ändert sich nun die Lage.

27.	**S:c4**	**D:c4**
28.	**Lb3**	**Dc3**
29.	**Kh2**	**h6**

Möglich war auch 29. ... g6 30. Te3 Da1 31. Dd2 gf 32. L:f6 f4 33. Te1 Da5 mit unklarem Spiel (de Firmian) oder 31. Df3 gf 32. D:f5 Lg7 33. Tg3 Kf8 34. L:f6 S:f6 35. T:g7 K:g7 36. Dg5+ Kf8 37. D:f6 Da7 38. D:d6+ De7 39. Dh6+ Kg8 mit ungefährem Gleichge-

wicht (Wolff). Bei der richtigen Zugfolge - 30. L:f6! S:f6 (30. ... gf? 31. Dd5) und erst jetzt 31. Te3 Da1 32. Dd2 - besitzt Weiß eine gefährliche Initiative (Gutman).

30.	**L:f6**	**S:f6**
31.	**Te3**	**Dc7**
32.	**Tf3**	**Kh7**

Nach dem Springertausch beginnen die weißen Figuren auf dem Brett ernsthaft zu dominieren. Vorzuziehen war 32. ... Dd8 33. Tg3 (33. Se3 Ta7) 33. ... Kh8 34. L:f7 S:e4.

33. Se3!

Droht nebenbei 34. T:f6.

33.	**...**	**De7**
34.	**Sd5**	**S:d5**
35.	**L:d5**	**Ta7**
36.	**Db3**	

Im Falle von 36. T:f7 D:f7 37. L:f7 T:f7 ist die schwarze Festung im Endspiel uneinnehmbar.

36.	**...**	**f6**
37.	**Db8**	**g6**

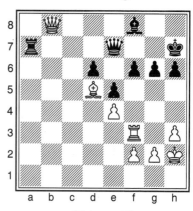

Diagramm 76

Hier konnte Weiß mittels 38. g4! den gegnerischen Monarchen in der Ecke einsperren. Es droht Tf3-c3-c8 und auf Lf8-g7 - Th8+! mit Matt. Wenig verspricht 38. ... Td7 39. Tc3 Td8 40. Db6 Lg7 (40. ... h5 41. Tc7 Td7 42. Tc8 Lg7 43. Db8 Ta7 44. gh gh 45. Db3!) 41. Tc7 Td7 42. Tc8 usw.

Falls 38. ... h5 (was mit Erfolg in der Partie geschah), so entscheidet 39. g5!

38. Tc3?

Erlaubt dem Nachziehenden, seine Verteidigung zu organisieren.

38. ... h5!

39. g4

Ungefährlich wäre auch 39. Tc8 Lg7 40. Th8+ L:h8 41. Dg8+ Kh6 42. D:h8+ Dh7.

39. ... Kh6!

40. g:h K:h5

41. Tc8 Lg7

Hier wurde die Begegnung vertagt.

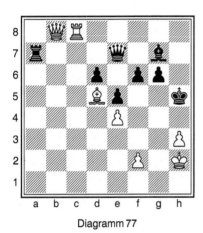

Diagramm 77

42. Te8

Remis.

Das Spiel wurde nicht wieder aufgenommen. Offenbar überzeugte sich Kasparow in der häuslichen Analyse davon, daß er nicht den besten Zug abgegeben und damit keine Gewinnchancen mehr hatte, deswegen erfolgte seinerseits der Friedensvorschlag.

Auch wir untersuchten die Stellung gründlich. Besondere Mühe gab sich mein Sekundant R. Henley. Ein Remis gab es in allen Varianten, jedoch nicht ohne Schwierigkeiten. Hier sind einige interessante Varianten aus Henleys Analyse, die er später veröffentlichte.

Nach dem Abgabezug 42. Te8 hat Schwarz wirklich keine Probleme.

42. ... Dd7 43. Td8 Dc7 44. D:c7 T:c7 45. T:d6 mit Remis. Oder 43. Lc6 D:c6 44. D:a7 D:e4 45. D:g7 Df4+ 46. Kg2 Dg5+ 47. Kf1 Dc1+ 48. Ke2 Dc2+ 49. Kf3 Df5+! (jedoch nicht 49. ... Dc6+? 50. Kf3 D:e8 51. Dh7+ Kg5 52. Dh4+ Kf5 53. Dg4 matt) 50. Kg3 Dg5+ 51. Kf3 Df5+ 52. Ke3 Df4+ 53. Kd3 Dd4+ mit ewigem Schach.

Viel Zeit kosteten die Züge 42. Tc3, 42. Le6 42. Db6 und 42. Tc1, da Weiß einen jeden von ihnen abgegeben haben konnte. Betrachten wir die Hauptvarianten.

42. Tc3 f5 43. h4 Kh6 (aber nicht 43. ... K:h4? 44. Th3+ Kg5 45. Tg3+ Kf6 46. Dg8 fe 47. Dh7 g5 48. D:e4 De8 49. De3 Dh5+ 50. Th3 Dd1 51. Tf3+) 44. Tg3 (44. ef e4) 44. ... f4 45. Tg4 Td7 mit Remis.

42. Le6 Db7! Viel schwerer erreicht man das Unentschieden im Falle von 42. ... D:e6 43. D:a7 D:c8 44. D:g7.

42. Db6 f5 43. De3 f4 44. Df3+ Kh6 45. Tc1 Tc7 46. Tg1 Dh4 mit Remis.

42. Tc1 f5 43. Tg1 Ta3! Nun verfügt Weiß über mehrere Möglichkeiten:

a) 44. ef T:h3+ 45. K:h3 Dh4+ 46. Kg2 Dg4+ 47. Kf1 Dd1+ 48. Kg2 Dg4+ mit ewigem Schach;

b) 44. Db1 Dh4 45. Dd1+ Kh6 46. Dc1+ Df4+ mit Remis;

c) 44. Lb3 d5!? 45. ed e4 mit genügendem Gegenspiel;

d) 44. Db4 Tf3 45. ef T:f2+ 46. Kh1 Tf4 47. Tf3+ Kh6 48. T:g6+ Kh7 49. Db3 e4 50. Lg4 e3 51. Dd3 Db7+ 52. Kh2 Db2+ 53. Le2 Tf2+ 54. Tg2 Le5+ 55. Kg1 (aber nicht 55. Kh1? Dc1+ 56. Tg1 Th2 matt) 55. ... Dc1+ 56. Lf1 e2 57. T:f2 e1D 58. f6+ Kh6 59. f7 Dg5+ 60. Tg2 Dee3+ 61. Kh1! D:d3 62. f8D+ Lg7 63. T:g5 L:f8 64. L:d3 K:g5; erneut mit Remis.

Partie Nr. 16

Short - Beljawski
Barcelona 1989

Die Offene Verteidigung war eine der populärsten in den Kämpfen um die WM-Krone in Baguio und Meran. Im zweitgenannten spielte sie sogar die entscheidende Rolle. In meinen Matches mit Kasparow tauchte sie jedoch nie auf. In den letzten 10 Jahren kam sie nur selten in meiner Praxis vor, und überhaupt ging das Interesse an ihr etwas zurück. Es gibt jedoch Großmeister, vor allem Jussupow und Kortschnoi, die unter keinen Umständen auf ihr Lieblingssystem verzichten und es wie früher häufig anwenden.

1.	e4	e5
2.	Sf3	Sc6
3.	Lb5	a6
4.	La4	Sf6
5.	0-0	S:e4
6.	d4	b5
7.	Lb3	d5
8.	d:e5	Le6
9.	Sbd2	

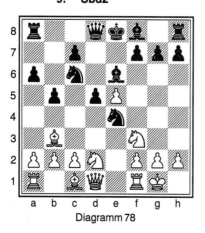

Diagramm 78

Die Züge 9. Le3 und 9. c3 werden weiter unten ausführlich besprochen. Der alte Zug 9. De2 ist gegenwärtig aus der Mode gekommen. Vor dreißig Jahren tauchte in der Theorie eine lange forcierte Variante auf - 9. De2 Le7 10. Td1 Sc5 11. L:d5 L:d5 12. Sc3 Lc4 13. T:d8+ T:d8+ 14. De3 b4 15. b3 Le6 16. Se4 Td1+ 17. Se1 Sd4 18. Lb2 S:c2 19. De2 T:a1 20.L:a1 S:a1 21.S:c5 L:c5 22. Sd3 Lb6 23. S:b4 0-0 24. Sc6 f6 25. h4 fe 26. D:e5 Tf6. Zu den hier bekannten Fortsetzungen 27.g4 und 27.Sd4 kam eine neue hinzu. Timman - Jussupow (Montpellier 1985): 27. Sd8 Lf7 28. S:f7 K:f7 29. D:a1 T:f2 30. Kh2 a5 31. De5 h6 32. a4 g6 33. Dd5+ Kg7 34. De5+ Kf7 35. h5 Tf5! mit Ausgleich. Somit hat sich die Einschätzung des forcierten Spiels von der Eröffnung zum Endspiel - die Lage von Schwarz ist ungefährdet - in den vergangenen Jahren nicht verändert.

Der Zug 9. a4 wird von Ljubojevic bevorzugt, besondere Erfolge kann er jedoch nicht vorweisen, zum Beispiel: 9. ... b4 10. a5 Sc5 11. Lg5 Dd7 12. Sbd2 h6 13. Lh4 Le7 14. L:e7 D:e7 (oder 14. ... S:e7 15. Sd4 0-0 16. c3 bc 17. bc Tab8 18. Lc2 Lg4 19. De1 T:b2 20.Dc3 Lf5! - bei Schwarz ist alles in Ordnung, Ljubojevic - Jussupow, Linares 1991) 15. c3 bc 16. bc Sb3! 17. S:b3 0-0 18. Te1 Tab8 19. Sfd4 Sa7! 20. Se2? (nötig war der Tausch auf e6) 20. ... c5 21. Sf4 Tfd8 22. Dc2 Sc6, mit Übergewicht von Schwarz (Ljubojevic - Hjartarson, Amsterdam 1991).

9.	**...**	**Sc5**

Der Zug 9. ... Lg4 wird später besprochen.

10.	**c3**	**d4**

Die gebräuchlichste Fortsetzung, andere Züge - 10. ... Le7 und 10. ... Lg4 werden wir weiter unten behandeln.

(siehe Diagramm 79)

Bevor wir weitergehen (in der Partie folgte der Tausch auf e6), lohnt es sich, beim Zug 11. Sg5!? zu verweilen. Dieses effektive Manöver hat sich mein Sekundant I. Saizew bei der Vorbereitung des Matchs in Baguio ausgedacht. Der Springer setzt sich kaltblütig der Bedrohung durch die Dame aus - so

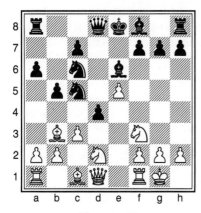

Diagramm 79

etwas fällt nicht jedem ein! Übrigens, Kortschnoi wagte es nicht, den Springer zu schlagen. Erinnern wir uns an diese spannende Partie und an das, was danach folgte...

11. ... dc 12. S:e6 fe 13. bc Dd3 14. Sf3. Im Falle von 14. Lc2 D:c3 15. Dh5+ g6 16. L:g6+ hg 17. D:h8 D:a1 hat Weiß keine Kompensation für das verlorene Material, Beachtung verdient aber 14. Dg4.

14. ... D:d1 15. L:d1 Le7 16. Le3 Sd3 17. Lb3 Kf7 18. Tad1 S:e5 19. S:e5 S:e5 20. Lf4 Sc4. Schlecht wäre 20. ... Ld6 21. L:e5 L:e5 22. Tfe1 L:c3 23. T:e6 Kf8 24. Td7! usw. Hier habe ich auf c4 getauscht - 21. L:c4 bc, und die Aussichten glichen sich bald aus. Tal empfahl 21. Td7 c5 22. Te1 Tad8 23. Tb7 Td3 24. Lg5 Te8 25. Te4 T:c3 26. h3, und Weiß behält gefährliche Drohungen. Statt 23. ... Td3 ist jedoch 24. ... Td5! stärker, und Schwarz kann mutig in die Zukunft blicken.

Es stellt sich die Frage, ob man den Springer überhaupt nehmen kann!? Ein Jahr nach Baguio wurde die Partie Timman - Smyslow (BRD 1979) gespielt, in ihr geschah 11. ... D:g5 12. Df3 0-0-0. Nach 12. ... Ld7 13. L:f7+ Ke7 14. Sb3 (stark ist auch 14. L:d5 S:e5 15. De2 d3 16. De1 c6

17. f4 Dh6 18. Lf3! mit deutlichem Übergewicht, Wolff - Flear, London 1990) 14. ... D:e5 15. S:c5 D:c5 16. Te1+ Kd8 17. cd Dd6 18. Lg5+ Kc8 19. Tac1! oder 12. ... Kd7 13. Ld5! L:d5 14. D:d5+ Ld6 15. cd S:d4 16. Sc4! Se2+ 17. Kh1 Df5 18. S:d6 Dd3 19. D:f7+ Kc6 20. Le3 Taf8 21. De7! Dd5 22. Tad1 Sd3 23. e6 hat Weiß starken Angriff (Brondum - Brinck-Claussen, Dänemark 1979). 13. L:e6+ fe 14. D:c6 D:e5 15. b4 Dd5 16. D:d5 ed 17. bc dc 18. Sb3 d4 19. La3 Le7 20. Lb4 Lf6 21. a4 Kd7 22. ab ab 23. Ta6 c6 24. Td1 Ke6 25. T:c6+ Kd5 26. T:f6! Kc4!, und trotz der zwei weißen Mehrfiguren können die Chancen als gleich bewertet werden. Somit hat die Annahme des Springeropfers offenbar ihre Bewährungsprobe bestanden. A. Lilienthal schlug eine wesentliche Präzisierung vor: 23. Tfd1! Ke6 24. Tac1 Kf7 25. Kf1 The8 26. Td3 Te4 27. g3. Die Zentralbauern von Schwarz sind gestoppt und dessen Lage recht schwierig. Übrigens ist die "Theorie" des Springeropfers auf g5 möglicherweise noch nicht erschöpft...

11. L:e6 S:e6
12. c:d4

Man trifft ebenfalls 12. a4 und 12. Sb3, womit Weiß aber nicht viel erreicht hat.

12. ... Sc:d4

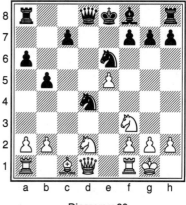

Diagramm 80

Eine jener Stellungen, mit der sich die moderne Theorie der Offenen Verteidigung beschäftigt. Nun entsteht nach 13. S:d4 D:d4 14. Df3 Td8 15. a4 eine Stellung aus der berühmten Partie Capablanca - Lasker (Petersburg 1914). Im Match in Baguio setzte ich gleich zwei gefährliche Neuerungen ein: 13. Se4 (14. und 16. Partie) und 13. a4 (18. Partie). Später erlangte der Springerausfall nach e4 eine größere Popularität. Betrachten wir aber zuerst, wie sich die Dinge nach a2-a4 entwickeln.

13. a4 Le7. Wir untersuchten auch andere Läuferzüge - nach c5 und b4. In der Begegnung Nunn - Timman (Amsterdam 1985) geschah 13. ... Tb8, nach 14. ab ab 15. Se4 Le7 16. Sd6 cd 17. S:d4 S:d4 18. D:d4 de 19. D:e5 0-0 20. Lf4 Tb7 21. De4 Td7 22. Dc6 einigten sich die Partner auf Remis. Dennoch sieht 13. ... Le7 für mich logischer aus.

14. S:d4. Beachtung verdient 14. ab, obgleich in der Partie Sax - Jussupow (Sofia 1984) nach 14. ... S:b5 15. Dc2 0-0 16. Sb3 c5 17. Le3 Db6 18. Da4 Tfb8 19. Sa5 Tc8 20. De4 Sbd4 21. S:d4 cd 22. L:d4 die Chancen gleich waren. Im Treffen Hübner - Jussupow (Tilburg 1987) spielte Weiß anders - 15. Se4, ereichte aber auch nicht mehr. Nach 15. ... 0-0 16. Le3 c5 17. Ta4 Db8 18. Da1 Sbd4 19. L:d4 cd 20. S:d4 S:d4 21. T:d4 D:e5 22. Tfd1 Tfd8 23. b3 T:d4 24. D:d4 D:d4 einigte man sich auf Remis.

14. ... D:d4. Die richtige Art des Schlagens. In der 18. Partie des Matchs in Meran schlug Kortschnoi auf d4 mit dem Springer: 14. ... . S:d4 15. Se4 Se6 16. Le3 0-0 17. f4 D:d1 18. Tf:d1 Tfb8 19. Td7. Weiß besitzt ein klares Übergewicht, das bald entscheidend wurde. Dieser Sieg war der sechste Sieg in Folge und beendete den Kampf in Meran. Später wurden nicht wenige Partien gespielt, in denen Schwarz gleich rochierte - 15. ... 0-0. Nach 16. ab S:b5 17. Le3 Dc8 18. Dc2 De6 19. f4 f6 20. ef L:f6 21. f5 De5 22. c5 hat er aber noch einige Probleme

(Iwantschuk - Jussupow, Linares 1989). Jussupow verstärkte das Spiel im Treffen mit Adams (Hastings 1989/90): 19. ... Tad8 20. Ta4 Td7 21. Tfa1 Dd5 22. h3 f6 23. ef L:f6 24. S:f6+ T:f6 25. T:a6 T:a6 26. T:a6 Sd4. Beim selben Turnier in Hastings zeigte Chandler gegen Jussupow eine wichtige Neuerung: 18. Dd5! Td8? (richtig war nach Jussupow 18. ... Df5! 19. Sg3 Dg6 und erst danach Tad8 mit beiderseitigen Chancen) 19. Dc6 Df5 (jetzt ist das Damenma- növer nicht so passend, besser war 19. ... S:d4 20. L:d4 T:d4 21. f4 a5) 20. f4. Schwarz hat eine schwierige Stellung, die Jussupow diesmal nicht halten konnte.

15. ab D:e5 16. ba 0-0 17. Sf3 Db5 18. Da4 D:a4 19. T:a4 Sc5. Die Chancen beider Seiten sind gleich. Das zeigte die Partie Psachis - Dolmatow, die auf der 49. UdSSR-Meisterschaft (1981) und damit kurz nach dem Match in Meran gespielt wurde. Acht Jahre später wartete Weiß in der Begegnung Ehlvest - Marin (Tallinn 1989) mit einer Neuerung auf: 17. Da4! (sofort) 17. ... Tfb8 18. a7 Tb7 19. Sf3 Dd5 20. Le3 Lc5 21. Tad1 Db3 22. D:b3 T:b3 23. L:c5 S:c5 24. Sd4 mit Übergewicht.

13. Se4 Le7

Der schwarze Zug erfolgt fast automatisch, aber es ist auch nicht alles so klar im Falle von 13. ... Dd5 14. S:d4 S:d4. Die Stellung nach 15. Sc3 Dd7 16. Le3 Lc5 kam zweimal in der 49. UdSSR-Meisterschaft vor.

(siehe Diagramm 81)

Romanischin - Jussupow: 17. Dh5 (17. Dd2 Td8 18. Tad1 0-0) 17. ... De6 18. Tad1 Td8 19. Td2 0-0 20. Tfd1 g6 21. Dh4 Le7 22. De4 Sf5.

Beljawski - Dorfman: 17: Se4 La7 18. Tc1 0-0 19. Sc5 L:c5 20. T:c5 Tfd8 21. L:d4 D:d4 22. D:d4 T:d4 23. T:c7 Td2 24. Tfc1 Te8 25. T7c2 T:c2 26. T:c2 f6. In beiden Fällen meisterte Schwarz erfolgreich die Eröffnungsprobleme.

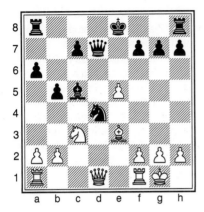

Diagramm 81

Eventuell ist 15. Te1 genauer als 15. Sc3, beispielsweise 15. ... Lb4 (15. ... Le7 16. Sf5+!) 16. Sc3 Dd8 (nach 16. ... Dd7 17. Le3 Lc5 hat Weiß im Vergleich zur Diagrammstellung ein Tempo gespart, obgleich es wohl keine wesentliche Rolle spielt) 17. Lg5! D:g5 18. D:d4 L:c3 19. D:c3 0-0 20. Tac1 (Malcikow - Odajew, UdSSR 1983). Die Schwäche der schwarzen Bauern am Damenflügel macht sich klar bemerkbar.

14. Le3   Sf5

In der 14. Partie von Meran, wo diese Stellung das erste Mal vorkam, tauschte Kortschnoi fehlerhafterweise die Springer - 14. ... S:f3+ 15. D:f3 0-0 16. Tfd1 De8 17. Sf6+! L:f6 (17. ... gf 18. ef Ld6 19. Td4 Kh8 20. Th4 Tg8 21. T:h7+ K:h7 22. Dh5 matt) 18. ef Dc8 19. fg Td8 20. h4! mit deutlichem Übergewicht von Weiß. Der Rückzug nach f5 geschah in der 16. Partie.

15. Dc2   0-0
16. Tad1

In der 16. Begegnung in Merano spielte ich 16. Seg5 L:g5 17. S:g5 g6 18. S:e6 fe 19. Tae1 Dd5 20. b3 Tac8 21. Lc5 Tfd8 22. h3 Dc6 23. b4 Td7 24. Td1 Tcd8, und Schwarz überwand diesmal die Eröffnungsprobleme. Wenig verspricht 16. Sf6+ L:f6 17. D:f5 Le7 18. Tad1 Dc8 19. Sd2 Td8 (van der Wiel - Kortschnoi, Sarajevo 1984).

16. ...   S:e3
17. f:e3

Die isolierten Doppelbauern auf der e-Linie haben ihr Gutes, sie kontrollieren die wichtigen Felder d4, d6 und f6, außerdem ist die f-Linie für Manöver geöffnet.

17. ...   Dc8

Weniger genau wäre 17. ... De8 wegen 18. Sd4. Obgleich der Nachziehende in dem Treffen van der Wiel - Kortschnoi (Wijk aan Zee 1987) nach 18. ... Td8 19. S:e6 T:d1 20. T:d1 fe 21. D:c7 für den Bauern ausreichendes Gegenspiel besaß: 21. ... Dh5 22. Tf1 T:f1+ 23. K:f1 Df5+ 24. Sf2 Db1+ 25. Ke2 D:b2+ 26. Kf3 Lf8 27. Se4 D:a2 28. Sg5. Weiß ist fast bis zum gegnerischen Monarchen vorgedrungen, der Führer der schwarzen Steine findet aber einen eleganten Weg, das Remis zu forcieren. 28. ... Dd5+ 29. Kg3 Kh8! Die weiße Dame ist an den Bauern e5 gebunden, und schon droht h7-h6. Deswegen ist die Zugwiederholung erzwungen - 30. Sf7+ Kg8 31. Sg5+ Kh8. Remis. Aufmerksamkeit verdient 18. h3, 19. Sh2 usw. , bei der Dame auf c8. In diesem Fall bleibt nach dem Tausch eines Turmpaares ein schwarzer Turm auf f8. Hier stützt er den Punkt f7, ist dabei jedoch in seiner Wirkung beschränkt.

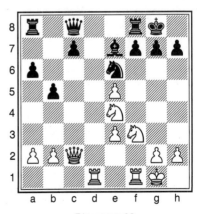

Diagramm 82

18. Td3

Großer Beliebtheit erfreut sich auch der bescheidene Bauernzug h3, der erstmals in der Begegnung Karpow - Jussupow (Linares 1983) zur Anwendung kam. Schauen wir uns die Fortsetzung anhand der folgenden Partie an.

Tal - Kortschnoi (Reykjavik 1987): 18. h3 Td8 19. Sh2. In der Ursprungspartie spielte ich dies erst später: 19. Tc1 c5 (schlechter ist 19. ... Db7 20. Dc6!) 20. Df2 Db7 21. Sh2! D:e4 (21. ... Tf8 22. Df3! und Sg4) 22. D:f7+ Kh8 23. D:e6 Lg5 24. Kh1. Weiß behielt die Initiative, aber Jussupow konnte schließlich das Remis erreichen. Das Springermanöver nach h2 schaut konsequenter aus.

19. ... T:d1 20. D:d1. Vernünftigerweise verbleibt der Turm auf der f-Linie, um alle Kräfte für einen Angriff am Königsflügel zu sammeln. 20. ... De8. Schwarz braucht nur ein Tempo - Sg5, um die Schwäche des e-Bauern zu zeigen. Jetzt wäre 20. ... Sg5 jedoch schlecht wegen 21. Dd5 De8 22. Sg4 mit starkem Angriff.

In der Begegnung Geller - Tal (Sotschi 1986) erwiderte Schwarz 20. ... Sc5 21. Df3 und erst hier 21. ... De8. Weiter geschah 22. Sg3 Td8 (elastischer ist 22. ... Tb8 und 23. ... Tb6, oder 22. ... a5 und 23. ... Ta6, wodurch der Turm zur Verteidigung des Königsflügels herangezogen wird - vgl. die Stammpartie) 23. Sg4 Se6 24. Sf5 Kh8 25. S:e7 (noch stärker ist 25. h4 oder 25. Dg3, mit Verstärkung der Drohungen) 25. ... D:e7 26. D:f7 D:f7 27. T:f7 h5 28. Sf2 Td5 29. Tf5 g6? Nach 29. ... Td2! konnte der Nachziehende kaum noch verlieren, die Schwächung des Punktes f6 macht sich augenblicklich bemerkbar. 30. e4! Tc5 31. Tf6 T:e5 32. T:g6 Sc5 33. Tc6 S:e4 34. S:e4 T:e4 35. Kf2. Das für Weiß gewonnene Turmendspiel führte er bald zum Sieg. Als Ergebnis nahm Tal die Variante in sein Repertoire als Weißer auf.

21. Dh5. Ein anderes Feld für die Dame wäre c2. Zu diesem Thema gibt es zwei interessante Partien von Ernst.

Prasad - Ernst (Gausdal 1991): 21. Sg4 Td8 22. Dc2 c5 23. Sg3 c4. Nach 23. ... Td7 24. Sf5 Kh8 hat Schwarz Probleme. Im Falle von 24. ... Lf8? entscheidet 25. Sfh6+! Kh8 26. Df5 Sd8 27. e6! D:e6 28. D:e6 S:e6 29. Sf7+ Kg8 30. Sfh6+! Kh8 31. Se5 (Mokry). In der Partie Mokry - Ernst (Gausdal 1989) folgte 25. De4 Dc8 26. Sd6!? L:d6 27. ed T:d6 28. T:f7!? Sg5 29. Db7 Td1+ 30. Kh2 Dd8 31. Se5! mit gewonnener Stellung für den Anziehenden.

24. De4 Tc8 25. Sf5 b4 26. Sfh6+! (26. Db7 Dc7 27. D:a6 c3 mit zweischneidigem Spiel) 26. ... gh 27. S:h6+ Kh8 28. S:f7+ (28. T:f7? Sg5) 28. ... Kg8 29. Dg4+ Sg7 30. e6 Lc5 31. Dg5 De7 (aber nicht 31. ... De6? 32. Sh6+ Kh8 33. Dc5! mit Gewinn) 32. Sh6+ Kh8 33. De5 Dc7. Remis.

21 ... Sc5 22. Sg3 a5!

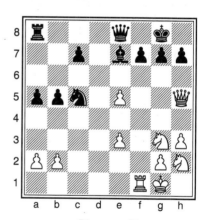

Diagramm 83

Auf diese geistreiche Weise überführt Schwarz den Turm zur Verteidigung des Königsflügels. Im weiteren überzog er jedoch die Stellung, und Tal konnte die Partie effektvoll beenden.

23. Sf5 Ta6 24. Sg4 Tg6. Die Rösser stehen schön, aber der schwarze Turm deckt alle verwundbaren Felder in der Nähe seines Königs. 25. b3 Ld8 26. Sf2. Ein erzwungener Rückzug. Die weißen Bauern haben sich in eine richtige Schwäche verwandelt, obgleich sie im Moment noch nicht geschlagen werden dürfen. 26. ... Dc6 27. e4 De8. Der Versuch, ein Übergewicht mit bequemen Mitteln zu erreichen, wird Kortschnoi zum Verhängnis. 28. Dd1 Le7 29. Dd2 Lf8 30. D:a5 D:e5 31. D:b5 Te6 32. Db8 h5 33. Dd8 g6? Nach 33. ... Te8 wäre das Treffen wohl friedlich ausgegangen. Nun zeigt Tal eine elegante Kombination mit Damenfang. 34. Sh6+ Kg7.

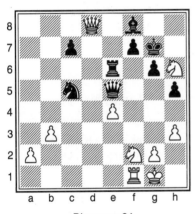

Diagramm 84

35. Sfg4! Tals Springerpaar beginnt zu zaubern. 35. ... hg 36. T:f7+ K:h6 37. D:f8+ Kg5 38. h4+ K:h4 39. Dh6+ Dh5 40. g3+ K:g3 41. Df4+ Kh4 42. Df2+ g3 43. Tf4+ Kg5 44. D:g3+ Kh6 45. Th4. Die Kombination ist vollbracht, und Weiß hat eine gewonnene Stellung.
Früher spielte man üblicherweise 18. Sd4 S:d4 19. ed De6. Die weißen Bauern haben sich ausgerichtet, sind jedoch gut blockiert. Überraschend rasch endete die Begegnung Zeschkowski - Jussupow (Jerewan 1982):

20. Sg3 f6 21. Sf5 fe 22. Db3!, und Schwarz gab den Widerstand auf. Den richtigen Weg demonstrierte Jussupow drei Jahre später: 20. ... c6 21. Sf5 Tfe8 22. Td3 Lf8 23. Th3 g6 24. Sh6+ L:h6 25. T:h6 c5 mit gleichem Spiel (Short - Jussupow, Montpellier 1985). Ungefährlich für Schwarz ist ebenfalls 22. K:e7+ T:e7 23. Tf3 Td7 24. Tc3 D:a2 25. T:c6 Tad8 26. Tc8 Dd5 (Smirin - Michaltschischin, Klaipeda 1988).
Andere Fortsetzungen statt 20. Sg3 bringen auch nichts: 20. Td3 f6 21. D:c7 fe 22. D:e5 T:f1+ 23. K:f1 (Chandler - Jussupow, Minsk 1982); 20. D:c7 Tac8! 21. Da5 Tc2 22. Tf2 Tfc8 (Hübner - Ljubojevic, Tilburg 1982), und Schwarz hat keine Sorgen. Im letzten Beispiel gibt es den interessanten Zug 22. ... Dg4!? und weiter 23. De1 Lb4! 24. Sc3 T:f2 25. K:f2 f6 26. fe T:f6 27. Kg1 Ze6 28. Df1 Ld6 29. Df3 D:f3 30. gf mit schnellem Remis (de Firmian - Hellers, Biel 1989).
Verbleibt der Zug 18. Sg3!?. Die Partie Sax - Hellers (Haninge 1989) entwickelte sich wie folgt: 18. ... Td8! 19. Sd4 S:d4 20. ed c6 21. Sf5 Lf8 22. Td3 De6 23. Dd2 Td7 24. Tg3 Kh8 25. Dg5 Dg6! 26. Dh4 De6 27. Th3 Dg6 28. Tf4 Tad8 29. Tg3 De6 30. Th3 Dg6. Remis.
Kehren wir schließlich zur Stammpartie zurück.

18. ...   c5
19. Sd6   Dc7

Dieser Zug ist neu. Schlecht wäre 19. ... Dc6? 20. Sf5 Ta7 21. S3d4! S:d4 22. ed mit deutlichem Vorteil von Weiß. Recht verläßlich erscheint auch ein anderer Damenrückzug - 19. ... Db8, beispielsweise: 20. b3 Ta7 21. Tfd1 Td8!? 22. S:f7!? K:f7 23. T:d8 L:d8 in der Partie Stoica - Marin, (Eforie-Nord 1988). Stoica zeigte folgende Remisvariante: 24. Df5 (24. Dh7 Te7! 25. Tf1 Ke8 26. Dg8+ Kd7 27. Td1 Kc7!, und Weiß steht schlechter) 24. ... Ke7 25. Dh7 Td8 26. Dh4+ Ke8 27. Dh8+ Ke7.

71

20.	Tfd1	Tfd8
21.	Td5	Lf8
22.	b3	

Nach 22. h3 c4 23. b3 cb 24. D:b3 Sc5 25. Dc2 De6 endet das ganze ebenfalls friedlich. Weiß versucht, etwas Initiative zu erlangen.

| 22. | ... | Ta7 |

Es verliert 22. ... Db8? 23. Df5 Ta7 24. S:f7!

| 23. | Df2 | |

Geringfügig bessere Chancen versprach 23. T1d2, um das Feld d2 für die Dame freizumachen.

23.	...	Dc6
24.	e4	Tad7
25.	h3?	

Nun hat der Nachziehende mehr vom Spiel. Verteilt blieben die Chancen nach 25. Dg3 c4 26. bc bc.

25.	...	f6
26.	Dg3	c4
27.	b:c4	b:c4
28.	Dg4	

Verloren hätte 28. Tc1 L:d6 29. ed T:d6 30. T:d6 T:d6 31. T:c4? Td1+.

28.	...	Sc7
29.	Sd4	Da8
30.	S4f5?	

Erneut ein klarer Fehler. Nach 30. Se6!? h5 31. Df5 S:d5 32. S:d8 T:d6 33. ed Se3 34. De6+ Kh7 35. De8 S:d1 36. D:h5+ wäre ein Remis wahrscheinlich, obwohl der Nachziehende sein Übergewicht durch 32. ... D:d8!? 33. De6+ Kh7 34. T:d5 c3 behauptet, und der c-Bauer bereitet Weiß einige Kopfschmerzen (Beljawski).

30.	...	Da7+
31.	T5d4	L:d6
32.	e:d6	Sb5
33.	Se7+	Kh8
34.	Sc6	Db6
35.	e5	

Es verliert 35. S:d8 wegen T:d8 36. e5 fe.

| 35. | ... | D:c6 |
| 36. | e6 | T:d6 |

| 37. | e7 | Te8? |

In dieser spannenden Partie unterlaufen beiden Seiten ärgerliche Versehen. Sofort gewonnen hätte 37. ... S:d4.

38.	T:d6	S:d6
39.	De6	Dc5+
40.	Kh1	Sb7

Man nähert sich dem Remis, beispielsweise: 40. ... c3 41. D:d6 D:d6 42. T:d6 Kg8 43. T:a6 T:e7 44. Tc6 Te3 45. a4!

| 41. | Td7 | De5 |

Einen geringen Vorteil konnte man retten mittels 41. ... Dc8 42. Dd5 c3 43. D:b7 D:b7 (43. ... c2? - 44. D:c8, und Weiß gewinnt) 44. T:b7 Kg8 45. Ta7 Kf7 46. T:a6 T:e7 (Beljawski).

42.	Df7	Tg8
43.	T:b7	c3
44.	Tc7	De1+
Remis.		

Partie Nr. 17

van der Wiel - Hjartarson
Rotterdam 1989

1.	e4	e5
2.	Sf3	Sc6
3.	Lb5	a6
4.	La4	Sf6
5.	0-0	S:e4
6.	d4	b5
7.	Lb3	d5
8.	d:e5	Le6
9.	Sbd2	Sc5
10.	c3	Le7

Die Fortsetzung 10. ... d4 wurde in den Anmerkungen zur vorigen Partie ausführlich untersucht. Häufig wird auch 10. ... Lg4 gespielt, aber beide Formen der Läuferentwicklung führen häufig nur zu Zugumstellungen - Schwarz muß in jedem Fall rochieren.

11. Lc2

Dieser Zug erfolgt fast automatisch. Die Neuerung 11. Sd4!? kam in der Begegnung Bryson - Flear (Dundee 1991) vor. Zu gleichem Spiel führte nun 11. ... Sd4 12. cd S:b3 13. S:b3 0-0 14. f4 f5, Schwarz nahm aber den Bauern, und nach 11. ... S:e5 12. f4 Sc4 (12. ... Lg4? 13. De1 Sed3 14. Dg3 mit gefährlicher Attacke) konnte Weiß durch das Vorrücken des f-Bauern - 13. f5 (statt 13. De2) seine Initiative verstärken.

11. ... Lg4

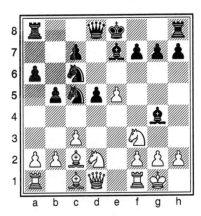

Diagramm 85

Eine der kritischen Stellungen der Offenen Variante. Der Hauptzug ist hier Te1, der in der Partie geschah. Es gibt aber noch andere interessante Möglichkeiten, schauen wir sie uns an.

Akopjan - Todorovic (Niksic 1991): 12. De1!? Weiß entledigt sich der Fesselung und beabsichtigt, mit dem Springer nach d4 zu gehen. Die Dame hat aber einen etwas ungewöhnlichen Platz eingenommen. 12. ... 0-0, zuverlässiger ist nach Akopjan 12. ... Se6!?. 13. Sd4 S:e5?! Auf 13. ... Dd7 folgt h3, ungefähr gleiches Spiel ergab 13. ... S:d4 14. cd Se6. Das Nehmen des Bauern ist recht riskant. In den Partieanmerkungen weist Akopjan darauf hin, daß gerade das

Springeropfer eine Neuerung darstellt, in Großmeisterpartien bin ich dem Zug 12. De1 überhaupt noch nicht begegnet. 14. h3! Gut für Weiß ist ebenfalls 14. D:e5, z. B. : 14. ... Ld6 15. De3 Te8 16. Sc6 L:h2+ 17. K:h2 Dh4+ 18. Kg1 T:e3 19. fe Dh6 20. Se7+ Kf8 21. S:d5 c6 22. Sf4. 14. ... Sed3 15. L:d3 S:d3 16. De3 S:c1 17. hg Lg5 18. f4 c5 19. Sc6 Te8 20. S:d8 T:e3 21. fg Sd3 22. S:f7, und Weiß gewann.

12. Te1

Natürlich kann man diese Stellung auf verschiedenen Wegen erreichen, eine weitere Reihenfolge wäre: 9. c3 Sc5 10. Lc2 Lg4 11. Te1 Le7 12. Sbd2.

In der Partie folgte 12. ... Dd7. Die Fortsetzung 12. ... d4, die früher von der Theorie gebilligt wurde, ist völlig aus der Praxis verschwunden. Eine andere Möglichkeit - 12. ... 0-0 13. Sf1 schauen wir uns an einigen wichtigen Beispielen an.

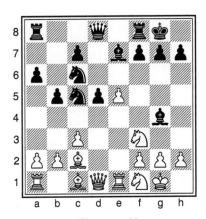

Diagramm 86

Kupreitschik - Tukmakov (New York 1988): 13. ... Lh5 14. Le3. Das Manöver Sf1-g3 wird vorläufig verschoben, dafür schuf Weiß die Drohung 15. L:h7+ K:h7 16. Sg5+ L:g5 17. D:h5+ und 18. L:c5. Die Zugumstellung erlaubt Schwarz nach Iwantschuks Meinung aber, die Eröffnungsprobleme zu lösen

mittels 14. ... Se6! 15. Sg3 L:f3 16. D:f3 S:e5
17. Dh5 g6! (aber nicht 17. ... Sg6 - 18. f4),
und im Falle von 18. D:e5 Lf6 gewinnt er
unerwartet die Oberhand. Nach dem richtigen 17. L:h7+ K:h7 18. Dh5+ Kg8 19. D:e5
Ld6 steht das Spiel übrigens gleich. Die
andere Möglichkeit 14. ... S:e5 15. L:c5
S:f3+ 16. D:f3! L:f3 17. L:e7 Dd7 18. L:f8
L:g2! 19. Lc5 L:f1 20. K:f1 Dh3+ Kg1 Dg4+
führt zu ewigem Schach. Tukmakow antwortete 14. ... Lg6, und nach 15. Sg3 Te8
16. h4! L:c2 17. D:c2 Sd7 18. Lf4 Sf8 19. h5
hatte der Anziehende starkes Druckspiel.
Wang - Jussupow (Novi Sad 1990): 13. ... Te8!?
Eine Neuerung: Schwarz verliert keine Zeit
für einen Läuferrückzug, sondern spielt
gleich im Zentrum. 14. Se3 S:e5 14. L:h7+
K:h7 16. Dc2+ Kg8 17. S:e5 Le6 18. Sc6
Dd6 19. S:e7+ T:e7. Schwarz glich aus und
übernahm bald die Initiative.
Wahls - Hübner (München 1991): 13. ... Te8
14. h3 (statt 14:se3) 14. ... Lh5 15. g4 Lg6
16. L:g6 hg 17. Se3 Dd7 18. D:d5 Tad8 19.
Td1 (19. D:d7 T:d7 ist für den Nachziehenden
günstig) 19. ... De6 20. D:e6 fe 21. Sd4 S:e5
22. f4 Sf7 23. Tf1 Lf6 24. Sec2 e5, und
Schwarz ergriff wiederum die Initiative.

12.   ...   Dd7
13.   Sf1

Den Zug 13. Sb3 wählte ich schon in der 28.
Partie des Matchs gegen Kortschnoi in
Baguio, nach 13. ... Se6 14. h3 Lh5 15. Lf5
Scd8 16. Le3 a5 17. Lc5 a4 18. L:e7 D:e7
19. Sbd2 c6 20. b4 Sg5 entstand ein zwei-
schneidiges Spiel. Im 17. Zug kann Weiß
das Feld c5 mit einer anderen Figur beset-
zen. Dazu ein interessantes Beispiel.
Ehlvest - Hjartarson (Belfort 1988): 17. Sc5!?
Dc6! 13. Sd3 L:f3 19. D:f3 g6 20. Lg4 h5 21.
L:e6 S:e6 22. Tad1 Td8 23. Td2 0-0 24.
Ted1 Sg5? Ein ernster Fehler, besser war
24. ... Dd7 mit 25. ... c6.
25. L:g5 L:g5 26. Te2 Tfe8 27. Dg3 Lh6 28.
Tde1 Kh7 29. e6! f6 30. Df3 Kg7.

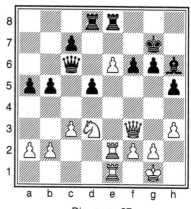

Diagramm 87

31. Se5! fe 32. Df7+ Kh8 33. T:e5 Tg8 34.
e7 Tde8 35. Te6 Dd7 36. T:g6 37. D:g6 Lg7
38. Df7 d4 39. cd L:d4 40. Te6 Lg7 41. g3!
Schwarz gab auf, da es keine befriedigende
Verteidigung gegen die Drohung Te6-e4-
h4:h5+ gibt.
Wertvoll ist die Begegnung Nunn - Tal
(Naestved 1985). Auf 15. ... Lg6 (statt
15. ... Scd8) folgte 16. Sfd4 0-0 17. Lg4!
Sc:d4 18. cd a5 19. f4 h5 20. L:h5 L:h5 21.
D:h5 a4 22. Sc5 S:c5 23. dc L:c5+ 24. Le3
L:e3+ 25. T:e3 f5 26. e6 De7 27. Tae1 Tad8
28. g4! d4 29. g5! g6 30. D:g6+, und nach
zehn Zügen gewann Weiß die Oberhand.
In der Partie Geller - Unzicker (Bad Wöris-
hofen 1991) zog Weiß 14. Dd3 (statt 14. h3)
g6 15. Lh6, und erhielt nach 15. ... Te8 16.
Tad1 Lf5 17. Dd2 L:c2 18. D:c2 Dd7 19. Td3
Tad8 20. h3 Lf8 21. Dd2 Se7 22. L:f8 T:f8
23. Sfd4 Dc8 24. De3 die etwas besseren
Chancen.
Nach 13. Sb3 ist 13. ... 0-0 schlecht wegen
14. S:c5 L:c5 15. h3 Le6 16. Sd4 S:d4 17.
cd Le7 18. Le3, und Weiß kontrolliert die
schwarzen Felder und die offene e-Linie
(Iwantschuk - Hoba, Ungarn 1988).
Mit dem Springermanöver nach e3 vertreibt
Weiß den Läufer, so daß h2-h3 nicht nötig
ist. Hier ist ein passendes Beispiel zu dem
Thema.

Hübner - Kortschnoi (Tilburg 1986): 13. h3 Lh5 14. Sf1 Tad8 15. Sg3 Lg6 16. Sd4 0-0 17. Lf5 (genauer ist 17. Sgf5) 17. ... Se6 18. Lg4 Sc:d4 19. cd c5 20. Sf5 Da7 21. S:e7+ D:e7 22. Le3 cd 23. L:d4 Tc8. Die Initiative liegt schon in den Händen von Schwarz, und bald wurde sie entscheidend.

13. ...   Td8
14. Se3   Lh5
15. Sf5

Interessant ist der Zug 15. b4. In der Partie Hjartarson - Kortschnoi (Saint John 1988) folgte 15. ... Se6 (15. ... Se4 verliert gleich wegen 16. S:d5!) 16. Sf5, und hier erwiderte Schwarz unglücklich 16. ... d4? - 17. Le4! Lg6 18. g4 h5 19. h3 Kf8 20. a4! hg De8 22. ab ab 23. Ta6!, und erlitt eine vernichtende Niederlage (23. ... Sb8 24. T:e6 fe 25. S:e7 L:e4 26. T:e4 usw.).

Schwierig verlief für den Nachziehenden die Begegnung Rodriguez - Marin (Novi Sad 1990), wo er wie folgt reagierte: 16. ... 0-0 17. a4 Tfe8 18. ab ab 19. Dd3 Lg6 20. D:b5! (früher wurde 20. Td1 gespielt, ohne daß Weiß etwas erreicht hat) 20. ... S:e5 21. D:d7 S:d7 22. S:e7+ T:e7 23. L:g6 hg 24. Sd4! Das Endspiel ist vorteilhaft für den Anziehenden.

Offenbar ist es für Schwarz vernünftiger, gleich den Läufer zurückzuziehen 16. Lg6. Nach 15. b4 Se6 verdient das sofortige 16. g4 Beachtung. In der Partie Sagrebelny - Newerow (Barnaul 1988) folgte 16. ... Lg6 17. Sf5 0-0 18. a4 Tfe8 19. ab ab 20. Ld3 Tb8 21. De2 Sd8 22. Ta7, und Weiß hat Vorteil.

Nichts brachte der Zug 15. Lf5, in der Partie Chandler - Hjartarson (Novi Sad 1990) einigte man sich nach 15. ... Se6 16. Sc2 0-0 17. a4 Tfe8 18. ab ab 19. Dd3 Lg6 20. L:g6 hg 21. Le3 b4 22. Ted1 bc 23. bc Lf8 24. Df1 Se7 25. Scd4 S:d4 26. cd Sf5 auf Remis.

15. ...   0-0

Endlich kommt Schwarz zur Rochade, nun hat er keine Sorgen mehr.

16. S:e7+   S:e7
17. Le3

Mit einer Überraschung endete der Kampf Hübner - Kortschnoi (Tilburg 1987): 17. b4 Sa4? 18. L:h7+! K:h7 19. e6! Schwarz gab auf.

Natürlich ist das noch keine Widerlegung einer Eröffnungsvariante... Die richtige Verteidigung zeigte Kortschnoi im Treffen mit Sokolow im selben Turnier in Tilburg: 17. ... Se4! 18. L:e4 de 19. D:d7 T:d7 20. Sg5 Lg6 21.e6 Td3 22. ef+ L:f7 23. S:e4 Sd5. Schwarz hat vollwertiges Spiel und errang im Endspiel die Oberhand.

17. ...   Sa4
18. Dd3   Sg6

Ein wenig besser steht Weiß nach 18. ... Lg6 19. Dd2.

19. b3

Weniger gut wäre 19. e6? fe 20. Se5 S:b2 21. S:d7 S:d3 22. S:f8 S:e1 23. L:g6 L:g6 24. S:g6 Sc2 25. Se7+ Kf8, und Schwarz hat eine aussichtsreiche Stellung (Marjanovic - Kortschnoi, Belgrad 1987).

19. ...   L:f3
20. g:f3

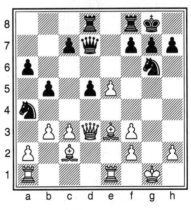

Diagramm 88

20. ...   Dh3
21. Ld2

Schlechter ist 21. ba - 21. ... S:e5 22. D:h7+ D:h7 23. L:h7+ K. h7 24. Kg2 Tfe8 mit besseren Chancen für den Nachziehenden.

21.	...	Sc5
22.	Df5	D:f5
23.	L:f5	Tfe8
24.	Le3	

Günstig für Schwarz wäre 24. Lg5?! S:e5 25. L:d8 S:f3+ 26. Kf1 S:e1 27. T:e1 T:d8 28. Te7 g6 29. T:c7 S:b3 30. ab gf.

| 24. | ... | Se6 |
| 25. | L:g6 | h:g6 |

Das geringfügig günstigere Endspiel erhielt Schwarz im Falle von 25. ... fg.

26.	a4	c5
27.	a:b5	a:b5
28.	f4	d4
29.	c:d4	c:d4
30.	Ld2	d3
31.	Le3	Td5

Nun ist das Spiel völlig ausgeglichen, mit Sd4 konnte man noch um Initiative ringen.

32.	Ted1	Tc8
33.	Kg2	Tc3
34.	Ta8+	Kh7
35.	Ta6!	Td8

Im Falle von 35. ... T:b3 36. Td6 T:d6 37. ed hat bereits Weiß Übergewicht.

36.	b4	Kg8
37.	Td6	Kf8
38.	T:d8	S:d8
39.	Kf3	Se6
40.	Ta1	Tc4
41.	Td1	Tc3

Remis.

Partie Nr. 18

Speelman - Timman
Kandidaten-Halbfinale
London 1989

1.	e4	e5
2.	Sf3	Sc6
3.	Lb5	a6
4.	La4	Sf6
5.	0-0	S:e4
6.	d4	b5
7.	Lb3	d5
8.	d:e5	Le6
9.	c3	

Die beiden vorhergehenden Partien waren dem Zug 9. Sbd2 gewidmet.

| 9. | ... | Lc5 |

Die Stellung nach 9. ... Le7 10. Le3 untersuchen wir in der nächsten Partie (bei der Zugfolge 9. Le3 Le7 10. c3). Das System mit dem Läuferschritt nach c5 nennt man auch Italienisch.

| 10. | Sbd2 | |

Andere Möglichkeiten sind - 10. De2, 10. Dd3 und 10. a4, nach der modernen Theorie erhält Schwarz jedoch überall gleiches Spiel.

| 10. | ... | 0-0 |
| 11. | Lc2 | |

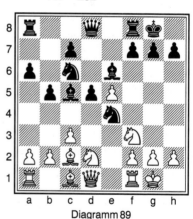

Diagramm 89

In dieser Stellung verfügt Schwarz über vier Fortsetzungen: zwei, die man eigentlich nicht spielt - 11. ... f5 und 11. ... S:d2, und zwei heute viel populärere - 11. ... S:f2 und 11. ... Lf5. Bevor wir uns mit dem Läuferausfall nach f5 beschäftigen, untersuchen wir einige moderne Beispiele bezüglich des Springereinschlags auf f2. Als Basis nehmen wir uns folgende Partie.

Iwantschuk - Jussupow (Linares 1990): 11. ... S:f2. Die Idee dieses positionellen Opfers, verbunden mit einem schwarzen Angriff auf der f-Linie, stammt von Dilworth. In den 40er Jahren leistete Botwinnik einen großen Beitrag zur Entwicklung der Theorie der Variante. Das Abspiel hat auch heute nichts an Anziehungskraft verloren.

12. T:f2 f6 13. ef L:f2+ 14. K:f2 D:f6 15. Sf1 (genauer als der Königsrückzug nach g1) 15. ... Se5 16. Le3. Wiederum voreilig wäre 16. Kg1 - 16. ... . S. f3+ 17. gf D:f3 18. D:f3 T:f3. Schwarz stellte das materielle Gleichgewicht wieder her und behielt etwas Initiative (Marovic - Jussupow, Tunis 1985).

16. Tae8 17. Lc5 S:f3+ 18. g:f3 Tf7.

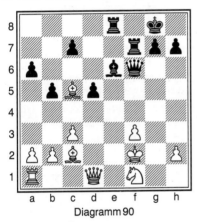

Diagramm 90

19. Sg3! Eine wertvolle Neuerung. In der Partie Short - Jussupow (Belgrad 1989) erhielt der Nachziehende nach 19. Ld3 Lh3! 20. Sg3 h5! 21. Lf1 Lg4 ein ausgezeichnetes Spiel. Nicht viel verspricht 19. Kg2, z. B.: 19. ... . Dg5+ 20. Kh1 (20. Sg3 h5 21-Kh1 h4 22. Dd3 Dh6 23. Le3 Dh8 24. Sf1 Lf5 mit Vorteil für Schwarz - Soffer) 20. ... d4! 21. D:d4 (es verliert 21. L:d4? Ld5 22. Sd2 T:f3! 23. S:f3 Te1+!) 21. ... T:f3 22. Le4 Tf4 23. Te1 T:e4! 24. T:e4 Ld5, und für Weiß wird es Zeit, das Handtuch zu werfen (Grünfeld - Michalewski, Israel 1991).

19. ... Lg4 20. Kg1 D:f3 21. D:f3 L:f3?! Nach 21. ... T:f3 hätte der Anziehende nur einen kleinen, aber nach dieser Erwiderung erhält er einen großen Vorteil.

22. Tf1! Tf6 (22. ... Lg4 23. L:h7+) 23. b4! c6. Hier folgte 24. Lf5?, und bald war die Stellung ausgeglichen, wohingegen Schwarz nach 24. Ld4 Tf4 25. Lf5 mit der Drohung 26. Ld7 vor recht schwierigen Problemen gestanden hätte.

11. ... Lf5

Diese Fortsetzung wurde detailliert im Weltmeisterschaftsmatch in Baguio untersucht, aber sie ist immer noch in Mode. Unter Ausnutzung des Umschlagpunktes d4 plant Weiß, eine aktives Spiel im Zentrum und am Königsflügel zu entfalten. Schwarz strebt üblicherweise nach Gegenspiel auf dem Damenflügel.

12. Sb3

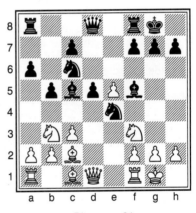

Diagramm 91

Die kritische Stellung. Schwarz hat hier die Wahl zwischen 12. ... Lg4 - was in den 70er Jahren gespielt wurde, und 12. ... Lg6 - einem Zug, der im darauf folgenden Jahrzehnt weit verbreitet war. In der Partie Marovic - Murey (XXVI Olympiade 1984) geschah 12. ... L:f2+ (im Geiste der 40er Jahre!) 13. T:f2 S:f2 14. K:f2 L:c2 15. D:c2 f6, aber nach 16. e6 Dd6 17. Le3 D:e6 18. Sbd4 S:d4 19. S:d4 erhielt Weiß Übergewicht

12. ... Lg6

Nach 12. ... Lg4 habe ich früher automatisch auf c5 getauscht. Auf diese Weise errang ich Vorteil gegen Beljawski und Smyslow (Leningrad 1977). Kortschnoi bekam in Baguio jedoch zweimal gutes Spiel, und seitdem ziehe ich 13. h3. Da 13. ... L:f3 14. gf eine Figur verliert, muß Schwarz mit dem Läufer zurückgehen - 13. ... Lh5, und nach 14. g4 Lg6 15. L:e4 de 16. S:c5 ef 17. Lf4 hat Weiß deutlichen Vorteil. Hier sind noch einige Züge aus der 14. Partie Karpow - Kortschnoi (Baguio 1978): 17. ... . D:d1 (ein erzwungener Tausch, schlecht wäre De7 18. Dd5 Sa5 19. b4 Sc4 20. D:f3 S:e5 21. L:e5 D:e5 22. Sd7) 18. Ta:d1 SD8 19. Td7 Se6 20. S:e6 fe 21. Le3 Tac8 22. Tfd1 Le4 23. Lc5 Tfe8 24. T7d4 Ld5 25. b3 a5 26. Kh2 Ta8 27. Kg3, und Weiß realisierte sein positionelles Übergewicht. Es scheint, als ob für Schwarz im vergangenen Jahrzehnt in der Variante keine passenden Erwiderungen gefunden wurden.

13. Sfd4

Wiederholt spielte man 13. a4, zum Beispiel 13. ... Lb6 14. Sbd4 S:d4 15. S:d4 (van der Wiel - Kortschnoi, Wijk aan Zee 1983) 15. ... Dd7 (schlecht ist 15. ... c5 16. Sc6 S:c3 17. S:d8 S:d1 18. L:g6 Ta:d8 19. Lf5!) 16. Le3 Sc5 17. a5 La7 18. f4 L:c2 19. S:c2 f6 20. ef T:f6 21. Kh1 c6 mit Ausgleich. Ungefährlich für den Nachziehenden sind die Fortsetzungen 13. e6 und 13. De2. In der Begegnung Short - Timman (Tilburg 1988) machte Weiß den neuen Zug 13. Lf4, und nach scharfem Spiel - 13. ... Lb6 14. a4 Dd7 15. ab ab 16. T:a8 T:a8 17. Sfd4 b4 18. Ld3 bc 19. Lb5 S:f2! 20. T:f2 (20. L:c6? D:d1!) 20. ... S:d4! 21. L:d7 S:b3 22. bc (22. D:b3 Ta1+) 22. ... Ta1 23. D:a1 S:a1 24. Lc6 Le4 25. c4 Sc2 hatte der Gegner etwas mehr vom Spiel. Das Feld d4 kann auch das

andere Roß besetzen - 13. Sbd4, wie in der Partie Z. Polgar - van der Sterren geschehen (Wijk aan Zee 1990). Nach 13. ... S:d4 14. S:d4 Lb6 15. Le3 spielte Schwarz ungenau 15. ... Te8?! (wie Polgar selbst zeigte, war 15. ... Dd7 oder 15. ... De8 16. f4 f6 richtig), und Weiß erhielt das bessere Spiel - 16. a4 Dd7 17. ab ab 18. T:a8 T:a8 19. Ld3 c6 20. f4 Te8 21. Kh1. Hier hätte Schwarz die Stellung halten können mit 21. ... L:d4 22. L:d4 Lf5, nach 21. ... f6?? kam Weiß zur siegbringenden Kombination - 22. e6! T:e6 23. f5! L:f5 24. S:f5 L:e3 25. S:e3 S:c3 26. Dg4 Se4 27. L:e4 de 28. T:f6! Td6 29. D:d7 T:d7 30. T:c6 Td3 31. T:c3 Td2 32. Tc2 Td3 33. Te2. Schwarz gab auf.

13. ... L:d4
14. c:d4

In der sechsten Partie dieses Wettkampfs entschied sich Speelman für 14. S:d4. Nach 14. ... Dd7 15. S:c6 (nichts ergibt 15. f4 - 15. ... S:d4 16. cd f6 17. Le3 Tad8 18. De2 Kh8 19. Tac1 c6 20. Ld3 Tc8 21. Tc2 Lf5 22. Tfc1. Remis. Klowan - Dorfman, UdSSR 1981) 15. ... D:c6 16. Le3 Tfe8 waren die Chancen etwa gleich.

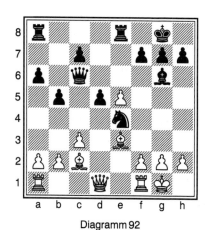

Diagramm 92

Der Zug 17. f3? (besser war 17. Ld4, obwohl der Nachziehende nach 17. ... Sc5 keine

Probleme hat) erlaubte Schwarz einen Überraschungsschlag - 17. ... S:c3! 18. Dd2 L:c2! 19. D:c2 T:e5 20. Tae1 Se2+! Damit wird nicht nur die Figur, sondern auch der Mehrbauer gesichert. Obgleich Weiß sich im Vier-Türme-Endspiel - 21. T:e2 D:c2 22. T:c2 T:e3 23. T:c7 - noch ins Remis flüchten konnte.

Interessanterweise übersah Weiß den Einschlag auf c3 noch in der neunten Partie Kortschnoi - Karl (Schweiz 1982). In der Diagrammstellung folgte 17. f4? S:c3! 18. bc D:c3 19. f5 D:e3+ 20. Kh1 T:e5 21. fg hg, und die Armada der schwarzen Zentralbauern ist deutlich stärker als der Läufer.

In der Begegnung J. Polgar - Hellers (Wijk aan Zee 1990) opferte Weiß statt des Tauschs auf c6 einen Bauern - 15. a4, nach 15. ... S:e5 16. f4 Sc6 17. S:c6 D:c6 18. f5 konnte der Nachziehende mittels 18. ... Dc5+ (statt des gespielten 18. ... Db6+) 19. Dd4 Lh5 20. Lf4 Dc6 ein günstiges Spiel erhalten.

14. ... a5
15. Le3

Möglich war 15. Ld3 a4 16. L:b5!? Sb4?! 17. Sd2 S:d2 18. L:d2 Sc2 19. Tc1 S:d4 20. Lg5 D:g5 21. D:d4 (Zeschkowski - Tukmakow, Taschkent 1980). Stärker wäre 16. ... ab 17. L:c6 Ta6 18. f3 T:c6 19. fe ba 20. T:a2 L:e4 mit gleichem Spiel (Ljubojevic - Tal, Niksic 1983).

15. ... a4

In der weit zurückliegenden Partie Karpow - Sawon (Moskau 1971) hatte Weiß nach 15. ... Sb4? 16. Lb1 a4 17. Sd2 a3 18. Dc1! großes Übergewicht.

16. Sc1

Hier sei an die interessante Begegnung Karpow - Jussupow erinnert (Moskau 1983), in der 16. Sd2 geschah. Weiter folgte 16. ... a3 17. S:e4 ab 18. Tb1 L:e4 19. T:b2 Dd7 20. Ld3. Diesen Zug (statt 20. L:e4, was zum Ausgleich führt) wandte erstmals Hübner gegen Kortschnoi 1982 an. Der Läufertausch erfolgte dennoch - 20. ... L:d3 21. D:d3, aber bei einer für Weiß günstigeren Bauerstruktur. Die Gegner erreichten zweimal diese Stellung. In der ersten Partie wurde nach 21. ... Tfb8 22. Tfb1 b4 23. a3 ba 24. T:b8+ T:b8 25. T:b8+ S:b8 26. D:a3 Dc6 27. De7 Dd7 28. Da3 das Remis vereinbart (Hübner - Kortschnoi, Chicago 1982). In der zweiten gewann Schwarz nach 21. ... b4 22. Ld2 Tfb8 23. Tfb1 Dg4 24. Le3 Tb6 26. h3 Dc8 26. Tc2 b3! 27. T:b3 Sb4 die Qualität und schließlich auch die Partie (Hübner - Kortschnoi, Luzern 1982). Man muß nicht unbedingt Materal aufgeben, dennoch ist auch bei genauem Spiel der weiße Druck erheblich. Dies zeigt beispielsweise meine Begegnung mit Jussupow.

20. ... L:d3 21. D:d3 Tfb8 22. Tfb1 b4 23. h3 h6 24. Tc1 Tb6 25. Db1 Tab8 26. Tc5 Sd8 27. Tcc2 Se6 28. Dc1 T8b7 29. Tc5 Se7 30. Kh2 Sf5 31. Tbc2 Tg6 32. T:c7 T:c7 33. T:c7 Db5 34. g4! Sh4 35. Tc8+ Kh7 36. Dd1 Da6 37. Tc2 f5 38. Kg3! fg 39. K:h4 gh 40. f4 De6 41. Dh5! De7+ 42. K:h3 Df7 43. Th2! Dd7+ 44. f5. Schwarz gab auf.

16. ... a3

Nach 16. ... Sb4 17. Lb1 a3 18. b3 behält Weiß einen kleinen Vorteil (Zeschkowski - Geller, Vilnius 1983).

17. b3

Mehrmals wurde 17. ba T:a3 18. Lb3 Sc3 19. Dd2 b4 20. Sd3 L:d3 21. D:d3 gespielt. In der Partie Short - Jussupow (Belfort 1982) erhielt Weiß nach 21. ... Sa5 22. Lc2 Dh4 23. Lc1 T:a2 24. T:a2 S:a2 25. Lg5 Dh5 26. Le7 Tb8 27. Da6 Sc4 28. D:a2 Sd2 29. L:h7+ eine gewonnene Stellung. Schwarz zeigte eine wichtige Neuerung in der Partie Nunn - Marin (Helsinki 1988): 21. ... Da8! 22. Ld2. Remis, obwohl Schwarz nach 22. ... S:a2 23. Tfe1 Sa5 25. Tab1 Sc4 die besseren Chancen erreichen konnte.

17. ... f6
18. e:f6 D:f6
19. Se2

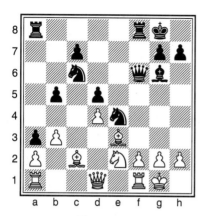

Diagramm 93

All das geschah schon in der sechsten Partie meines Matchs mit Kortschnoi (Meran 1981). Nach 19. ... Sb4 20. Lb1 De7 21. De1 Tfe8 22. Sf4 Lf7 glich Schwarz aus, obwohl ich jetzt mit 23. Sd3! S:d3 24. L:d3 etwas bessere Chancen hätte behalten können.

19. De7
Schwarz stellt die Dame gleich auf e7. Schwer zu sagen, was für ihn besser ist.

20. Tc1   Sb4
Womöglich ist 20. ... Tf6 günstiger, um die Türme auf der f-Linie zu verdoppeln. Schlecht wäre nun 21. f3 wegen 21. ... Sc3 oder 21. L:e4 L:e4 22. Lg5 wegen 22. ... Tg6. Mit 21. Lb1 oder 22. Sc3 konnte der Anziehende dagegen seinen Druck beibehalten.

21. Lb1   Tae8
Auf 21. ... Sd6 spielt Weiß 22. Ld2! Sd3 23. L:d3 L:d3 24. Te1 mit offensichtlichem Übergewicht.

22. Sc3
Weniger zu empfehlen wäre hier 22. Te1? oder 22. Sf4? wegen der starken Antwort 22. ... S:f2!. Gut sähe dagegen 22. Lf4 c5 23. dc S:c5 24. Le3 aus, und Weiß erhält in dem isolierten Bauern d5 ein schönes Angriffsziel, der Nachziehende muß sich zudem noch mit einem Komplex schwacher schwar-

zer Felder plagen. Beachtung verdient ebenfalls 21. De1!?

22.	...	S:c3
23.	T:c3	L:b1
24.	D:b1	c6

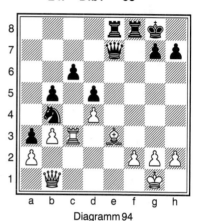

Diagramm 94

25. Lc1?
Nach 25. Tc5 mit der Drohung 26. Ld2 behielte Schwarz die besseren Chancen - auf 25. ... Dd6 (25. ... Tf6? 26. Lg5) wäre 26. Dd1! nicht von der Hand zu weisen, und Weiß könnte, seine Kräfte konsolierend, die Türme auf der c-Linie verdoppeln. Der englische Großmeister übersieht eine effektvolle Replik seines Gegners.

25. ...   De1!
Mit Angriff auf den Turm und der Drohung 26. ... D:f2+ 27. T:f2 Te1+.

26.	Te3	T:e3
27.	L:e3	D:b1
28.	T:b1	Te8?!

Nach 28. ... S:a2 29. Ta1 Sb4 30. T:a3 Sc2 31. Ta7 S:e3 32. fe Tf6 ergäbe sich ein unentschiedenes Turmendspiel. Noch unter dem Eindruck des gegnerischen Fehlers spielt Schwarz auf Sieg; am Ende unterlaufen ihm selbst einige Versehen.

29. Ld2!
Schlecht wäre 29. Tc1 wegen 29. ... S:a2 30. Ta1 Sb4 31. T:a3 Sc2 32. Ta6 S:d4! oder

29. Kf1 Sc2 30. Tc1 S:e3+ 31. fe T:e3 32.
T:c6 Td3 33. Tc5 b4, in beiden Fällen hätte
der Nachziehende große Gewinnaussichten.

29.	...	Sc2
30.	Tc1!	S:d4
31.	Kf1	Te4?

Es ging nicht 31. ... Te2 wegen 32. Le3 Tc2
33. T:c2 S:c2 34. Lc5!, und der Springer von
Schwarz ist gefangen. Nötig war 31. ... Tc8!
32. b4 Se6 33. Tc3 c5 34. bc T:c5 35. T:a3
mit einem Gleichgewicht der Kräfte.

32.	b4!	Kf7
33.	Tc3	Ke6?
34.	f3	Th4
35.	h3	Th5

Nach 35. ... Kd6 36. Lg5 Th5 37. h4 ist schon
der schwarze Turm eingesperrt.

| 36. | T:a3 | Tf5 |
| 37. | Td3 | |

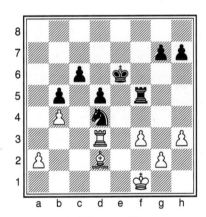

Diagramm 95

| 37. | ... | c5! |

Der Nachziehende opfert zwei Bauern, und
dafür erhöht er maximal die Aktivität seiner
Figuren. Besonders rege wird sein König.

38.	b:c5	Sc6
39.	Tb3	d4
40.	T:b5	Tf7
41.	a4	Ta7
42.	a5	Kd5

43.	Ke2	Kc4
44.	Tb1	K:c5
45.	Ta1	Kd5
46.	Ta4	Ta6
47.	f4	Ke4
48.	Tc4	Kd5
49.	Kd3	g5

Mit jedem Bauerntausch schwinden die
weißen Gewinnchancen. Nichts bringt jetzt
50. T:c6 T:c6 51. fg Tc4! 52. h4 Ta4 53. h5
Ke6, und bei Schwarz ist alles in Ordnung.

50.	g3	g:f4
51.	g:f4	Ta7
52.	Ta4	Tg7
53.	Le1	Tf7
54.	a6	T:f4
55.	a7	Tf3+
56.	Ke2	Te3+
57.	Kd2	S:a7
58.	T:a7	T:h3
59.	Td7+	Ke4
60.	Lf2	Th2
61.	Ke1	Kf3
62.	L:d4	Te2+
63.	Kf1	Te4.

Hier wurde die Partie vertagt und noch
lange weitergespielt. Obwohl die Verteidigung
in dem Endspiel nicht sehr angenehm
ist, konnte Schwarz die theoretische Bewertung
bestätigen und ein Remis erreichen.

64.	Lf2	h5
65.	Th7	Ta4
66.	T:h5	Ta1+
67.	Le1	Ta2
68.	Th3+	Ke4
69.	Lf2	Tc2
70.	Kg2	Tc4
71.	Th8	Tc3
72.	Te8+	Kf4
73.	Te2	Tb3
74.	Le1	Td3
75.	Ld2+	Kf5
76.	Le3	Ke4
77.	Kf2	Tb3
78.	Ta2	Tb4

79.	Ke2	Tc4
80.	Ta8	Tc2+
81.	Ld2	Tc4
82.	Te8+	Kd5
83.	Le3	Ta4
84.	Th8	Ta2+
85.	Kf3	Ta4
86.	Th5+	Ke6
87.	Lc5	Tc4
88.	Ke3	Tg4
89.	Ld4	Tg3+
90.	Kf4	Tg2
91.	Le3	Ta2
92.	Ke4	Te2
93.	Th6+	Ke7
94.	Ta6	Te1
95.	Kd4	Kf7
96.	Lf4	Te6
97.	Ld6	Kf6
98.	Le5+	Kf7
99.	Ta7+	Te7
100.	Ta1	Td7+
101.	Ke4	Ke6
102.	Ta6+	Kf7
103.	Kf5	Ke8
104.	Te6+	Te7
105.	Tb6	Td7
106.	Th6	Tf7+
107.	Ke6	Te7+
108.	Kd5	Td7+
109.	Ld6	Tg7
110.	Th8+	Kf7
111.	Tf8+	Kg6
112.	Ke6	Kg5
113.	Tf1	Tg6+
114.	Ke5	Kg4
115.	Tg1+	Kh5
116.	Td1	Tg5+.

Remis.

Partie Nr. 19

Dolmatow - Jussupow
Kandidaten-Viertelfinale
Wijk aan Zee 1991

1.	e4	e5
2.	Sf3	Sc6
3.	Lb5	a6
4.	La4	Sf6
5.	0-0	S:e4
6.	d4	b5
7.	Lb3	d5
8.	d:e5	Le6
9.	Le3	

Die gebräuchlichen Fortsetzungen 9. Sbd2 und 9. c3 haben wir schon untersucht. Nun ist die dritte, seltenere Möglichkeit an der Reihe.

9.	...	Le7
10.	c3	Dd7

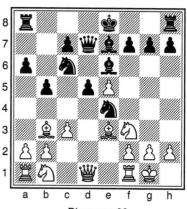

Diagramm 96

Die bekannten Züge - 10. ... Sc5, 10. ... Sa5 und 10. ... 0-0 - geben nach der Theorie Weiß ein gewisses Übergewicht. In diesem Match wurde der seltene Damenschritt nach d7 gründlich unter die Lupe genommen. Jussupow hat sich seiner dreimal bedient, und insgesamt hat Schwarz die Prüfung bestanden. Als Stammpartie nehmen wir die dritte des Wettkampfes. Übrigens, Jussupow wählte in der 7. Partie 10. ... Sc5, erhielt aber keinen Ausgleich. So verlief sie. 10. ... Sc5 11. Lc2 Sd7. In der 11. zusätzlichen (schnellen!) Partie wählte Jussupow 11. ... Lg4 12. Sbd2 Se6 13. Db1 Lh5 14. Lf5 Lg6 15. Td1, und schließlich machte er "seinen" Damenzug - 15. ... Dd7. Nach 16. Dc2 0-0 17. Sf1 Sa5 18. Sg3 c5 19. h4 Sc4 20. Lc1 Tfe8 21. b3 Sb6 22. h5 L:f5 23. S:f5 Lf8 war das Spiel etwa gleich.

12. Te1! (eine weitere Neuerung) 12. ... 0-0 13. Lf4 Sb6 14. Sd4 S:d4 15. cd c5 16. Sd2 Sc4 17. Sb3 S:b2 18. Db1 c4 19. L:h7+ Kh8 20. Te3 Dc8?! Genauer war 20. ... Dd7 21. Sc5 L:c5 22. dc d4, jetzt aber erhielt Weiß ernste Initiative.

21. Lc2! c3 22. Sc5? Ein Fehler, der Weiß an den Rand einer Niederlage bringt. Dabei hätte er nach 22. De1! b4 23. a3! ein deutliches Übergewicht bewahrt.

22. ... L:c5 23. T:c3 L:d4! 24. T:c8 Ta:c8. Schwarz steht besser, aber nach beiderseitigen Fehlern folgte der Friedensschluß.

11.   Sbd2   Td8
12.   Te1

Ein neuer Zug, den Dolmatow speziell für das Match vorbereitet hatte. Früher spielte man hier 12. S:e4 de 13. D:d7+ L:d7 14. Sg5 S:e5 15. Ld4 L:g5 16. L:e5 0-0 17. L:c7 Tc8 18. Lb6 Tfe8 mit ungefährem Gleichgewicht (Timman - Kortschnoi, Reykjavik 1987) oder 12. h3 S:d2 13. D:d2 Sa5 14. Lg5 c5 15. Tfe1 Sc6 16. Tad1 h6 17. L:e7 D:e7 18. Lc2 0-0 mit minimalem Übergewicht von Weiß (Short - Ljubojevic, Linares 1989). Verweilen wir kurz bei der zweiten Partie. 19. Dd3 g6 20. De3 Kg7 21. a3 a5 22. Df4 Td7 23. Td2 a4 24. h4 f5 (genauer 24. ... Sa5, und der Absicht Sc4) 25. ef+ T:f6 26. Dg3 Dd6 27. Se5 S:e5 28. T:e5 Lf5?! Der Läufer mußte sich nach f7 zurückziehen, jetzt erhält Schwarz ein deutliches Übergewicht - 29. Td:d5 D:d5 30. T:d5 T:d5 31. c4! usw.

12.   ...   0-0

Im Falle von 12. ... S:d2 13. D:d2 Lg4 wollte Dolmatow einen Bauern opfern - 14. Sd4! S:e5 15. Lh6! mit großem Übergewicht.

13.   Lc2   S:d2

Eine Neuerung. In der ersten Matchpartie zog Jussupow 13. ... Lf5, und das Spiel ging in ein für den Anziehenden günstiges Endspiel über: 14. S:e4 L:e4 (exakter 14. ... de 15. D:d7 T:d7 16. Sd4 S:d4 17. cd) 15. L:e4 de 16. D:d7 T:d7 17. e6! (vereinzelt die Bauern) 17. ... fe (schlechter wäre 17. ... Td6 18. ef+ T:f7 19. Sd2 Te6 20. Tad1 und weiter Sb3) 18. Sd2 Se5 19. S:e4 Sd3 20. Te2 c5 21. g3 c4?! (besser 21. ... Td5) 22. b4! Tf5 23. a4 Kf7 24. ab ab 25. Kg2 Te5 26. f3 Lf6 27. Ta3 h6 28. h3 Le7 29. Ta8. Genauer war 29. Tea2, was das schwarze, mit einem Qualitätsopfer verbundene Gegenspiel, wie in der Partie geschehen, verhindert hätte. 29. ... . Lf6 30. Tb8 T:e4! 31. fe L:c3 32. T:b5 L:b4 33. Kf1 Ld6! 34. g4 Le5. Das Läufermanöver nach e5 erlaubt es dem Nachziehenden, die Stellung zu halten. Die Partie endete remis.

In der Begegnung Fedorowicz - Kamsky (USA-Meisterschaft 1991) zog Weiß nach 13. ... Lf5, statt auf e4 zu tauschen, 14. Sb3. Weiter folgte 14. ... Lg6 15. Sbd4 Sa5 16. e6!? (günstig für Schwarz wäre 16. a4 Sc4 17. Lc1 c5) 16. ... Dd6! 17. ef+ T:f7 18. a4 Sc4!. In kompliziertem Kampf überspielte Kamsky schrittweise seinen Gegner. 19. ab S:e3 20. T:e3 ab 21. S:b5 Db6 22. Sbd4 c5! 23. Sb3 Lf6 24. Tb1 d4! 25. cd cd 26. Td3 Kh8 Dc7 28. Ta1 Tff8 29. Sb3 Sg5!, und Schwarz gewann.

14.   D:d2   Lf5
15.   Tad1   Tfe8
16.   h3

Ungenügend wäre 16. Lf4 wegen 16. ... L:c2 17. D:c2 f6 18. e6 Dc8.

16.   ...   h6

In der fünften Partie folgte 16. ... De6, und Weiß konnte Übergewicht erlangen mittels 17. Lf4 - 17. ... L:c2 18. D:c2 Dg6 19. D:g6 hg 20. e6. Nach 17. Lg5?! entwickelte sich eine lebhafte Auseinandersetzung mit beiderseitigen Chancen: 17. ... L:c2 18. D:c2 Dg6! 19. D:g6 hg 20. Lf4 Lc5 21. Sd4 S:d4

22. cd Lb6 23. Te2 Te6 24. Tc2 f6 25. h4 Kf7
26. Kh2 Td7 27. Lg3 fe 28. L:e5 c5 29. dc
L:c5 30. f4 Le7 31. Kg3 Lf6 gf. Dies sieht wie
ein Remis aus, im Turmendspiel unterliefen
Schwarz in Zeitnot jedoch einige Fehler, so
daß er am Ende verlor.
Im Falle von 16. ... Lc2 (16. ... f6?! 17. ef und
nach Lb3 ist der Punkt d5 schwach) 17. D:c2
f6 18. ef L:f6 19. Lg5! T:e1+ 20. T:e1 Df7 21.
L:f6 D:f6 22. Dd3 hat Weiß das bessere
Spiel (Dworezki).
   17. Lf4   Lf8
Es verliert 17. ... L:c2 18. D:c2 f6? 19. e6
Dc8 20. Dg6.
   18. Lg3   L:c2
Falls gleich 18. ... De6, so 19. L:f5 D:f5 20.
Sh4 und später f2-f4.
   19. D:c2   De6
   20. Sd4?
Besser ist 20. Lh4! Td7 21. Sd4 S:d4 22. cd
mit der Drohung f2-f4-f5 und Tc1.
   20. ...   S:d4
   21. c:d4   Tc8
   22. f4
Die Dame mußte die c-Linie verlassen - 22.
Dd3 (weniger klar wäre 22. Dd2 c5 23. dc
T:c5) 22. ... Lb4 (22. ... c5 23. dc T:c5 24. f4)
23. Tf1! und f2-f4.
   22. ...   c5
   23. f5

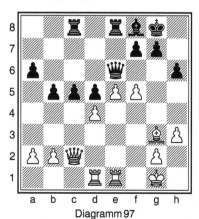

Diagramm 97

23. ...   c:d4!
Weiß tauschte fast alle leichten Figuren in
der Hoffnung, daß er am Königsflügel eine
gefährliche Initiative erhält. Der Zwischen-
tausch auf d4 führt jedoch dazu, daß auch
die Damen vom Brett verschwinden, was
wiederum das Angriffspotential des Anziehenden deutlich verringert.
   24. Dd3   Dc6
   25. Lf2   Dc2
   26. Te2
Der Ausgleich blieb auch bei 26. L:d4 Lc5
27. Df3 L:d4+ 28. T:d4 D:b2 29. D:d5 Dc3
und Dc5 gewahrt.
   26. ...   D:d3
   27. T:d3   Tc1+
   28. Kh2   g6!
Dieser Vorstoß sichert eine erfolgreiche
Verteidigung.
   29. g4
Auch bei 29. fg fg 30. T:d4 Td8 herrscht auf
dem Brett ungefähres Gleichgewicht.
   29. ...   Lg7
   30. L:d4   gf
   31. gf   Tf1
   32. Tg3   T:f5
   33. e6   f6
   34. Lc5   Te5
   35. Teg2   Tg5
   36. e7   Kf7
   37. h4   T:g3
   38. K:g3   f5
Weitere Vereinfachungen lassen das Remis
näherrücken.
   39. Kf4   Lf6
   40. K:f5   L:h4
   41. Tg6   L:e7
   42. Ld4   Tg8
   43. T:h6   Tg5+
   44. Kf4   Tg6
   45. T:g6   K:g6
   46. Ke5   Kf7
   47. K:d5   Lg5
   48. Kc6
Remis.

Partie Nr. 20

Short - Pinter
Rotterdam 1988

1. e4 e5
2. Sf3 Sc6
3. Lb5 a6
4. La4 Sf6
5. 0-0 Le7
6. Te1 b5
7. Lb3 0-0
8. c3

Beim Marshall-Angriff (manchmal wird er auch Gegenangriff genannt) opfert Schwarz im achten Zug einen Bauern, und als Kompensation dafür will er die Initiative an sich reißen. Ein mit den weißen Steinen agierender, erfahrener Spieler gibt den Bauern zurück und behält geringes Übergewicht. Deshalb wählt Schwarz in der Regel einen einfacheren Aufbau. Aber die Liebhaber scharfer Gefechte ziehen so etwas natürlich nicht in Betracht. Der Marshall-Angriff, dem wir jetzt drei Partien widmen, ist noch heute hochaktuell, und er hat auch unter Großmeistern nicht wenige Anhänger.

Weiß besitzt verschiedene Möglichkeiten, diese Variante zu umgehen. Prinzipielle Bedeutung haben 8. d4, 8. d3 und 8. a4. Aber laut Theorie erhält Schwarz danach keinerlei Schwierigkeiten.

8. ... d5
9. e:d5 S:d5

Die alte Fortsetzung 9. ... e4 ist heutzutage in Turnieren beinahe nicht mehr anzutreffen, denn Schwarz erhält nur ungenügende Kompensation für den gegebenen Bauern.

10. S:e5 S:e5
11. T:e5 c6

Der Zug 11. ... Sf6, auf den auch Frank Marshall selbst noch zurückgriff, ist seit langem aus der Praxis verschwunden. Weniger untersucht wurde bislang das Fianchetto 11. ... Lb7. Im letzten Vierteljahrhundert

übernahm der verhaltene Zug 11. ... c6 die konkurrenzlose Führung.

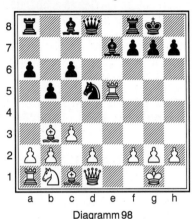

Diagramm 98

12. d4

Dem bescheideneren 12. d3 wird Partie Nr. 22 gewidmet sein. Der Tausch auf d5 kam in den vergangenen Jahren aus der Mode, aber dank der Bemühungen Robert Hübners wird er heute wieder häufiger gespielt. Hübner - Nunn (Skelleftea 1989): 12. L:d5 c:d5 13. d4 Ld6 14. Le3 Dh4 15. h3

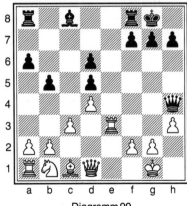

Diagramm 99

15. ... f5. Viele Partien enden hier nach 15. ... Df4 16. Te5 Df6 17. Te3 Df4 remis. Weiß kann jedoch seinen Turm auf die erste

Reihe zurückziehen: 17. Te1 Dg6. Oder 17. ... Ld7 18. Le3 Dg6 19. Df3 Tae8 20. Sd2 h5 21. Kh1 Lb8 22. Lf4 Dc2 23. L:b8 D:d2 24. Le5? (das sofortige 24. Ted1! hätte Weiß in Vorteil gebracht) 24. ... f6 25. Tad1 Dg5 26. Ld6 T:e1+ 27. T:e1 Te8 28. T:e8+ L:e8 29. De2 Lg6 30. Kh2 Df5 mit offensichtlichem Remis (A. Sokolow - Geller, New York 1990). 18. Kh1 Lf5 19. Le3 Lc2! 20. Dg4 D:g4 21. h:g4 f5 22. g:f5 T:f5 23. Kg1 Th5 24. Sd2 Lh2+ 25. Kh1 Lb8+ 26. Kg1 Lh2+ 27. Kh1. Remis (van der Wiel - Nunn, Amsterdam 1990).

Gut für Schwarz ist auch 15. ... g5 16. Df3 Le6 17. Df6 Tfe8 18. Sa3 Dh5 19. Ld2 Le7 20. Df3 Dg6 21. Tae1 g4 22. Dg3 g:h3 23. g:h3 Ld6 24. D:g6+ h:g6 25. Sc2 Kg7 26. Sb4 L:b4 27. c:b4 Th8 mit schnellem Unentschieden (Hübner - Nunn, Haifa 1989). Der Versuch 16. b3 führte nach 16. ... f5 17. Df3 Lb7 18. Te6? (Richtig ist 18. La3! g4 19. De2 f4 20. L:d6 f:e3 21. L:f8 D:f2+ 22. D:f2 e:f2+ 23. K:f2 T:f8 24. Kg1 g:h3 25. g:h3 Lc8 26. Sd2 L:h3 mit gleichem Spiel - Nunn) 18. ... Tae8! in der Partie Anand - Nunn, Wijk aan Zee 1990 zur Überlegenheit von Schwarz.

Jetzt wäre 19. T:d6 schlecht wegen der Folge 19. ... Te1+ 20. Kh2 T:c1 21. De3 Df4+ 22. D:f4 g:f4 23. Te6 Kf7 24. Te5 Kf6 nebst Tf8-f7-e7. In der Variante 19. T:e8 T:e8 20. Kf1 g4! 21. D:f5 g:h3 22. D:h3 D:h3 23. g:h3 Lc8 24. Le3 L:h3+ 25. Ke2 Lg4+ 26. Kd3 Lf5+ 27. Ke2 Tc8!, die in der Partie vorkam, erhielt Weiß ein schwieriges Endspiel.

16. Df3. Lustig verlief die Begegnung de Firmian - I. Sokolov (Biel 1989): 16. Sd2 f4 17. Te1 L:h3 18. Df3 L:g2 19. D:g2 Dh5 20. Sf3 Tf6 21. Sg5 Tf5 22. Se6 Dh6 23. Ld2 Te8 24. D:g7+ D:g7 25. S:g7 T:e1+ 26. T:e1 K:g7 27. Te6 Tf6 28. T:f6. Remis.

16. ... Lb7 17. Sd2 g5?! Richtig war 17. ... f4. Jetzt wären die Abspiele 18. Te6 Tad8 19. De2 f4 20. Sf3 Dh5 21. Kh2 Df7 22. De1 Lc8 23. Te2 Lf5 und auch 18. Sf1 Tf6 19. De2

Kf7 20. Ld2 f4 21. Td3 Tae8 günstig für Schwarz. Aber Hübner zieht weder den Turm noch den Springer. Er läßt diese beiden Figuren auf ihrem Platz und spielt lieber seine Dame nach e2.

18. De2! f4. In der gegebenen Situation hätte Schwarz besser seinen g-Bauern vorrücken sollen. 19. Sf3 Dh5. Nach 19. ... Dh6 20. Te6 Tf6 stünde der ganze Kampf noch bevor. Jetzt aber gerät Nunn in eine arge Falle des Gegners.

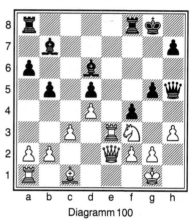

Diagramm 100

20. S:g5! Ein unerwarteter Einschlag. Weil Schwarz auf g5 wegen 21. Tg3 nicht nehmen kann, muß er nun wohl oder übel mit zwei Bauern weniger auskommen.

20. ... Dg6 21. Te6 D:g5 22. T:d6 Tae8 23. Te6 Kf7 24. Te5 T:e5 25. d:e5 Ke6 26. Ld2 D:e5 27. Dd3 Dg7 28. Te1+ Kd7 29. f3 Tf6 30. Dd4 Df7 31. a4 b:a4 32. D:a4+ Kc7 33. Db4 Kd8 34. L:f4. Schwarz gab auf.

Es sei auch noch das Manöver 12. Df1 erwähnt, wodurch die weiße Dame zeitiger an den eigenen König herangeführt wird. Dieser Plan sieht allerdings etwas gekünstelt aus. Ungefährlich für Schwarz ist Fischers Standardzug 12. g3. Wir bringen ein Beispiel zu diesem Thema.

Braga - Geller (Amsterdam 1986): 12. ... Lf6. Der d-Bauer bleibt am Platze, und Schwarz macht Druck auf den Punkt d4. 13. Te1 c5

14. d4 Lb7. Das ist eine Verbesserung. Nach 14. ... c:d4 15. c:d4 Lb7 16. Sc3 S:c3 17. b:c3 stünde Weiß etwas besser. Jetzt aber ist das Feld c3 verstellt und Weiß in der Entwicklung zurückgeblieben.

15. d:c5 Te8 16. Sd2 S:c3! 17. b:c3 L:c3 18. c6 L. c6 19. T:e8+ D:e8 20. Tb1 Td8 21. Dc2. Im Falle von 21. Dh5 (21. Tb2 a5!) gibt es diese schöne Variante: 21. ... g6 22. Dg5 De1+ 23. Sf1 De4 24. Dd8+ Kg7 25. f3 D:f3 26. Se3 Dh1+ 27. Kf2 De1 matt.
21. ... L:d2 22. L:d2 Le4 23. L:f7+ K:f7 24. Db3+ Ld5. Schwarz hatte eindeutige Vorteile im Endspiel, die er leicht in einen Sieg ummünzte.

12. ... Ld6
13. Te1

In jüngster Zeit ist auch häufig der Turmrückzug nach e2 anzutreffen. Das dazu vorliegende Material wird in den Kommentaren zur Partie Nr. 21 präsentiert.

13. ... Dh4
14. g3 Dh3
15. Le3

Die bekannten Fortsetzungen 15. L:d5 und 15. Dd3 sind ungefährlich für Schwarz und kommen heute kaum noch vor. Weiß hat hier jedoch außerdem das witzige Manöver 15. Te4!? zur Verfügung.

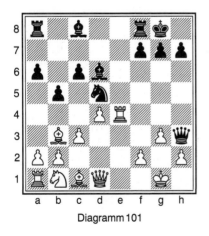

Diagramm 101

Verlieren würde jetzt 15. ... Lf5? wegen 16. Th4, und im Falle von 15. ... Sf6 16. Th4 Df5 17. Lf4! oder 15. ... Ld7 16. c4! b:c4 17. L:c4 Tae8 18. Sd2 Sf6 19. Th4! besitzt Weiß klares Übergewicht.

In der Diagrammstellung wurde früher 15. ... Dd7 16. Sd2 Sf6 gespielt, und Weiß hatte die besseren Chancen. Doch I. Sokolov brachte hier in ein und demselben Turnier gleich zwei Neuerungen an.

Nunn - Sokolov (Wijk aan Zee 1991):
16. ... Lb7!? 17. Te1 (genauer ist 17. L:d5 c:d5 18. Te1 Tae8 19. Sf1 f5 20. Lf4) 17. ... c5! 18. Se4 c4! 19. Lc2 Le7 mit zweischneidigem Spiel.

Adams - Sokolov (Wijk aan Zee 1991):
16. ... f5 17. Te1 f4 18. Se4?! (notwendig war zunächst 18. Dh5 und erst dann Se4) 18. ... Dh3 19. De2? (zum Remis führen würde 19. Sg5 Df5 20. Se4 Dh3 21. Sg5) 19. ... Lg4! 20. Df1 Dh5 21. Ld1 L:d1 22. T:d1 f:g3 23. h:g3.

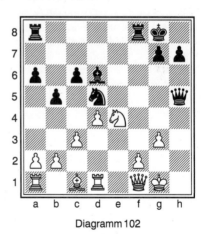

Diagramm 102

23. ... T:f2! 24. K:f2 Tf8+ 25. Kg2 T:f1 26. T:f1 De2+ 27. Sf2 L:g3!, und Schwarz gewann.

Die andere erstaunliche Möglichkeit für Schwarz nach 15. Te4 wäre 15. ... g5!?. Der Bauer g5 ist wegen 16. ... Df5! ungenießbar.

Scharf verlief die Partie Timman - Iwantschuk (Linares 1991):
16. Df3 (Auch 16. Df1 wurde an dieser Stelle schon gespielt, aber auf diese Weise kann der extravagante Zug des g-Bauern nicht widerlegt werden. Der einfache Damentausch bringt Schwarz ein günstiges Spiel ein.) 16. ... Lf5 17. L:d5 (vorteilhaft für den Nachziehenden wäre 17. Lc2 L:e4 18. L:e4 De6 19. L:g5 f5! 20. Ld3 h6 21. Lh4 Ta7! 22. Sd2 Tg7 23. Kf1 f4!) 17. ... c:d5 18. Te3 Le4 19. T:e4 d:e4 20. Df6 Dg4 21. Sd2 (21. D:g5+ D:g5 22. L:g5 f5 23. Sd2 Tae8 24. Te1 Kf7 25. Kf1 Kg6 führt zum Vorteil von Schwarz, Blackstoke - Radovic, Hastings 1971/72) 21. ... Tae8 22. Sf1 Le7 23. D:a6 f5 24. D:b5 f4. Remis.

15. ...   Lg4
16. Dd3   Tae8

Der Abtausch 16. ... S:e3 wäre unvorteilhaft für Schwarz, zum Beispiel: 17. T:e3 c5 18. Df1 Dh6 19. Sd2 Tad8 20. Sf3 L:f3 21. T:f3 c:d4 22. c:d4 Dd2 23. Td3, und die Aussichten von Weiß sind größer (Fischer - Donner, Santa Monica 1966). Es ist allerdings noch eine andere Zugfolge möglich: 16. ... f5 17. f4 Tae8.

Manchmal kommt Schwarz auch ohne die Überführung seines Turms nach e8 aus. Und so entwickelte sich die interessante Partie Sax - Ehlvest (Skelleftea 1989): 16. ... f5 17. f4 Kh8 18. L:d5 c:d5 19. Sd2 g5 20. Df1 Dh5 21. a4. Erfolgreicher für Ehlvest verlief seine Partie gegen A. Sokolow (Rotterdam 1989), wo Weiß sofort auf g5 schlug: 21. f:g5 f4 22. L:f4 T:f4 23. g:f4 Tf8 24. Te5 L:e5 25. d:e5 h6 26. Te1 h:g5 27. f5 T:f5 28. Dd3 Tf2 29. h3 Dh4 30. Tf1 Lf5 31. De3 T:f1+ 32. S:f1 L:h3 33. e6 Dg4+. Remis.
21. ... b:a4 22. f:g5. Oder 22. c4 Tab8 23. Tab1 Lh3 24. Df2 Dg4 25. c:d g:f4 26. L:f4 L:f4 27. D:f4 D:f4 28. g:f4 Tb4, und Schwarz hat ein gutes Spiel (Short - Ehlvest, 1989). 22. ... f4 23. L:f4 T:f4 24. g:f4 Tf8

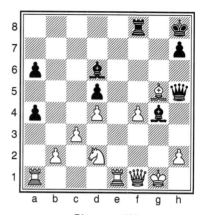
Diagramm 103

25. Te5 L:e5 26. d:e5 h6 27. D:a6 h:g5 28. Dd6 T:f4 29. Tf1 Lf5 30. D:d5 Lh3 31. T:f4 g:f4 32. Df3. Der Sturm hat sich gelegt, Weiß behält materielles Übergewicht und liquidiert allmählich alle Gefahren.
32. ... Dg5 33. Kh1 Dh4 34. Da8+ Kg7 35. Db7+ Kh8 36. Db8+ Kh7 37. Dc7+ Kh6 38. Dc6+ Kh7 39. Sf3 Dg4 40. De4+ Kg7 41. Sg1 Df5 42. D:f5 L:f5 43. Se2 Le4+ 44. Kg1 Kg6 45. e6 Kf6 46. S:f4 Ke5 47. e7 Lc6 48. Se2 Kd6 49. Sd4 Ld7 50. Sf5+. Schwarz gab auf.

17. Sd2   Te6

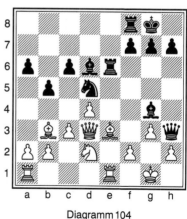
Diagramm 104

Zu völlig anderen Varianten führt das sofortige 17. ... f5. Auch dieser Bauernvorstoß bringt Schwarz ausreichendes Gegenspiel ein. Überzeugen wir uns davon. Dolmatow - Wladimirow (Moskau 1989): 18. f4 Kh8 19. L:d5 c:d5 20. Df1 Dh5 21. a4. Kurios ging übrigens die Begegnung A. Sokolow - Nunn (Rotterdam 1989) zu Ende: 21. Dg2 g5 22. D:d5 Td8 23. Dc6 g:f4 24. L:f4 L:f4 25. g:f4 Le2 26. Kh1 Tde8 27. Tg1 Dh4 28. Dg2 Tg8 29. Dc6 Tgf8 30. Dg2 Tg8 31. Dc6. Remis.

21. ... b:a4. Die "Enzyklopädie der Eröffnungen" betrachtet als Hauptvariante 21. ... g5 22. a:b5 a:b5 23. Ta6 g:f4 24. L:f4 L:f4 25. T:e8 T:e8 26. D:f4 Te1+ 27. Sf1 De8 28. Tb6 Lh3 29.Tb8 T:f1+ 30. D:f1 mit weißem Übergewicht (Ramires - Velasquez, Nizza 1974). Gut für den Anziehenden ist auch 23. f:g5 T:e3 24. T:e3 f4 25. g:f4 L:f4 26. Tg3 D:g5 27. Kh1 Ld6 28. Dg2 L:g3 29. D:g3 h5 30. Tf1 T:f1+ 31. S:f1 Dc1 32. Kg1 D:b2 33. h3 Ld1 34. Se3, und der weiße Springer ist bedeutend stärker als der gegnerische Läufer (Timman - Nunn, Brüssel 1988). Nach dem Schlagen auf a4 ist der Turm von der ersten Reihe abgelenkt, und das verändert die Sache.

22. T:a4 g5 23. Taa1. Bevor Weiß auf g5 nimmt, muß der Turm unbedingt zurückkehren. Was passiert, wenn er dies nicht tut, zeigt folgendes Beispiel: 23. f:g5 T:e3 24. T:e3 f4 25. g:f4 L:f4 26. Tg3 De8! (Schwarz nutzt das Verbleiben des Turms auf a4 aus, und es hätte keinen Sinn, die Dame sofort zu schlagen: 26. ... Le3+ 27. T:e3 T:f1+ 28. S:f1) 27. T:g4 Le3+ 28. Kg2 T:f1 29. S:f1 Lc1! 30. Ta5 De2+ 31. Kg8 D:f1, und Schwarz gewinnt (Ulmanis - van der Heiden, Fernpartie 1986).

23. ... Te6. In der Partie Schlosser - Nunn (Krefeld 1986) einigten sich die beiden Partner nach 23. ... a5 24. f:g5 f4 25. L:f4 sogleich auf Remis.

24.f:g5 Tfe8 25.Df2 f4. Schwarz opfert bereits den dritten Bauern, um an den feindlichen König heranzukommen. Der weitere scharfe Kampf führt aber letztendlich zu einem friedlichen Ausgang. 26. g:f4 h6 27. Sf1 h:g5 28. Sg3 Dh3 29. f:g5 Tf8 30. Dg2 Dh4 31. Lf2 T:e1+ 32. T:e1 Lf3 33. Df1 Le4 34. T:e4 d:e4 35. Dg2 Tf3 36. g6 Kg8 37. Sf1 Df6 38. Sd2 Td3 39. Sf1 Tf3 40. Sd2 Td3 41. Sf1 Df5 42. Se3 Df3 43. Dg5 Td1+ 44. S:d1 D:d1 45. Kg2 Df3+ 46. Kf1 Dd3+. Remis.

In der Partie Iwantschuk - Adams (Terrassa 1991) umging Schwarz die traditionellen Fortsetzungen 17. ... Te6 bzw. 17. ... f5 und brachte als Neuerung das Damenmanöver 17. .. ... Dh5. Iwantschuk führte als Antwort darauf zwei zaghafte Züge aus - 18. Sf1 (besser war 18. a4) 18. ... Te6 19. Ld1 (auch hier wäre 19. a4 angebracht gewesen), und nach 19. ... f5 20. L:g4 D:g4 21. Ld2 Tg6 22. Kg2 f4 23. f3 Dh5 24. g4 Dh4! 25. Te2 T:g4! 26. f:g4 f3+ 27. Kh1 f:e2 28. D:e2 Kh8 erwies sich die Lage von Weiß ungeachtet seines Mehrbauern als äußerst schwierig. Bald darauf mußte selbst ein solch bedeutender Kenner des Marshall-Angriffs wie Iwantschuk die Niederlage eingestehen.

18. a4

Die aussichtsreichste Fortsetzung. Bedeutend weniger verheißen 18. c4, 18. Ld1 oder 18. Df1. Jetzt kann Schwarz auf a4 nehmen, aber auch den Tausch noch hinauszögern.

18. ... f5

Der traditionelle Marsch des f-Bauern. Manchmal jedoch wartet Schwarz nicht solange, bis die gegnerische Dame von d3 nach f1 gezogen wird und geht sogleich mit seiner eigenen Königin zurück: 18. ... Dh5. Dazu einige Beispiele:

Chandler - Nunn (Hastings 1987/88): 19. a:b5 a:b5 20. Sf1 Tfe8 21. Ld1 L:d1 22. D:d1 Df5 23. Ld2 T:e1 24. L:e1 h5 25. h4 c5 26. b3 c:d4 27. D:d4 Te4 28. Dd3 Lc5 29. Ta8+ Kh7 30. Te8 S:c3! 31. Kg2 Kg6 32. T:e4 D:e4 33. D:e4 S:e4 34. f3 Sd6 35. Lf2 Sb7 36. Sd2 Kf5. Remis.

Karpow - Short (Tilburg 1989). In dieser Partie wurde erstmalig in meiner Turnierpraxis der Marshall-Angriff gegen mich angewendet. Ich brachte eine Neuerung, erhielt aber keinen Eröffnungsvorteil. Hier das vollständige Duell:
20. Sf1 Lf5. Schlecht wäre 20. ... f5? 21. Lf4! T:e1 22. T:e1 L:f4 23. g:f4 Lf3 24. Sg3 Dg4 25.Te3 Le4 26. f3. Unzureichend für Schwarz ist auch 20. ... Lf3 21. Ld1 Tfe8 22. Ld2!? Te1 23. L:f3 D:f3 24. D:f3 T:a1 25. b3.
21. Dd1. In dem Treffen Iwantschuk - I. Sokolov (Biel 1989) bevorzugte Weiß 21. Dd2, und die Ressourcen waren bald darauf erschöpft: 21. ... Tfe8 22. L:d5 c:d5 23. Lf4 T:e1 24. T:e1 T:e1 25. D:e1 Le4 26. Sd2 L:f4! 27. S:e4 d:e4 28. g:f4 Dg4+ 29. Kf1. Remis.
Rubintschik - Witomskis (Fernpartie 1989-91): 21. Dd2 Le4!
Noch eine Neuerung, die dem Schwarzen ausreichendes Gegenspiel einbringt! 22. Lc2 f5 23. Ld1 Dh3 24. f3 f4 25. f:e4 f:g3! 26. Dg2 g:h2+ 27. Kh1 D:g2+ 28. K:g2 T:e4 29. Lb3 h1D+ 30. K:h1 Th4+ 31. Kg2 Tg4+ 3. Kh1 Th4+ 33. Kg2. Erneut endet das Spiel mit ewigem Schach.
Hellers - I. Sokolov (Haninge 1989). Hier ging Weiß sofort mit dem Läufer zurück - 20. Ld1, woraus sich folgendes Abspiel ergab: 20. ... L:d1 21. Ta:d1 f5 22. Sf1 f4 23. Lc1 Tef6 24. De4 Kh8 25. Dd3 h6 26. b3 b4 27. c:b4 f:g4 L:b4 29. Sd2 Tf2 30. h4 Sc3, und Schwarz gewann.
Auch mein mit den weißen Steinen gewählter Zug - 21. Dd1 - brachte mir keine großen Meriten ein. 21. ... Lg4 22. Dd2 Dh3 23. Ld1 L:d1 (genauer als 23. ... Tfe8 24. f3 Lf5 25. Ld2 mit besseren Chancen für Weiß) 24. Ta:d1 f5 25. f4 (verhindert f5-f4 wie im vorangegangenen Beispiel) 25. ... g5. Zu gleichen Aussichten führt auch 25. ... Tfe8 26. Lf2 Dg4 27. T:e6 T:e6 28. Te1 L:f4. 26. Dg2. Im Falle von 26. f:g5 ist der Standardzug 26. ... f4! gut, wonach die Partie so

weitergehen kann: 27. L:f4 L:f4 28. g:f4 S:f4 29. Sg3 Dg4 30. Te6 Sh3+ 31. Kg2 Sf4+ 32. Kg1 Sh3+ 33. Kg2. Remis (Ljubojevic - Nikolic, Belgrad 1991).
26. ... D:g2+ 27. K:g2 Tfe8. Genauer als 27. ... g:f4 28. L:f4 T:e1 29. T:e1 L:f4 30. g:f4 S:f4+ 31. Kf3, und Weiß erhält das bessere Endspiel.
28. Ld2 T:e1 29. T:e1 T:e1 30. L:e1 g:f4 31. Kf3 f:g3 32. h:g3 Kf7 33. b3 Ke6 34. c4 b:c4 35. b:c4 Sf6 36. Ld2 h5 37. Lf4 Lb4 38. Sd2 L:d2 39. L:d2 Se4 40. Lb4 Kf6 41. Kf4 Ke6. Remis.
Nach 18. ... Dh5 19. a:b5 a:b5 ist neben 20. Sf1 und 20. Ld1 auch schon 20. Df1 vorgekommen. Hier sind noch zwei Gefechte, die schnell mit einem Friedensschluß endeten: 20. ... Lh3 21. Ld1. Oder 21. De2 Lg4 22. Df1 Lh3 23. De2 Lg4. Remis (Sax - Nunn, Reykjavik 1988).
21. ... Df5 22. De2 c5! 23. Sf1 c:d4 24. c:d4 Sb4 25. Ta3! Sc6! 26. Td3 Lb4! 27. d5 Td6 28. Ld2 T:d5 29. L:b4 S:b4 30. Tf3 Dd7 31. Lb3 Lg4! 32. L:d5 D:d5 33. Se3! D:f3. Remis (Sax - I. Sokolov, Haninge 1989).

19.	Df1	Dh5
20.	f4	b:a4
21.	T:a4	

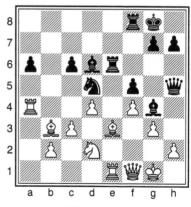

Diagramm 105

Die Erforschung des Marshall-Angriffs ist heute so weit fortgeschritten, daß man am Brett mehr als 20 Züge ausführen und kein neues Wort sagen kann. Anstelle seines letzten Zuges beeilt sich Weiß zuweilen nicht mit dem Schlagen auf a4, sondern spielt lieber 21. L:d5 c:d5 22. Dg2. Hier eine Illustration dazu:

Zeschkowski - Agapow (Kiew 1984): 22. ... Tfe8 23. D:d5 Kh8 24. Lf2 Le2. Jetzt gibt es die Möglichkeit 25. Kg2 oder 25. T:a4 L:f4! 26. g:f4 Lc4 27. T:c4 (27. D:c4 Dg4+ 28. Kh1 T:e1+ mit Ausgleich) 27. ... T:e1+ 28. L:e1 T:e1+ 29. Sf1 T:f1+! 30. K:f1 Dd1+ und Remis. Weiß probiert eine Neuerung, die sich jedoch als Fehlgriff erweist.

25. Sc4. Die Überführung des Springers nach e5 sieht verlockend aus, aber dadurch wird der Punkt f3 empfindlich geschwächt. 25. ... Lc7 26. Se5 L:e5 27. T:e2 (effektvoll würde Schwarz den Kampf nach 27. d:e5 Lf3 28. Dc4 D:h2+! beenden) 27. ... D:e2 28. d:e5 D:b2 29. T:a4 D:c3 30. Tc4 Da1+ 31. Kg2 h6 32. Dd3 Da2 33. Tc7 Tb6 34. Tc2 Tb2 35. T:b2 D:b2 36. D:a6 Dc2, und bald darauf gewann Schwarz.

21. ... Tb8

Ein Zug von Lilienthal. Andere Wege, die hier eingeschlagen werden können, sind 21. ... Tfe8 22. Df2 Kh8 23. L:d5 c:d4 24. c4! oder 21. ... g5 22. T:a6 Kh8 23. T:c6 S:e3 24. Df2 mit weißer Überlegenheit. Im letzteren Falle ist 22. ... g:f4 genauer: 23. T:c6 (Schlecht wäre hier 23. L:d5? c:d4 24. L:f4 Te2! 25. T:e2 L:e2 26. Dg2 L:f4 27. D:d5+ Kh8 28. Ta8 Le3+ 29. Kg2 T:a8 30. D:a8+ Kf7, und Schwarz gewinnt, Jagupow - Purgin, Moskau 1991) 23. ... Th6 24. L:d5+ Kh8 25. Dg2 f:e3 26. T:e3 f4 27. g:f4 L:f4 28. Tg3 T:c6 29. L:c6 L:g3 30. h:g3 Df5 31. Le4 Db5 32. Sf1 Le2 33. Sd2 Lg4 mit Remis.

22. L:d5 c:d5

(siehe Diagramm 106)

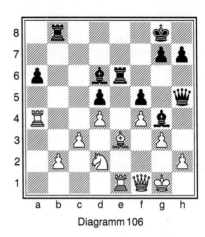

Diagramm 106

Hier spielte Weiß einen neuen Zug, indem er den Bauern auf a6 schlug. Ehe wir jedoch unsere Hauptpartie weiter verfolgen, gehen wir noch auf die gut bekannte Fortsetzung 23. Dg2 De8 24. D:d5 Kh8 (möglich ist 24. ... Tb5 25. Da2 T:b2 26. D:b2 T:e3 27. Tea1 Te2 28. Db3 Kf8 29. D:d5 De3+ mit unklarem Spiel, Jagupow - Schurawljow, Moskau 1990) 25. Kf2 ein.

Einige Handbücher untersuchen an dieser Stelle 25. ... g5 26. T:a6 T:b2 27. Ta2 g:f4 28. g:f4 T:a2 29. D:a2 L:f4 30. Sf1 Te4 mit lebhaftem Spiel von Schwarz. Die "Enzyklopädie der Schacheröffnungen" schlägt 27. Ta8 vor, was durch 27. ... Lb8! widerlegt wird. Schwarz vermeidet den Turmtausch, befreit sich von der Fesselung auf der c-Linie und hat damit alle Drohungen beseitigt. Weiß verfügt jedoch über die noch zwingendere Fortsetzung 27. Da8! Tb8 28. Dc6! Jetzt führt 28. ... g:f4 zu einer Stellung mit ungleichfarbigen Läufern, aber bei zwei Mehrbauern von Weiß: 29. D:e8+ Tb:e8 30. g:f4 Le7 31. T:e6 Lh4+ 32. Kg2 T:e6 33. d5 L:e1 34. d:e6 L:d2 35. L:d2. Auch nicht besser für Schwarz ist 28. ... Dh5 29. h3! D:h3 30. Dg2 g:f4 31. D:h3 L:h3 32. g:f4 Tg8 33. Ke2 Tge8 34. Kf2 Tg6 35. Th1, und Weiß behält die Oberhand (Popolitow - Trustschakow, Fernpartie, UdSSR 1980/81).

Also könnte der Leser schlußfolgern, daß die letzte Diagrammstellung nach 23. Dg2 vorteilhaft für Weiß ausschaut. Dem ist aber nicht so. Die Eröffnungsbücher vergaßen einfach die naheliegende Möglichkeit des Nachziehenden, anstelle von 25. ... g5 mit der Dame auf b2 zu nehmen: 25. ... D:b2. Danach können sich die Ereignisse so entwickeln: 26. Ta2 T:a2 27. D:a2 g5 28. d5!. In der Partie Tschiburdanidse - Zeschkowski (Taschkent 1980) einigten sich beide Partner nach 28. Sc4 g:f4 29. S:d6 f:e3+ 30. T:e3 Dh5 31. D:e6 D:h2+ 32. Kf1 Dh1+ auf Remis.
28. ... T:e3! 29. T:e3 Lc5 30. Sf1.

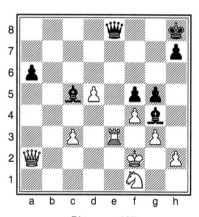

Diagramm 107

Bis vor kurzem galt diese Stellung als vorteilhaft für Weiß:
30. ... De4 31. Dd2 g:f4 32. g:f4 D:f4+ 33. Kg2 L:e3 34. D:e3 D:e3 35. S:e3 usw.
Schwarz muß jedoch zu Beginn kein Tempo für den Damenzug vergeuden, wodurch der Gegner eine Atempause erhält, sondern 30. ... Lh3! spielen. Das stellt Weiß vor ernsthafte Probleme. Am besten für ihn ist wohl noch, mit 31. D:a6 L:f1 32. Df6+ ewiges Schach zu forcieren.
Also führt Lilienthals Idee 21. ... Tb8 nach der Antwort 22. L:d5 c:d5 23. Dg2 zum

Ausgleich, was vom theoretischen Standpunkt her günstig für Schwarz ist. Auch der Versuch von Weiß, das Spiel durch Schlagen auf a6 zu verstärken, erweist sich als erfolglos.

23. T:a6   Tbe8
Jetzt allerdings wäre es recht gefährlich, auf b2 zu nehmen:
23. ... T:b2 24. Dg2 De8 25. D:d5 Kh8 26. Sc4!

24. Db5
Eine wertvolle Verstärkung. Im Falle von 24. Dg2 T:e3 25. T:e3 T:e3 26. D:d5+ Df7 27. D:f7+ K:f7 28. T:d6 Te1+ 29. Sf1 Lh3 30. Kf2 T:f1+ 31. Ke3 sind die Chancen von Schwarz höher zu bewerten.
Nach 24. Df2 g5 25. T:d6! T:d6 26. f:g5 Tde6 ist ein Remisausgang am wahrscheinlichsten: 27. Df4 Lh3 28. Kf2 Te4 29. S:e4 f:e4 30. Kg1 Tf8 31. g4 L:g4 32. De5 Df7 33. Dg3 usw.
In der Begegnung Georgiew - Zeschkowski (Minsk 1985) spielte Weiß unglücklich 27. h4?, und 27. ... f4! 28. g:f4 Lh3! brachte seinem Gegner entscheidende Initiative ein: 29. Sf1 L:f1 30. K:f1 Dg4 31. Ld2 T:e1+ 32. L:e1 Dh3+ 33. Kg1 De6 34. Kf1 De4 35. Dd2 Df3+ 36. Lf2 Te4! 37. g6 h5 38. c4 T:f4 39. De1 Dh3+. Weiß gab auf.

24. ...   Df7
Verlieren würde 24. ... T:e3 25. T:e3 T:e3 26. T:d6 Te1+ 27. Sf1 h6 28. D:d5+ Kh7 29. Td8 Dh3 30. Dg8+ Kg6 31. Td6+ Kh5 32. Df7+ (Short).

(siehe Diagramm 108)

25. h3!
Weiß umgeht die Falle 25. D:d5? T:e3 26. D:f7+ K:f7 27. T:e3 T:e3 28. T:d6 Te1+ 29. Sf1 Lh3.

25. ...   Lh5?!
Hartnäckiger war 25. ... L:h3 26. Sf3 h6 27. Se5 L:e5 28. T:e6 T:e6 29. d:e5, obwohl auch hier das Übergewicht von Weiß außer Zweifel steht.

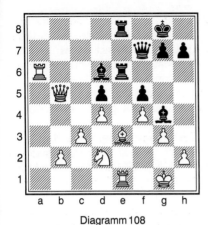

Diagramm 108

26.	D:d5	L:f4
27.	T:e6	T:e6
28.	Sf1	L:g3

Hoffnungslos ist die Lage von Schwarz auch nach 28. ... h6 29. Lf2.

29.	S:g3	f4
30.	D:h5	Tg6
31.	Kh2	

Schwarz gab auf.

Eine interessante Partie, die es erlaubte, nebenher das aktuelle Material in einem der beliebtesten Abspiele des Marshall-Angriffs vorzustellen. Natürlich wäre es mehr als schwierig, sich auf eine einzige Illustration zu beschränken...

Partie Nr. 21

Beljawski - Malanjuk
Minsk 1987

1.	e4	e5
2.	Sf3	Sc6
3.	Lb5	a6
4.	La4	Sf6
5.	0-0	Le7
6.	Te1	b5
7.	Lb3	0-0
8.	c3	d5
9.	e:d5	S:d5
10.	S:e5	S:e5
11.	T:e5	c6
12.	d4	Ld6
13.	Te2	

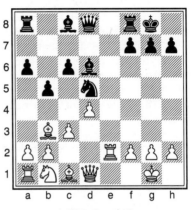

Diagramm 109

Der Turmrückzug nach e2 konkurriert in jüngster Zeit mit dem traditionellen Te5-e1. Noch vor wenigen Jahren wurden ihm in den Theoriebüchern ganze zwei Zeilen gewidmet...

Das Ziel des Turmmanövers ist verständlich: Weiß will ein Tempo für den Damenschwenk nach f1 sparen (nicht Dd1-d3-f1, sondern sofort Dd1-f1). Außerdem wird der Turm nach g2-g3 und f2-f3 zur Verteidigung des eigenen Königs herangezogen. In unseren Kommentaren zur vorliegenden Partie wollen wir den aktuellen Stand der Dinge in der mit Te5-e2 beginnenden Variante erhellen.

13. ... Dh4

Wiederholt wurde hier auch 13. ... Lg4 14. f3 Lh5 15. L:d5 (15. Sd2 Sf4 16. Tf2 Sd3 17. Te2 Sf4. Remis. Ady - Littlewood, London 1983) gespielt. Weiter könnte folgen: 15. ... c:d5 16. Sd2 Dc7 (16. ... Dh4 17. Sf1 Tae8 18. Le3, und die Initiative von Schwarz versandet) 17. Sf1 Tfe8 18. Le3 Dc4 19. a4. Diese Stellung entstand in dem Treffen zwischen van der Sterren - Pein (Brüssel 1984). Nach 19. ... Lg6 hatte Schwarz gewisse Kompensation für den Bauern, aber auch Weiß konnte zufrieden sein - seinem Königsflügel droht keinerlei Gefahr.

In der Partie Kamsky - Iwantschuk (Linares 1991) übernahm Schwarz nach 16. Sd2 f5 (anstelle von 16. ... Dc7) 17. Db3 Lf7 18. Sf1 f4 19. Ld2 Dd7 20. Tae1 (besser ist 20. a4) 20. ... a5! 21. a3 a4 22. Dd1 Lg6 am Damenflügel erstaunlicherweise die Initiative und gewann am Ende auch.

Richtig ist 18. f4!?, womit der Bauer zurückgegeben wird,

18. ... L:f4 19. Sf3 Ld6 20. Se5 mit besserem Spiel für Weiß. In der Partie Kotronias - Nunn (Kavala 1991) erfolgte der neue Zug 17. ... Te8!? Nach 18. T:e8+ D:e8 19. Sf1 (verlieren würde 19. D:d5+ Lf7 20. D:d6 De3+ 21. Kf1 Te8 22. g3 Lc4+ 23. Kg2 De2+ 24. Kh3 g5!)

19. ... Lf7 20. Ld2 f4 21. a4 Tb8 22. a:b5 T:b5 23. Dc2 Lg6!? 24. Dc1 Ld3 25. Lf4 L:f4 26. D:f4 T:b2 waren die Chancen etwa gleich, und die Partie endete unentschieden.

Eine interessante Neuerung brachte Weiß in der Begegnung Kindermann - Nunn (Dortmund 1991) ein: 15. Df1!? Lg6 16. Df2 Df6 (ein ungemütlicher Platz für die Dame, besser würde sie sich auf c7 oder d7 fühlen) 17. g3 Ld3 18. Te1 Dg6 19. Sd2 f5 20. f4! Kh8 21. Sf3 Le4 22. Se5 L:e5 23. d:e5. Das Übergewicht von Weiß ist eindeutig, und er gewann die Partie.

Aufmerksamkeit verdient der Läuferrückzug nach f5: 14. f3 Lf5 15. L:d5 c:d5 16. Sd2 Ld3 17. Tf2 Dc7 18. g3 Tae8 19. Sf1 Lg6 20. Se3 Dd7 21. S:d5 L:g3 22. Sf6+ g:f6 23. h:g3. Jetzt liegt im Falle von 23. ... Td8 24. Lh6 Tfe8 25. Kg2 Te6 26. Dd2 das Übergewicht bei Weiß (K. Georgiew - Nikolic, Wijk aan Zee 1988).

Richtig war 23. ... Dh3, wonach das Spiel unentschieden enden könnte: 24. Th2 D:g3+ 25. Tg2 Dh3 26. Th2 mit Remis.

Der Damenausfall nach h4 ist ein Standardmanöver von Schwarz im Marshall-Angriff. In der folgenden Partie jedoch hatte der Nachziehende eine ganz andere, überraschende Idee.

Oll - Zeschkowski (Swerdlowsk 1987): 13. ... Lc7! 14. Sd2. Der prophylaktische Zug g2-g3 ist wegen Lc8-g4 nicht möglich, und die Stellung des Turms auf e2 erweist sich hier als unzulänglich.

In der Begegnung Lenski - Al. Karpow (Fernpartie 1989) wurde 14. Lc2 (geprüft werden sollten auch 14. f3 und 14. Df1) gespielt. Es geschah 14. ... Lg4 15. f3 Dd6 16. g3 Lh5 (16. ... L. f3? 17. Dd3) 17. Te5? (richtig ist 17. Sd2) 17. ... Lg6 18. Sd2 c5! 19. Lb3 c4 20. Lc2

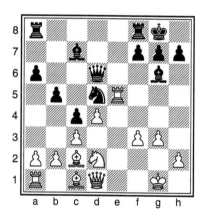

Diagramm 110

20. ... D:e5!! 21. d:e5 Se3 22. De2 (22. L:g6 S:d1 23. Le4 Tad8 mit den Drohungen L:e5 und S:b2) 22. ... S:c2, und die Sache von Weiß steht schlecht: auf 23. Se4 entscheidet 23. ... S:a1, auf 23. Tb1 folgt 23. ... Lb6+ 24. Kh1 Ld3 25. Dg2 Se3 26. Dh3 L:b1 27. S:b1 Tad8.

14. ... Sf4 15. Te3. Es war natürlich besser, den Turm auf die erste Reihe zurückzuziehen. 15. ... c5! 16. Sf3 Lb7 17. d:c5 Df6! Der weiße König fühlt sich immer unbehaglicher. 18. Dd7 Tac8 19. De7. Das verliert forciert, die weiße Dame mußte eine andere Marschroute wählen und nach g4 gehen. 19. ... Dc6! 20. Lc2 f5 21. Lb3+ Kh8 22. Te6 (Agonie, aber auch 22. Lf7 Tfd8 23. Ld2 S:g2 24. K:g2 f4 ist nicht besser) 22. ... S:e6 23. D:e6 D:e6 24. L:e6 Tce8 25. Ld7 Td8. Weiß gab auf.
Anstelle von 16. Sf3 war 16. Se4 notwendig. Nach 16. ... c:d4 17. D:d4 Dh4! 18. Sg3 Le6! 19. Te1 Tad8 besitzt Schwarz ausreichende Kompensation für den geopferten Bauern (Klovan - Schulman, Riga 1988). Klovan empfiehlt aber, zunächst die Läufer zu tauschen - 19. L:e6 f:e6 - und erst dann 20. Te1 Tad8 21. De4 zu spielen, wonach Weiß seiner Meinung nach Vorteil hat.
So oder so, man könnte das Manöver 13. ... Lc7 als wertvolle häusliche Vorbereitung bezeichnen, wenn W. Zeschkowski, wie er selbst bekannte, es nicht während der Partie gefunden hätte...

14. g3 Dh5

Was den Zug 14. ... Dh3 angeht, so sei auf die Partie Wahls - Chalifman (Hamburg 1991) verwiesen: 15. Sd2 Lf5 16. a4 Tae8 17. T:e8 T:e8 18. Sf1 b4 (ein neuer Zug) 19. c4 Sf6 20. c5 Lc7 21. Lc4 a5 22. Ld2 h5 23. Db3 Le4 24. f3 mit leichtem Vorteil für Weiß. Anstelle von 16. a4 waren früher 16. Df1, 16. f3, 16. Se4 und besonders häufig 16. Lc2 anzutreffen. In letzterem Falle besitzt Weiß nach 16. ... L:c2 17. D:c2 f5 18. f4 Dg4 19. Sf1 L:f4 20. Tf2 Ld6 (besser ist 20. ... L:c1 21. T:c1 f4) 21. c4 b:c4 22. D:c4 f4 23. D:c6 De6 24. L:f4 S:f4 25. T:f4 Übergewicht (Sokolow - Chalifman, Sotschi 1982).
Ungünstig für Weiß wäre 18. c4 (anstelle von 18. f4). Was für ein Fiasko Weiß danach erleiden kann, zeigt die Partie Ljubojevic - Nunn (Szirak 1987): 18. ... Dg4! 19. Te6

Sf4!? (gut ist auch 19. ... f4!?) 20. T:d6? Tae8 21. c:b5 Te2! 22. Dc4+ Kh8 23. D:e2 (es drohte 23. ... Sh3+, und auf 23. Df7 würde 23. ... Te1+ 24. Sf1 T:f1+ entscheiden) 23. ... S:e2+ 24. Kg2 f4! 25. b:c6 f:g3 26. h:g3 Sf4+. Weiß gab auf.
In der Partie Hübner - Timman (Tilburg 1987) spielte Weiß genauer 20. f3, und nach 20. ... Sh3+ 21. Kg2 Sf4+ 22. Kg1 Sh3+ 23. Kg2 Sf4+ einigte man sich auf Remis. Gefährlich für Weiß wäre es, 22. Kh1 zu spielen: 22. ... Dh3 23. g:f4 L:f4 24. Te2 Tae8!
Kaum erfolgreicher für den Anziehenden ist der Versuch, seinen weißfeldrigen Läufer nicht gegen den feindlichen Widerpart - 16. Lc2 -, sondern gegen den feindlichen Springer - 16. L:d5 - zu tauschen: 16. ... c:d5 17. f3 Tae8 18. Sf1 h5 19. Le3 (genauer ist 19. Se3) 19. ... h4 20. Lf2 Ld7 21. g:h4 (hartnäckiger wäre 21. Dd3) 21. ... T:e2 22. D:e2 Te8 23. Dd3 Te6 24. Lg3 Tg6 25. Kf2.
Es scheint so, als ob Weiß zwei Mehrbauern besitzt und dazu eine zuverlässige Festung errichtet hat. Doch es gelingt Schwarz, sie sehr schnell zu zerschlagen: 25. ... b4! 26. a4 b:a3 27. b3 Le7 28. c4 d:c4 29. b:c4 Tb6 30. Ta2 Df5 31. D:f5 L:f5 32. c5 Tb2 33. T:b2 a:b2 34. Sd2 a5 35. c6 Lb4. Weiß gab auf (Grünfeld - Pinter, Zagreb 1987).
Im Falle von 14. ... Dh3 15. Te4 fällt der Unterschied zwischen 13. Te1 und 13. Te2 nicht ins Gewicht. Beispiele zu diesem Thema finden Sie in den Anmerkungen zur vorherigen Partie.

15. Sd2

Nichts bringt 15. Te4 Dg6 16. Lc2 f5 (oder 16. ... Lf5 17. Le2 Tae8 18. Le3 L:c2 19. D:c2 D:c2 20. T:c2 S:e3) 17. Te2 Dh5 18. Sd2 f4 mit kompliziertem Spiel (Elmes - Romanenko, Fernpartie 1981).

15. ... Lh3

Vorteil für Weiß ergibt 15. ... Lf5 16. Te1 Dg6 17. Sf3 Lg4 18. Sh4 Dh5 19. f3 (Sax - Pinter, Ungarn 1981). Zu gleichem Spiel führt

15. ... Lg4 16. f3 L:f3 17. S:f3 D:f3 18. Df1 Dg4 19. Ld2 Tfe8 (Balaschow - Zeschkowski, Vilnius 1981).
Stärker aber ist 18. Tf2 De4 19. Df3 (nicht so klar wäre 19. Lc2 De6 20. Dd3 g6) 19. ... Tae8 20. Ld2 Sf6 21. Te1. Die Aussichten von Weiß sind besser (Sax - Nikolic, Plowdiw 1983).
Der Anziehende ist offensichtlich interessiert daran, die Lage auf dem Brett um den Preis eines Bauern zu vereinfachen, um sein Läuferpaar zu erhalten.

16. f3
In einer früheren Partie Psachis - Geller (Sotschi 1982) wuchs der Druck von Schwarz nach 16. Te1? Tae8! augenscheinlich. 17. f3 f5! 18. c4 Se3! (er schreckt auch nicht vor Opfern zurück) 19. c5+ Kh8 20. T:e3 T:e3 21. c:d6 f4! 22. Se4 (auf 23. Kf2 geschieht jetzt 23. ... Lg4! 24. g:f4 Tfe8) 22. ... T:f3 23. L:f4 T8:f4 24. d7 (24. Sd2 De8! 25. S:f3 De3+ 26. Kh1 Df2 27. Sh4 T:h4!) 24. ... L:d7 25. Sd2 Lh3! 26. S:f3 T:f3 27. Dd2 Tf8 28. De3 Df5 29. De2 c5 30. Lc2 Dd5, und Schwarz gewann. Noch schneller zum Ziel hätte 30. ... Df6! 31. d:c5 Dd4+ 32. Kh1 Lg4! geführt.
Wenn sich Weiß dazu entschließt, den Turm auf die erste Reihe zurückzuspielen, so ist es besser, dies nach den Zügen 16. Te4 Dg6 zu tun: 17. Te1. Schlecht jedoch wäre 17. De1 wegen der Folge 17. ... f5! 18. Te2 (18. Te6 Tae8! 19. T:e8 T:e8 20. Dd1 f4!) 18. ... f4 19. Se4 Dh5 20. f3 f:g3 21. S:d6 T:f3 22. Se4 g:h2+ 23. K:h2 Lf1+. Weiß gab auf (Mokry - Franzen, Superk 1984).

16. ...   Lc7

(siehe Diagramm 111)

Gespielt werden hier auch 16. ... f5, 16. ... Tad8 und 16. ... Tae8. Der letztgenannte Zug ist ebenfalls nicht schlecht, zum Beispiel könnte darauf folgen: 17. T:e8 T:e8 18. Se4 Dg6 19. L:d5 c:d5 20. S:d6 D:d6 mit scharfer Stellung (Mithrakanth - Geller, Neu-Delhi 1989).

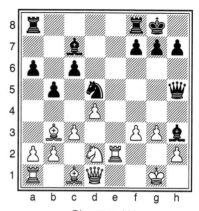

Diagramm 111

Der Zug 16. ... Lc7 wurde zum ersten Male in der Partie Kuporosow - Malanjuk (UdSSR 1985) angewendet. Und so verlief der Kampf weiter: 17. a4 b4 18. c4 Sf6 19. Te1 (schwächer ist 19. De1 Tae8 20. Df2 T:e2 21. D:e2 Te8 22. Df2 Df5, und Schwarz besitzt die Initiative.) 19. ... Tad8 20. Se4 S:e4 21. T:e4 Lf5 22. Te1 Dh3 (Nichts taugt 22. ... Tfe8 23. Le3 Dh3 24. Lf2 h5 25. T:e8+ T:e8 26. Dd2 h4 27. Te1, spielbar aber ist 22. ... Lb6 23. Le3 L:d4 24. L:d4 c5 25. L:c5 T:d1 26. L:d1 Td8 27. L:b4) 23. Te1 2 Tfe8 24. Lg5 f6 25. Le3 h5 (Zum Remis führt auch 25. ... L:g3! 26. h:g3 T:e3 27. T:e3 D:g3+ 28. Kf1 Dh3+) 26. c5+ Kf8 27. Lc4 L:g3 (27. ... h4 28. Df1!) 28. h:g3 (Jetzt hätte 28. Df1 L:h2+ 29. T:h2 D:f1+ 30. K:f1 T:e3 31. Kf2! Tee8 32. T:h5 Lc3 33. Th8+ Ke7 34. Te1+ Kd7 35. Te:e8 T:e8 36. T:e8 K:e8 37. a5 Weiß die größeren Chancen eingeräumt.) 28. ... T:e3 29. T:e3 D:g3+ 30. Kf1 Dh3+ 31. Kg1 Dg3+ 32. Kf1 Dh3+. Remis.
Stärker setzte der Anziehende in der Partie Short - Nunn (Brüssel 1986) anstelle von 19. Te1 fort. Er zog dort 19. Se4!, worauf es so weiterging: 19. ... Dg6 (Nunn zeigte, daß die Abspiele 19. ... S:e4 20. T:e4 und 19. ... D:f3 20. Sg5 günstig für Weiß sind.) 20. Sf2 Lf5 21. Lc2 Tfe8 22. L:f5 D:f5 23. T:e8+ T:e8 24. Kg2.

Schwarz hat keine Kompensation für den Bauern. Der Springerausfall nach e4 ist übrigens auch schon jetzt, also zwei Züge eher, durchaus möglich.

17. Se4!

Der sofortige Springerzug ins Zentrum erweist sich als äußerst unangenehm für Schwarz. Wie sehr wird durch die Tatsache unterstrichen, daß sich ein solcher Kenner des Marshall-Angriffs wie Malanjuk danach nur noch zehn Züge lang halten kann.

17. ... Tae8

In der Partie Ehlvest - Nikolic (Zagreb 1987) entschloß sich Schwarz dazu, den Bauern f3 zu schlagen, was nach 17. ... D:f3 18. Sg5 Dh5 19. S:h3 D:h3 20. Ld2 Tae8 21. Df1! Dd7 22. Tae1 T:e2 23. D:e2 zu klarem Übergewicht von Weiß führte (Läuferpaar plus Beherrschung der e-Linie), welches er im Endspiel auch realisierte. Die Partie dauerte zwar länger als die hier kommentierte, aber sie endete mit dem gleichen Ergebnis...

18. Dd3 Te6

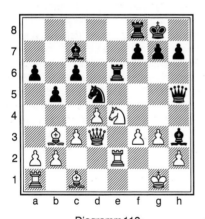

Diagramm 112

Dieses Turmmanöver muß als verfehlt angesehen werden. Die theoretische Diskussion darüber dauerte einige Monate und erfuhr in dem Treffen Ehlvest - Geller (Vrsac 1987)

ihre Fortsetzung. In der kurzen Schlacht passierte viel Abenteuerliches.

18. ... f5!? 19. Sg5 (nicht spielbar ist 19. Sf2 T:e2 20. D:e2 Te8) 19. ... f4 (möglich wäre 19. ... T:e2 20. D:e2 Te8 21. Df2 f4 mit Kompensation für den Bauern) 20. S:h3 f:g3 (richtig ist hier 20. ... D:h3 21. g4 h5 mit kompliziertem Spiel) 21. T:e8! (nichts bringt 21. Kg2 g:h2 22. Ld2 Dg6+) 21. ... T:e8 (sofort verlieren würde 21. ... g:h2+ 22. Kh1 T:e8 23. Lf4) 22. Kg2 g:h2 23. Ld2 Kh8! 24. Sg5? Dieser Zug überläßt dem Gegner die Initiative. Unbedingt notwendig war 24. L:d5 c:d5 25. Sg5 mit Vorteil von Weiß. 24. ... Lf4! 25. Se4 Te6 26. Kh1 L:d2?? In Zeitnot vergaß Schwarz das geplante 26. ... Se3!, was unverzüglich gewonnen hätte: 27. Ld1 (27. De2 T:e4) 27. ... Dh3 28. L:e3 Tg6 29. De2 L:e3, und es gibt keine Abwehr des Matts.

27. L:d5 c:d5 28. Sd2 Dg5 29. f4! Dh4 30. Df5 Te8 31. Tf1 h6, und Schwarz gab auf.

19. Ld2 Tg6

Weiß hat die Entwicklung erfolgreich abgeschlossen, und sein Gegner unternimmt den verzweifelten Versuch, Verwicklungen am Königsflügel zu inszenieren.

20. g4!

Nicht aber 20. Tae1 f5 21. Sf2 L:g3!.

20. ... L:g4

Hartnäckiger war 20. ... Dh4.

21.	f:g4	T:g4+
22.	Sg3	f5
23.	Tg2	Dh3
24.	Tf1	

Weiß zieht alle Streitkräfte zusammen, und Schwarz hat nichts für die geopferte Figur.

24.	...	Tf6
25.	Tf3!	h5
26.	De2	Tfg6
27.	Lc2	

Schwarz gab auf.

In der Hauptvariante des Marshall-Angriffs müssen sowohl Weiß als auch Schwarz viel tun.

Partie Nr. 22

Andrijevic - Pavlovic
Jugoslawien 1988

1.	e4	e5
2.	Sf3	Sc6
3.	Lb5	a6
4.	La4	Sf6
5.	0-0	Le7
6.	Te1	b5
7.	Lb3	0-0
8.	c3	d5
9.	e:d5	S:d5
10.	S:e5	S:e5
11.	T:e5	c6
12.	d3	

Diese bescheidene Vorwärtsbewegung des d-Bauern (Weiß befestigt damit den Punkt e4 und überläßt seinem Turm gelegentlich das Feld d4) kann schwerlich besser sein als das gebräuchlichere 12. d2-d4. Und dennoch macht dieser alte Zug dem Doppelschritt des Damenbauern hin und wieder Konkurrenz.

12.	...	Ld6
13.	Te1	

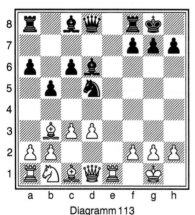

Diagramm 113

13.	...	Dh4

Die andere Möglichkeit ist 13. ... Lf5. Zu scharfem Spiel führt danach 14. Df3 Te8 15. T:e8+ D:e8 16. Sd2 (Im Falle von 16. Ld2 Sf4 17. Lc2 Td8 steht Schwarz besser, Whittaker - Harding, Fernpartie 1977; richtig ist 17. Sa3 De2 18. L:f4 D:f3 19. g:f3 L:f4 20. d4 Te8 mit minimalem Vorteil von Weiß) 16. ... De1+ 17. Sf1 Lg6 18. h3 Te8 19. Ld1 Lh2+ 20. K:h2 D:f1 21. Ld2 D:d8 22. D:d3 L:d3 23. a4 f6 24. a:b5 a:b5 (Dolmatow - Chalifman, Moskau 1990).

Interessant ist das sofortige 14. Sd2, und wenn Schwarz mit 14. ... Sf4! antwortet, gleicht sich das Spiel nach 15. Se4 (15. d4 S:g2!) 15. ... S:d3 16. Lg5 Dd7 17. K:d6 D:d6 18. Lc2 aus.

Schnell endete die Partie Georgiew - Nunn (Dubai 1986): 17. Te3 L:e4 18. T:e4 Tae8 19. Dg4 D:d4 20. T:g4 Le5 21. Tb1 h5 22. Th4 S:b2 23. Le3 Sd3 24. Td1 Sb2 25. Tb1 Sd3. Remis.

In der Begegnung Smagin - Geller (Moskau 1989) erwiderte Schwarz auf 14. Df3 mit 14. ... Dd7. Weiter geschah 15. L:d5 c:d5 16. Lf4 L:f4 17. D:f4 L:d3 18. Sd2 Tae8 19. Te3 T:e3 20. D:e3 Lg6 21. Te1 h6? Eine schlechte Neuerung. In einer älteren Partie (Konstantinopolski - Abramow, Fernturnier 1949) war seinerzeit der richtige Weg für Schwarz gezeigt worden: 21. ... b4! 22. Sf3 b:c3 23. D:c3 (Weiß steht nur geringfügig besser) 23. ... Da4 24. a3 h6 25. h3 Lf5! 26. Dc5 Dc4 27. Tc1 Df4 28. De3 Dd6. Remis. 22. Sb3 Tc8 23. a3 Dc7 24. h4 a5 25. Sd4 Dc4 26. h5! L:h5 27. Sf5 Tf8 28. De5 Dg4 29. S:g7. Weiß hat eine Gewinnstellung.

In jüngster Zeit verzichtet Schwarz mehr und mehr auf 13. ... Lf5. Er bemüht sich, das zaghafte Spiel des Gegners auszunutzen und die Initiative zu ergreifen.

14.	g3	Dh3

Diese Stellung kann auch nach einer anderen Zugfolge entstehen, zum Beispiel 12. g3 Ld6 13. Te1 Dd7 14. d3 Dh3.

15.	Te4	Df5

Aufmerksamkeit verdient hier auch der Damenrückzug nach d7, allerdings gestaltete sich die Partie Smagin - Nunn (Dortmund 1991) nach 15. ... Dd7 16. Sd2 Lb7 17. Te1 ungünstig für Schwarz. Zu gleichem Spiel führt 17. Sf3 c5 18. a4 b4 19. Se5 Dc7 20. Sc4 b:c3 21. Df1 Le7 22. b:c3 Lf6 (De Firmian - Wahls, Biel 1990).

17. ...c5 18. Se4 Le7 19. Lg5! Genauer als 19. a4!, wie Smagin 1989 in Stockholm gegen Wessman fortgesetzt hatte.

19. ... Tad8?! Richtig war 19. ... f6 20. Le3 Dc6 oder 20. c4 f:g5 21. c:d5 L:d5 22. a4 Kh8 23. L:d5 D:d5 24. a:b5 a:b5 25. T:a8 T:a8 26. Sc3 Dd7 27. S:b5 mit etwas besserem Endspiel für Weiß.

20. L:e7 D:e7 21. Dh5 g6 22. Dg5 f6 23. Dh4 La8 24. Te2 Kh8 25. Tae1 Sb6 26. Dh6 Db7 27. f3! c4 28. Sg5! Schwarz gab auf.

Eine wichtige Verstärkung im 16. Zug für Schwarz erfolgte in der Partie Benjamin - Kamsky (USA-Meistersch. 1991): 16. ... f5! Der Nachziehende verschiebt die Fianchettierung seines Läufers nach b7, was sich als günstig erweist. Weiter folgte 17. Te1 Kh8 (verfrüht wäre 17. ... f4 18. Dh5 Kh8 19. Se4 Tf5? 20. D:f5! D:f5 21. S:d6, und es steht schlecht um Schwarz - Kamsky) 18. Dh5 Kh8 19. Dh4 c5 20. Sf3 Lb7 21. Sg5 h6 22. Ld2 Dc6 23. f3 c4 24. Ld1 c:d3 25. Se6 Tf7 26. Kg2 Lc5 27. Sg5 Tff8 28. Se6.

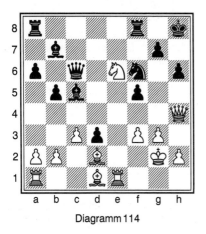

Diagramm 114

28. ... Sg4! 29. S:f8 T:f8 30. b4 Ld6 31. Dh5 Db6 32. Tf1 Se3+ 33. L:e3 D:e3 34. Lb3 Dd2+ 35. Tf2 D:c3 36. Td1 L:b4 37. Dg6 d2! Kamsky hatte starke Initiative und behielt schließlich die Oberhand.

Schwarz kann mit dem Rückzug seiner Dame nach f5 auch noch warten und stattdessen 15. ... Lb7 spielen (wie die Praxis zeigte, bringt ihm 15. ... Ld7 und 15. ... Sf6 keinen Ausgleich) 16. Sd2 Tae8 17. Sf1 c5 18. f3 Sf6 19. Th4 Df5 20. Se3 Dc8 mit unklarem Spiel (Howell - Hebden, England 1990).

16. Sd2

Kaum Erfolg verspricht 16. Th4 Lb7 17. Lc2 De6 18. c4 Sb4 19. c5 S:c2 20. D:c2 f5! oder 16. Lc2 Dg6 17. Df1 f5 18. Te1 f4, und Schwarz besitzt Übergewicht.

16. ... Dg6

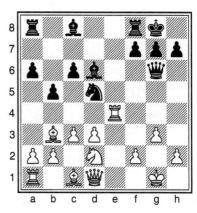

Diagramm 115

Das Abspiel 16. ... Sf6 17. Te1 D:d3 18. Se4! D:d1 19. S:f6+ g:f6 20. T:d1 bringt Schwarz nichts ein.

Die Stellung des Diagramms 115 ist typisch für die Variante mit 12. d3. Weiß hat nun eine große Auswahl an Fortsetzungen.

Timman - Hübner (Tilburg 1985): 17. Sf1. Dieser Zug kam dort zum ersten Mal vor. 17. ... f5. Schwächer wäre 17. ... Lf5 18.

L:d5 c:d5 19. Td4 (das freie Feld d4 kommt ihm jetzt gerade recht) 19. ... Lc5 (auf 19. ... Le6 geschieht 20. Se3 Lc5 21. S:d5 Tad8 22. Sf4!) 20. T:d5 Lg4 21. Dd2 Dc6 22. Dg5 Lh3 23. Se3 L:e3 24. L:e3 h6 25. Dh5 g6 26. De5, und Weiß steht klar überlegen. Nach Ansicht Hübners war die Folge 17. ... Sf6 18. Te1 Lg4 19. f3 Lf5 20. d4 c5 21. d:c5 L:c5+ 22. Le3 Tad8 23. De2 für Schwarz besser. Aber auch hier sind die Chancen von Weiß größer.

Aufmerksamkeit verdient 17. ... h5!? 18. a4 Lg4 19. De1 Sf6 20. Te3 Tae8 21. a:b5 a:b5 22. d4 h4 mit scharfem Spiel (Kusmin - Schulman, UdSSR 1986).

Sehen wir uns noch einige Züge aus der Begegnung zwischen Timman und Hübner an: 18. Td4. Erneut nutzt Weiß das freie Feld d4. Es war auch der einzig richtige Zug für ihn, denn nach 18. Te1 f4 19. c4 f:g3 20. f:g3 Lg4 hat Schwarz Angriff.

18. ... f4 (auf 18. ... Lb7 geschieht 19. c4) 19. T:d5 c:d5 20. L:d5+ Le6 21. L:a8 T:a8 22. Df3 (In der Variante 22. a4 Lg4 23. Db3+ Le6 muß sich Weiß, wie es aussieht, mit Zugwiederholung zufriedengeben, weil 24. Dc2 dem Gegner Gelegenheit zur Attacke geben würde: 24. ... Ld5 25. a:b5 Dg4 26. c4 Lf3 27. T:a6 T:a6 28. b:a6 Dh3 29. Se3 f:e3 30. f:e3 L:g3, und Schwarz gewinnt.) 22. ... Tf8 23. De4 Lf5 24. Dd5+ Kh8 25. a4 b4? (Hübner gibt an, daß 25. ... L:d3 26. a:b5 Le4 27. Dd4 f:g3 28. S:g3 L:g3 29. f:g3 a:b5 30. Lf4 h5 31. Dd6 zum Ausgleich führen würde) 26. c:b4 f:g3 27. h:g3 L:b4 28. Ld2 L:d2 29. S:d2 L:d3 30. Ta3.

In dem entstandenen Endspiel besitzt Schwarz keine Kompensation für den Minusbauern. Aber dank einiger Ungenauigkeiten seines Gegners gelang es ihm, die Partie zu retten.

Garcia - Bryson (Saloniki 1984): 17. Sf3 f5 18. Sh4 Df6 19. Td4 Le6 20. Sf3 Lc5 21. Th4 h6 22. d4 Ld6 23. Lf4 S:f3 24. g:f4 Tae8. Die seltsame Lage des weißen Turms auf h4

bestimmt die besseren Aussichten von Schwarz.

Feyer - Hasai (Budapest 1989): 17. a4 f5 18. Td4 Kh8 19. T:d5.

Genauer ist 19. a:b5, worauf die Folge 19. ... Sf4 20. T:d6 Sh3+ 21. Kg2 D:d6 22. K:h3 f4+ usw. geprüft werden müßte.

19. ... c:d5 20. L:d5 Tb8 21. a:b5 a:b5 22. Sf3 Dh5 23. Db3 f4 24. Kh4 f:g3 25. f:g3 De2. Weiß gab auf.

Kehren wir nun zur Hauptpartie zurück, in der die populärste Fortsetzung von Weiß illustriert wird.

17.   Te1   f5

In der Begegnung Smagin - Malanjuk (Kiew 1986) gab Schwarz 17. ... Lc7 den Vorzug. Nach 18. Sf3 Lg4 19. Sh4 Dh5 20. f3 Lh3 21. De2!? Tad8 22. d4 f5 23. f4 tauschte er unvorteilhaft die Damen - 23. D:e2 - (schärfer wäre 23. ... Lg4 24. Dg2 g5 25. f:g5 f4 gewesen) 24. T:e2 Tfe8 25. T:e8+ T:e8 26. Kf2 Lg4 27. Le3! und erhielt ein schweres Endspiel.

Nicht bewährt hat sich der Zug 17. ... Lb7, den Weiß so beantworten kann: 18. Sf3 Tfe8 19. T:e8+ T:e8 20. Sh4 Df6 21. Ld2 b4 22. Df3 D:f3 23. S:f3, und die Aussichten von Weiß sind größer (Hjartarson - Hebden, London 1986).

18.   c4

Nach 18. Se4 f:e4 19. d:e4 Lg4 20. Dd4 Dh5! 21. e:d5 c5! ist die Lage von Weiß nicht beneidenswert. Stark hingegen sieht 18. f4! aus und weiter 18. ... L:f4 (18. ... Kh8 19. L:d5 c:d5 20. Sf3) 19. Df3 L:d2 20. L:d5+ c:d5 21. D:d5+ Kh8 22. L:d2 Ta7 23. Dc5 mit weißem Übergewicht (Koch - Blatny, Haifa 1989).

18.	**...**	**f4**
19.	**Se4**	**f:g3**
20.	**f:g3**	**Lg4**
21.	**Dc2**	**b:c4**
22.	**d:c4**	

Auch 22. D:c4 wurde schon gespielt, zum Beispiel 22. ... Lc7 23. Dc2 (möglich ist

ebenfalls 23. Le3 Kh8 24. Lc5 Sf4 25. L:f8 Sh3+ 26. Kg2 Sf4+ 27. Kg1 Sh3+ mit ewigem Schach) 23. ... Kh8 24. L:d5 c:d5 25. Sf2 Tac8 26. Da4 Ld7 27. Dh4 Ld8 28. Db4 Lc7 29. Dh4 Ld8 30. Db4 Lc7. Remis (Happers - Wahls, Adelaide 1988).

22.   ...   Tae8

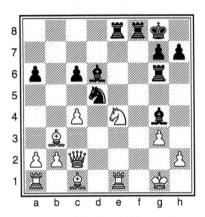

Diagramm 116

In dem Treffen Smagin - Hebden (Moskau 1986) riskierte es Schwarz nicht, eine Figur zu opfern und spielte 22. ... Lb4. Die Partie ging danach folgendermaßen zu Ende: 23. Ld2 Sf4 24. L:f4 L:e1 25. T:e1 Lf5 26. Dg2 Tfe8 (hartnäckiger war 26. ... Tae8) 27. Lc2 Te6 28. g4! L:g4 29. Tf1 Le2 (29. ... Lh3 30. D:g6 T:g6+ 31. Sg3 L:f1 32. L:g6 L:c4 33. Lb1) 30. Sg5! L:f1 31. L:g6 L:g2 32. Lf7+ Kf8 33. L:e6 Ke7 34. K:g2 h6 35. Lg4 h:g5 36. L:g5+ Kd6 37. b4. Schwarz gab auf.

23.   c:d5   Lf3!

24.   d:c6+

Das ist stärker als 24. Lf4 L:f4 25. D:c6 Dh5 26. d6+ Kh8 27. d7 Dh3 (27. ... T:e4 28. Dc8!) 28. Dc2 D:d7 29. g:f4 T:e4!

24.   ...   Kh8

25.   Ld5

Urplötzlich endete die Partie A. Iwanow - Agapow (Kiew 1984) nach 25. Ld2? T:e4 26. T:e4 L:e4 27. Dc3 Df5. Weiß überschritt

die Zeit, aber er konnte auch so getrost aufgeben. Es scheint zwar, als würden sich die weißen Figuren durch 25. Lf4 L:f4 26. Sf2 (26. c7 L:c7) konsolidieren, aber nach 26. ... D:c2 27. L:c2 Le3! ist die Stellung des Anziehenden kaum noch zu verteidigen.

25.   ...   L:g3!

26.   h:g3   T:e4?

Schwarz treibt es in seinem Opferdrang zu weit. Remis hätte er haben können, und zwar nach 26. ... L:e4 27. T:e4 T:e4 28. L:e4 D:g3+ 29. Dg2 De1+ 30. Kh2 Tf2 31. Lf4 T:g2+ 32. L:g2 Dh4+ 33. Kg1 D:f4 34. Tf1 De3+ 35. Tf2 Dc1+ 36. Tf1. Das wäre möglicherweise auch ein gesetzmäßiger Ausgang der Schlacht gewesen.

27.   Lf4   Tf:f4

28.   Df2   Dh5

29.   Dh2   D:d5

30.   g:f4

Die erhitzten Gemüter haben sich beruhigt, und Weiß behält eine Qualität übrig. Nach einigen Abenteuern gelingt es ihm, den materiellen Vorteil zu realisieren.

30.   ...   D:c6

31.   T:e4   D:e4

32.   Dd2   h5

33.   Tc1   Dg6+

34.   Kf2   Le4

35.   Dd8+   Kh7

36.   Tg1

Der weiße König ist zu guter Letzt völlig in Sicherheit.

36.   ...   Df7

37.   Dg5

Sofort gewonnen hätte 37. Ke3 und 38. Dd4. Die Ungenauigkeit kostet Weiß noch mehr als 30 Züge...

37.   ...   Da7+

38.   Ke2   Df7

39.   b3   Lf5

40.   Tg3   Lg4+

41.   Kd2   Da7

42.   Ke1   Dd7

43.   De5   h4

44.	Te3	Dd1+
45.	Kf2	Dd2+
46.	Kg1	h3?

Schwarz mußte den Bauern a2 mitnehmen, und ein forcierter Gewinn für Weiß wäre nicht sichtbar gewesen.

47.	De4+	Kh6
48.	Td3	Dc1+
49.	Kh2	Dc5
50.	De3	Dc6
51.	Td2	Lf5
52.	De5	Dc8
53.	b4	Kh7
54.	a4	Lg6
55.	b5	Dc1
56.	De3	Lh5
57.	K:h3	

Der Wunsch von Weiß, den feindlichen Freibauern zu vernichten, ist verständlich. Und dennoch versäumt er erneut eine Gelegenheit, die Sache rasch zu vollenden: 57. b:a6 Lf3 58. K:h3 usw.

57.	...	a:b5
58.	a5!	

Natürlich nicht 58. a:b5 Df1+ nebst D:b5, und die schwarze Stellung hält.

58.	...	b4
59.	Kh2	b3
60.	Dd4	Lg6
61.	Tg2	Dc7
62.	a6	Lc2
63.	Kg3	De7
64.	a7	b2
65.	T:c2!	De1+

65. ... b1D 66. Dd3+ bringt Schwarz auch keine Rettung mehr.

66.	Df2	b1D
67.	a8D	De6
68.	Dh2+	Kg6
69.	f5+	K:f5
70.	Df3+	

Schwarz gab auf.

Partie Nr. 23

Kamsky - Iwantschuk
Tilburg 1990

Bislang haben wir populäre Aufstellungen in der Spanischen Partie untersucht, die mit Vorliebe in großen Wettbewerben der vergangenen Jahre - darunter in Duellen um die Schachkrone - gespielt wurden. Da 25 Hauptpartien in dieses Buch aufgenommen werden, bleibt nur noch Platz für drei. Dafür gibt es viele würdige Anwärter, und die Auswahl fiel deshalb nicht leicht. Daß das Tschigorin-System einmal das verbreitetste in der Spanischen Partie war, darauf haben wir schon im Vorwort hingewiesen. Das klassische System 3. ... Lc5 wird regelmäßig von A. Beljawski (manchmal auch von W. Iwantschuk) angewendet, Die Steinitz-Verteidigung 3. ... d6 und die verbesserte Steinitz-Verteidigung 3. ... a6 4. La4 d6 sind heute fast aus der Mode gekommen. Keine besonderen Erfolge hat Schwarz laut Statistik in der Variante 3. ... g6, wo der Läufer fianchettiert wird, aufzuweisen. Es scheint, als habe dieses Abspiel mit W. Smyslow nur noch einen glühenden Anhänger. In der Abtauschvariante 3. ... a6 4. L:c6 d:c6 verfolgt Weiß keine großen Ambitionen, denn in theoretischer Hinsicht ist sie ungefährlich für Schwarz.

Nachdem wir so viele Systeme ausgeklammert haben, bleiben noch drei übrig, die im dritten Zug von Schwarz ihren Ausgang nehmen und zuweilen in der heutigen Großmeisterpraxis auftauchen: die Bird-Verteidigung 3. ... Sd4, das Jänisch-Gambit 3. ... f5 sowie die Berliner Verteidigung 3. ... Sf6. Jeder dieser alten Varianten soll eine Partie mit dem neuesten Material gewidmet werden.

1.	e4	e5
2.	Sf3	Sc6
3.	Lb5	Sd4

Dieser etwas extravagante Springerausfall wurde bereits in der Mitte des vergangenen Jahrhunderts vom englischen Schachmeister H. Bird in die Praxis eingeführt. Seither trägt die Variante auch dessen Namen.

4. S:d4

Weniger prinzipiell wäre der Rückzug des weißen Läufers nach a4 oder c4, obwohl damit scharfe Fortsetzungen vermieden würden. Die Partie Romanischin - Malanjuk (Tbilissi 1986) verlief beispielsweise so: 4. Lc4 Lc5 5. S:d4 L:d4 6. c3 Lb6 7. d4 De7 8. 0-0 Sf6 9. a4 a6 10. Le3 S:e4 (Nach 10. ... d6 11. d:e5 d:e5 12. L:b6 verliert die schwarze Bauernstruktur ihre Flexibilität.) 11. Te1 0-0 12. Ld5 (12. d:e5? S:f2! 13. De2 L:e3 14. D:e3 Sg4, und Weiß hat Probleme) 12. ... Sf6 13. d:e5 S:d5 14. D:d5 L:e3 15. T:e3 Tb8 16. Sd2 b5!, und Schwarz besitzt keinerlei Schwierigkeiten.

In der Partie Georgiew - Zeschkowski (Dubai 1986) geschah 4. La4 Lc5, und hier brachte Weiß anstelle des gebräuchlichen 5. 0-0 die Neuerung 5. b4. Nach 5. ... Lb6 6. 0-0 S:f3+ 7. D:f3 Df6 8. Dg3 Se7 9. Lb2 Sg6 10. c4 Sf4 11. Te1 c6 12. d4 stand er überlegen. Schwarz konnte den Bauern allerdings auch nehmen, und nach 5. ... L:b4 6. S:d4 e:d4 7. 0-0 kompensiert erst die spätere Initiative von Weiß den geopferten Bauern.

In der Begegnung Georgiew - Hector (Haifa 1989) probierte Schwarz den neuen Zug 4. ... b5 aus. Nach 5. Lb3 S:b3 6. a:b3 Sf6 7. 0-0 d6 8. d4 Lb7 9. Te1 a6 10. Sc3 Le7 11. d:e5 d:e5 12. D:d8+ T:d8 13. S:e5 besaß Weiß Vorteil im Endspiel.

4. ... e:d4

Schwarz hat den Läufer auf b5 zeitweilig ausgeschaltet, und sein Bauer d4 behindert die Entwicklung des gegnerischen Damenflügels. Weiß hingegen gewann Zeit und beginnt mit der Errichtung eines dynamischen Bauernzentrums. So hat jede Seite ihre Vor- und Nachteile.

5. 0-0

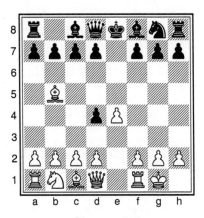

Diagramm 117

In jüngster Zeit wurde der Zug 5. Lc4 wieder häufiger angewendet. Jetzt ist die Antwort 5. ... Lc5 (die hauptsächlich nach 5. 0-0 erfolgt) nicht möglich, und 5. ... Sf6 6. 0-0 S:e4 7. L:f7+ K:f7 8. Dh5+ g6 9. Dd5+ Kg7 10. D:e4 Df6 11. d3 Lc5 bringt Weiß leichten Vorteil ein (Sokolow - Tukmakow, Leningrad 1987).

Interessant verlief die Partie Short - Iwantschuk (Linares 1989): 5. Lc4 Sf6 6. De2 Lc5 7. e5 0-0! 8. 0-0 d5! 9. e:f6 d:c4 10. Dh5. Nach 10. f:g7 Te8 11. D:c4 Ld6! zielen die schwarzen Läufer drohend auf den weißen Königsflügel: 12. d3 Dh4 13. g3 Dh3 usw. 10. ... b6 11. f:g7 Te8 12. d3 c:d3 13. c:d3 La6 14. Df3 De7 15. Lf4 De2! Infolge des Damentauschs geht der Bauer d3 verloren, und nach 16. Sd2 D:f3 17. S:f3 L:d3 18. Tfe1 Le2 19. L:c7 d3! 20. a3 a5 21. Lf4 Te4 22. Ld2 Tae8 23. Lc3 a4! wird der Endspielvorteil von Schwarz offensichtlich. Das positionelle Übergewicht des Nachziehenden nimmt gefährliche Formen an. Mit jedem weiteren Zug muß Weiß neue Zugeständnisse machen: 24. Sg5 Tc4 25. Tad1 Tc8! 26. Ta1 Td8 27. Sf3 T:c3! 28. b:c3 d2 29. T:e2 d1D+ 30. T:d1 T:d1 31. Se1 Tc1 32. Te4 f5! 33. Te8+ K:g7 34. Kf1 T:c3 35. Ke2 T:a3, und Weiß kapitulierte bald darauf.

In der Begegnung Assejew - Gusejnow (UdSSR 1989) spielte Schwarz anstelle von 5. ... Sf6 lieber 5. ... d6. Nach 6. c3 Sf6 7. 0-0 Le7 8. Te1 c6 9. c:d4 d5 10. e:d5 S:d5 11. Sc3 Sb6 12. d3 0-0 13. Df3! Lf6 14. Le3 Le6 15. L:e6 f:e6 16. Df4 Dd7 17. Se4 Tae8 18. Sc5 besaß Weiß leichten Stellungsvorteil.

5. ... Lc5

Diese Fortsetzung ist heute verbreiteter als 5. ... c6. In etlichen Varianten jedoch führt sie nur zur Zugumstellung. Nach 6. Lc4 d5 7. e:d5 c:d5 8. Lb5+ Ld7 9. L:d7+ D:d7 10. d3 Lc5 haben wir eine Stellung aus der Partie Ljubojevic - Salow (Rotterdam 1989) vor uns. Weiter geschah dort 11. Sd2 Se7 12. Sb3 Lb6 13. Lg5 f6 14. Ld2 a5 15. Dh5 g6 16. Df3 0-0 17. Tfe1 Sf5 18. a4 Sh4 19. Dg3 Sf5 20. Dg4 (erst jetzt macht Weiß einen neuen Zug! - bekannt war bis dahin 20. Df3 Sh4 21. Dg3 g5) 20. ... Kg7 21. Sc1 Tac8 22. c3 Tf7 23. Dh3 h5 24. Se2 g5! 25. Sg3! S:g3 26. D:d7 T:d7 27. h:g3 Kf7. Das Spiel steht gleich, und die Partie endete remis.

Im Falle von 9. Te1+ Se7 10. L:d7+ D:d7 11. Dh5 0-0-0!? 12. D:f7 Sc6 13. D:d7+ K:d7 14. d3 Sb4 15. Sa3 Tc8! 16. Lf4 S:c2 17. S:c2 T:c2 steht Schwarz gut.

Ebenfalls nicht so klar ist die Folge 9. De2+ Se7 10. b3 L:b5 11. D:b5+ Dd7 12. Dd3 0-0-0 (Oll - Gusejnow, UdSSR 1989).

6. d3

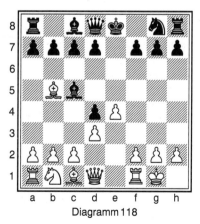

Diagramm 118

Weiß kann auch sofort mit seinem Läufer nach c4 zurückgehen. Von Interesse für dieses Thema ist die folgende Partie, in deren Kommentierung wir einige andere wichtige Beispiele einfließen lassen.

Romanischin - Balaschow (Jerewan 1986): 6. Lc4 d6 7. c3. Die Mode ist veränderlich, und deshalb fällt es schwer, einem der weißen Bauern (c oder d) den Vorzug zu geben. In dem Treffen Gelfand - Kupreitschik (Swerdlowsk 1988) erhielt Weiß nach 7. d3 Sf6 8. Lg5 h6 9. Lh4 g5?! 10. Lg3 Sg4 11. h3 Se5 12. Lb3 Le6 13. Dh5 L:b3 14. a:b3 Übergewicht. Auch nicht besser für Schwarz wäre 10. ... Lg4 11. f3 Le6 12. Sd2 Dd7 (Ghinda - Kotronias, Athen 1986) 13. L:e6 (nach Ansicht des Siegers war 13. Sb3! Lb6 14. Lf2 c5 15. c3 d5 16. e:d5 L:d5 17. Te1 noch stärker) 13. ... f:e6 14. f4 h5 15. f:g5 Sg4 16. Df3 0-0-0 17. Sb3 Se3 18. S:c5 d:c5 19. Le5!, und Weiß gewann.

Der Fehler von Schwarz muß schon früher gesucht werden. Riskant sieht 9. ... g5 aus; nach 9. ... Le6 10. Sd2 besitzt Weiß die etwas besseren Chancen.

Nach 6. Lc4 d6 7. d3 verdient 7. ... Dh4! Aufmerksamkeit. 8. Sd2 Sf6 9. f4 Le6 10. Sf3 Dh5 11. Lb3 L:b3 12. a:b3 Lb6 13. h3 0-0-0 14. Sg5 D:d1 15. T:d1 Tde8 16. Ld2 a6 17. S:f7 Thf8 18. Sg5 h6 19. Sf3 d5, und Schwarz hat Kompensation für den gegebenen Bauern (Zeschkowski - Klaric, Moskau 1989).

Mit seinem Zug 7. c3 stellte Romanischin die Drohung 8. c:d4 L:d4 9. Da4+ auf, und im Falle von 9. ... c6 (9. ... Ld7) 10. L:f7+ der Läufer d4 angegriffen. Auch der Königszug 9. ... Kf8 kann Schwarz natürlich nicht zufriedenstellen.

7. ... Sf6. An dieser Stelle kann Schwarz auch andere Wege einschlagen: 7. ... Df6 8. Sa3 L:a3 9. Da4+ Ld7 10. D:a3 Se7 11. Db3 (Weiß steht nach 11. Le2 0-0 12. d3 Tfe8 13. c:d4 D:d4 14. Le3 ebenfalls überlegen, Chalifman - Kupreitschik, Minsk 1986) 11. ... 0-0

12. D:b7 Lc6 13. D:c7 Tfc8 14. Da5 L:e4 15. d3 Tc5 16. Da6 Lc6 (Ehlvest führt hier folgende schöne Variante an: 16. ... L:g2 17. K:g2 Sf5 18. Db7 Te8 19. Kh1 Sh4 20. Se3! Sf3 21. Dd7 Td8 22. Dh3 mit Gewinnstellung von Weiß) 17. c:d4 Th5 18. d5!, und der Anziehende dominiert klar (Ehlvest - Kupreitschik, Kuibyschew 1986).

Interessant ist 7. ... Se7, das erstmalig in der Partie Ehlvest - Lalic (Saint John 1988) vorkam: 8. c:d4 L:d4 9. Da4+ Sc6 10. Lb5 Lf6!? 11. L:c6+ b:c6 12. D:c6+ Ld7 13. Dc2 0-0 14. d3 d5 mit kompliziertem Spiel. Schließlich sei auf das brauchbare 7. ... c6 hingewiesen. Nach 8. b4 (8. d3 Se7 9. Sd2 0-0 10. Lb3 d5) 8. ... Lb6 9. Db3 Df6 10. Lb2 Sh6 11. Sa3 0-0 12. Tae1 Sg4 13. c:d4 L:d4 14. L:d4 D:d4 15. Dc3 D:c3 16. b:c3 b5 steht die Partie ungefähr gleich (Schmittdiel - Tukmakow, Dortmund 1988).

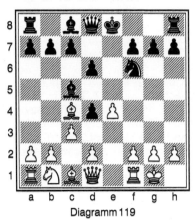

Diagramm 119

8. c:d4 L:d4 9. Da4+ Kf8 10. Sc3. Bessere Chancen erhielte Weiß im Falle von 10. L:f7 c5 (schlecht wäre 10. ... Le5 11. Lb3 L:h2+ 12. K:h2 Sg4+ 13. Kg3 Dg5 14. f3! oder 10. ... L:f2+ 11. T:f2 K:f7 12. d4 Te8 13. Sc3 Kg8 14. Lg5) 11. Lb3 S:e4 12. Sc2.
10. ... c6. Schwarz beläßt seinen Läufer im Zentrum, um den feindlichen d-Bauern zu stoppen. Die Figur muß aber bald zurück-

weichen, und die weiße Bauernfaust setzt sich in Bewegung.
Deshalb verdiente eine andere Fortsetzung Beachtung: 10. ... L:c3 11. d:c3 S:e4 12. L:f7 S:c3 13. Db3 mit kompliziertem Spiel.
11. Le2 Db6 12. d3 Le6 13. Lf3 Sg4 14. L:g4 L:g4 15. h3 Le6 16. Se2 Lc5 17. d4 Db4 18. Dd1 Lb6 19. b3 f6 20. Ld2 Db5 21. Le3 Te8 22. Tc1 Dh5 23. Dd2 d5 24. e5 Kg8 25. e:f6 g:f6 26. a4 Lc7 27. Lf4 L:f4 28. S:f4 Dg5 29. Tc3 Kf7 30. Tg3 Dh6 31. Te1 Te7? 32. Dc1! Der "Röntgenblick" auf der Diagonalen c1-h6 und die Beherrschung der g-Linie gestatten es Weiß jetzt, den Kampf studienartig zu beenden. Schwarz konnte die Katastrophe mit 31. ... Thg8 noch etwas hinauszögern.
32. ... a5 33. S:e6 D:c1 34. Tg7+. Schwarz gab auf.
Es gibt für Weiß noch eine interessante Möglichkeit im 6. Zug, und zwar 6. e5, wonach die Partie Jurtajew - Klaric (Moskau 1989) so weiterging: 6. ... c6 7. Lc4 d5 8. e:d5 L:d6 9. d3 Se7 10. Sd2 0-0 11. Se4 Sd5 12. Te1 Lf5 13. Df3 Lg6 14. S:d6 D:d6 15. Ld2, und der Anziehende hatte leichte Initiative.
Im Falle von 6. b4 L:b4 7. Lb2 Se7 8. L:d4 0-0 9. Dc1 c5 10. Db2 c:d4 11. D:b4 (Plaskett - Kupreitschik, Hastings 1984/85) erhält Schwarz ausgezeichnetes Spiel. Er sollte jetzt mit 11. ... Sc6! 12. Da4 a6 13. d3 Tb8 14. L:c6 d:c6 fortsetzen.
Schließlich hat Weiß auch den Zug 6. c3 zur Verfügung. Die Fortsetzung 6. ... c6 7. Ld3!? d5 8. e:d5 D:d5 9. b4 Le7 10. Te1 Sf6 11. b5 Le6 12. b:c6 b:c6 13. Da4 0-0 14. Dd4 D:d4 15. c:d4 Tfd8 ergab in der Partie Timman - Beljawski (Tilburg 1986) eine ausgeglichene Stellung.
Ehe wir fortfahren, sei noch auf zwei mögliche Damenausfälle im 6. Zug hingewiesen. In der Begegnung Kusmin - Malanjuk (Moskau 1986) geschah 6. Dh5 De7 (6. ... Lb6 7. De5+) 7. d3 Sf6 (7. ... c6 8. Dg5 mit weißem Vorteil) 8. Dh4 c6 9. Lc4 (geprüft werden

sollte auch 9. La4) 9. ... d5 10. e:d5 (10. Lb3 d:e4 11. Lg5 mit unklarem Spiel) 10. ... S:d5 11. Lg5 f6 12. Ld2 Le6 und Ausgleich.
6. Df3!? spielte Hjartarson gegen Malanjuk 1987 in Moskau und erhielt nach 6. ... Se7 7. d3 c6 8. Lc4 d5 9. Lb3 0-0 10. e:d5 c:d5 11. Lg5 f6 12. Lf4 a5? (ein angespanntes Ringen ergibt sich nach 12. ... Le6 13. h3) 13. a4 Le6 14. Sa3 g5 15. Ld2 Dd7 16. Sb5 deutliches Übergewicht.

6. ... c6

Nach 6. ... Se7 7. Dh5! Lb6 8. Lg5 0-0 9. Sd2 verdient die weiße Stellung den Vorzug.

7. La4

Beliebt ist auch der Läuferrückzug auf die andere Diagonale: 7. Lc4 d5 8. e:d5 c:d5 9. Lb5+ Ld7 10. L:d7+ D:d7 11. Sd2 Se7 12. Sb3 Lb6 13. Lg5. Danach kann es auf verschiedene Weise weitergehen:
a) 13. ... 0-0 14. L:e7 D:e7 15. Te1 Df6 15. Dh5 Tac8 (Chandler - Wolf, BRD 1985) oder b) 13. ... f6 14. Ld2 a5 15. a4 0-0 16. Te1 Sg6 17. h3 Tfc8 (Lanc - Zeschkowski, Trnava 1986). In beiden Fällen steht das Spiel gleich.
Anstatt 9. Lb5+ kommt auch 9. Lb3 Se7 vor.

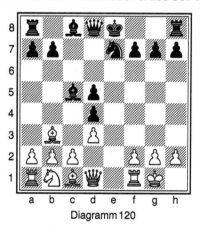

Diagramm 120

Hier sind einige charakteristische Beispiele, die zeigen, daß der schwarze Doppelbauer in der Brettmitte nicht unbedingt eine Schwä-

che sein muß, sondern sogar eine Stärke darstellen kann. Er hilft ernsthaft dabei, die gegnerische Stellung einzuengen.
Dwoiris - Balaschow (53. UdSSR-Meisterschaft 1986): 10. c4 0-0 (10. ... d:c3 11. S:c3 0-0 12. Te1 h6 13. Lf4 Le6 14. d4 Lb4 15. Te3 Tc8 16. Tc1 Sf5 17. Td3 Te8 18. h3 bringt Weiß bessere Aussichten, Nikolenko - Gorelow, Moskau 1986) 11. c:d5 S:d5 12. Sd2 Se3 13. f:e3 d:e3 14. Dh5 e:d2+ 16. D:c5 d:c1D 17. Ta:c1 Le6 17. L:e6 f:e6 18. T:f8+ D:f8 19. Dg3 Df6 und Ausgleich.
Dwoiris - Kupreitschik (Wolgograd 1985): 10. Te1 0-0 11. Dh5 (auch nicht besser wäre 11. Sd2 a5 12. a4 Lb4, Anand - Zeschkowski, Kalkutta 1986) 11. ... Le6 12. Sd2 a5 13. a4 Lb4 14. Te2 Dd7 15. Sf3 Lg4 16. Dg5 L:f3 17. g:f3 Ta6, und Schwarz hat Übergewicht.
Markland - Davis (Fernpartie 1985): 10. Dh5 0-0 11. Sd2 a5 12. a3 a4 13. La2 Ta6 14. Sf3 Tg6 mit zweischneidigem Spiel.
Beljawski - Zeschkowski (53. UdSSR-Meisterschaft 1986): 10. Lg5 f6 11. Lf4 (11. Lh4 0-0 12. Sd2 Kh8 13. Te1 a5 ergibt gleiche Chancen)
11. ... 0-0 (ein scharfer Kampf entwickelt sich nach 11. ... Le6 12. Te1 Lf7 13. c3 0-0 14. c:d4 L:d4 15. Sc3 Sg6, Thipsay - Kupreitschik, Frunse 1985) 12. Sd2 Kh8 13. Te1 a5 14. a4 Lb4 15. h3 g5 16. Lh2 Ta6, und die Aussichten von Schwarz sind gut.

7. ... Se7
8. f4!

(siehe Diagramm 121)

Andere bekannte Züge an dieser Stelle sind 8. Dh5, 8. Lb3 oder 8. c3. Es folgen zwei Partiebeispiele, wo 8. Dh5 d5 vorkam.
Lau - Anand (Moskau 1989): 9. Sd2 0-0 10. Sf3 f6 11. e:d5 S:d5 12. Te1 Ld7 13. Lb3 Le8 14. Dh4 Lf7 15. Ld2 Ser7 16. Te4 L:b3 17. a:b3 Sg6 18. Dh3.
Ermenkow - Sacharijew (Bulgarien 1989): 9. Lg5 d:e4 (genauer war das sofortige 0-0!?) 10. d:e4 0-0 11. Lb3 Dd7 12. h3 b6 13.

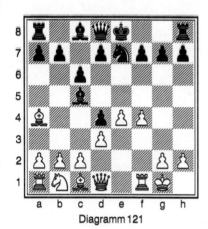

Diagramm 121

Sd2 Sg6 14. Tad1 La6 15. Tfe1. In beiden Fällen steht Weiß geringfügig besser.

Der starke Vorstoß des f-Bauers erfolgte erstmalig in der Partie Kindermann - Tatai (Budapest 1987). Drei Züge später war die Lage von Schwarz bereits kritisch: 8. ... d5 (auf 8. ... Sg6 geschieht 9. Dh5!) 9. f5 f6 10. Dh5+ Kf8 11. Kh1! (Weiß bereitet damit c2-c3 vor).

In der Begegnung Kindermann - Lorenz (Berlin 1987) reagierte Schwarz auf den Zug des Autors der Neuerung anders, und zwar mit 9. ... g6. Nach wenigen Zügen aber war es um ihn geschehen: 10. f6 Sg8 11. e:d5 b5 12. De1+ Kf8 13. b4! Lb6 14. Lb3 c:d4 15. L: d5! Lf5 (15. ... D:d5 16. Lh6+) 16. L:a8, und Schwarz gab auf.

Eine bessere Antwort für Schwarz ist 9. ... d:e4, aber die Begegnung Spasski - Barua (New York 1987) zeigte, daß Schwarz auch dann vor etlichen Problemen steht: 10. d:e4 0-0 11. Lb3 Ld6 12. Dh5! d3 13. c:d3 Le5 14. Tf3!. Genauer war es, sofort 12. ... Le5 zu spielen, und nach 13. Sd2 stünde Weiß nur geringfügig besser.

8.   ...   f5

Das ist eine Verstärkung des schwarzen Spiels, aber auch sie beseitigt nicht alle Sorgen.

9.   Lb3!

In der Partie Blatny - Malanjuk (Warschau 1989) waren nach 9. Dh5+ g6 10. Dh6 Sg8! 11. Dg7 Df6 12. D:f6 S:f6 13. e5 Sg4 14. Lb3 d6 15. e:d6 Kd7 16. Sd2 Te8! die Chancen ungefähr gleich. Bedeutend stärker ist der sofortige Rückzug des Läufers, der in dieser Partie zum ersten Mal erprobt wurde.

9.   ...   d5

Vielleicht die einzige vernünftige Antwort.

10.   e:d5   S:d5
11.   Te1+   Kf8

Auf 11. ... Le7 ist 12. De2 unangenehm. Überlegen stünde Weiß auch im Falle von 11. ... Kf7 12. Sd2 Te8 13. Dh5+ Kf8 14. T:e8+ D:e8 15. D:e8+ K:e8 16. L:d5 c:d5 17. Sf3 Ld7 18. b3 Tc8 19. Lb2 Lb6 20. Tc1 nebst Bauerngewinn (Kamsky).

12.   Dh5!

Der Vorteil von Weiß ist schon deutlich, und er wird kontinuierlich weiter ausgebaut.

12.   ...   g6
13.   Dh6+   Kg8
14.   Sd2   Lf8
15.   Dh3   Lg7
16.   Sf3   h6

Kamsky empfiehlt hier 16. ... Kf7!?

17.   Se5!   Df6

Jetzt ist 17. ... Kh7 wegen 18. Sf7 nicht möglich, und nach 17. ... L:e5 18. T:e5 steht Weiß entschieden besser da.

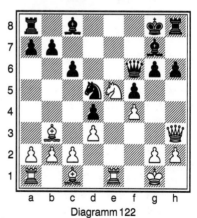

Diagramm 122

18.	L:d5+	c:d5
19.	b3	Kh7
20.	Lb2	Db6
21.	Df3	Te8
22.	Df2	

Gut ist an dieser Stelle auch 22. D:d5.

22.	...	L:e5
23.	T:e5	T:e5
24.	L:d4	Te2
25.	L:b6	T:f2
26.	L:f2	

Mit dem Damentausch haben sich die Verteidigungsaussichten von Schwarz verschlechtert.

26.	...	Kg7
27.	a4	Le6
28.	a5	a6
29.	Ld4+	Kf7
30.	Kf2	Tc8
31.	Ta2!?	g5
32.	Le5	Kg6
33.	Ke3	Kh5
34.	Kd2	

Noch stärker wäre es gewesen, sofort 34. g3 oder 34. Kd4 zu spielen.

34.	...	Tg8
35.	g3	Kg4
36.	Ke3	Kh3
37.	c3	d4+
38.	K:d4	Td8+
39.	Ke3	L:b3
40.	Tb2	Ld5
41.	c4	Lg2
42.	Tb6!	

Ein genauer Zug, der 42. ... K:h2 verhindert, worauf 43. Kf2! Lc6 44. d4 Kh3 45. d5 entscheidet.

42.	...	Lf1
43.	T:h6+	

Sofort gewonnen hätte 43. Kf2 L:d3 44. Th6+ Kg4 45. h3 matt.

43.	...	Kg2
44.	d4	g4
45.	c5	Lc4
46.	Tf6	

Schwarz gab auf. Nach 46. ... K:h2 folgt 47. Kf2 mit undeckbarem Matt auf h6, und auf 46. ... Th8 entscheidet 47. T:f5 T:h2 48. Tf8 K:g3 49. f5+.

Partie Nr. 24

Timman - Kortschnoi
Kandidaten-Viertelfinale
Brüssel 1991

1.	e4	e5
2.	Sf3	Sc6
3.	Lb5	f5

Das Jänisch-Gambit gehört zu den schärfsten Varianten in der Spanischen Partie. Deshalb ist es unmöglich, alle seine Nuancen anhand eines einzigen ausgewählten Beispiels zu untersuchen. Dieses Gambit ist zwar recht selten Gast in Wettbewerben von Großmeistern, wurde aber in unsere Auswahl aufgenommen, weil es vor nicht allzulanger Zeit auf höchster Ebene, und zwar in zwei verschiedenen WM-Kandidatenmatches vorkam. In beiden Partien spielte Jan Timman mit Weiß. Die erste Begegnung gegen Jonathan Speelman verlor er. Wohl deshalb wählte Viktor Kortschnoi später in seinem Brüsseler Duell mit dem Holländer auch das Jänisch-Gambit, als er unbedingt gewinnen mußte. Aber dieses Mal ging Timmans Sache erfolgreicher aus. Die stärkste und damit Hauptantwort von Weiß in dieser Variante ist 4. Sc3. Das zaghafte 4. d3 oder das geradlinige 4. e:f5 bringen Schwarz in der Regel keine Schwierigkeiten. Es lohnt allerdings, etwas näher auf den Zug 4. d4 einzugehen. Diese scharfe, mit einem Figurenopfer verbundene Fortsetzung kann allen Freunden taktischer Scharmützel empfohlen werden.

Piskow - Jandemirow (Moskau 1984): 4. d4 f:e4 5. S:e5. Das alte, bereits im vergangenen Jahrhundert untersuchte 5. L:c6 wurde schon vor längerer Zeit ins Archiv verbannt. Nach 5. ... d:c6 6. S:e5 Dh4 7. De2 Sf6 hat Schwarz keinerlei Sorgen.

5. ... S:e5 6. d:e5 c6 7. Sc3. Geht der weiße Läufer zurück, so folgt darauf 7. ... Da5+ nebst 8. ... D:e5, und der Anziehende hat keine Kompensation für den Bauern.

7. ... c:b5 8. S:e4 d5 9. e:d5 Sf6

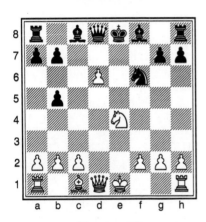

Diagramm 123

10. Lg5. Unzulänglich ist 10. 0-0 S:e4 11. Dh5+ g6 12. De5+ Kf7 13. D:h8 Sf6 oder 10. Dd4 S:e4 11. D:e4+ Kf7 12. Lf4 De8 13. Le5 L:d6 14. Dd5+ De6 15. D:d6 D:d6 16. L:d6 Te8+ 17. Kf1 Lf5, wonach Schwarz Übergewicht besitzt.

10. ... Da5+. Nach 10. ... Lf5 11. L:f6 g:f6 12. Dh5+ Lg6 13. D:b5+ Kf7 14. D:b7+ hat Weiß gewinnträchtigen Angriff, was C. von Bardeleben bereits Anfang des Jahrhunderts feststellte. 11. Sc3! b4. In der Partie Buschujew - Tschudakow (UdSSR 1983) hatte Weiß nach 11. ... Le6 12. L:f6!? g:f6 13.

Dh5+ Kd7 14. 0-0-0 Tc8 15. The1 T:c3 16. T:e6! ernsthaften Vorteil. Auf 11. ... Lh6 würde 17. D:h6! T:c2+ 18. K:c2 Da4+ 19. Kd2 Db4+ 20. Ke2 zum Sieg des Anziehenden führen.

12. L:f6 g:f6 13. Sd5

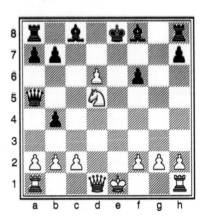

Diagramm 124

13. ... b3+. Auch hier wäre 13. ... Le6 14. Dh5+ Kd8 15. 0-0-0 Tg8 (genauer ist 15. ... b3!) 16. d7! Ld6 17. The1 Le5 18. T:e5 f:e5 19. Dh4+ K:d7 20. De7+ Kc6 21. D:e6+ Kb5 22. Sc3+ Schwarz gab auf (Glek - Jandemirow, Moskau 1983).

14. c3 Le6! Hier ist der Läuferausfall völlig gerechtfertigt.

15. Sc7+ Kd7 16. 0-0 L:d6 17. S:e6 De5 18. g3 D:e6. Auf dem Brett haben wir nun eine zweischneidige Stellung. In der Partie folgte 19. Te1?! Df7 20. a:b3 The8 21. T:e8, und jetzt brachte 21. ... T:e8 22. T:a7 Kc7 23. b4 De6 Schwarz leichten Vorteil ein.

Aufmerksamkeit verdiente jedoch 19. a:b3 Kc7 20. Te1 (interessant wäre auch 20. b4) 20. ... Df7 21. Dd4. Die Chancen stehen danach gleich, erklären die Großmeister M. Zeitlin und I. Glaskow.

4.   Sc3   f:e4

5.   S:e4

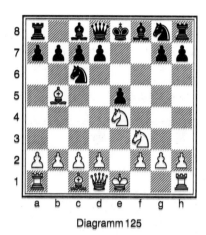

Diagramm 125

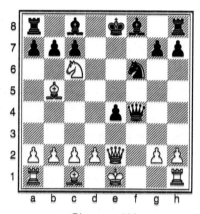

Diagramm 126

In unserer Hauptpartie spielt Schwarz hier 5. ... Sf6. Der andere gut bekannte Zug an dieser Stelle lautet 5. ... d5. Er wurde in der ersten Partie gegen Timman gewählt. Nun ist es an der Zeit, diese vorzustellen.

Timman - Speelman (London 1989): 5. ... d5 6. S:e5 d:e4 7. S:c6 Dg5. Im allgemeinen genießt diese Variante einen zweifelhaften Ruf für Schwarz. Viel häufiger wird 7. ... Dd5 gezogen. Offensichtlich hatte Speelman bei der Vorbereitung auf das Spiel eine frühere Partie seines Partners gegen Böhm untersucht, mit der Timman zweifellos zufrieden war. In ihr entdeckte der englische Großmeister etwas Interessantes...

8. De2 Sf6 9. f4 D:f4. Die erwähnte Partie Timman - Böhm (Wijk aan Zee 1980) endete schnell: 9. ... Dh4+ 10. g3 Dh3 11. Se5+ c6 12. Lc4 Lc5 13. d3 Sg4 14. Sf7 Lf2+ 15. Kd1 e3 16. Df3 Sh6 17. De4+ Kf8 18. L:e3 Lg4+ 19. Kd2 Te8 20. Se5, und Schwarz gab auf.

Natürlich mußte der Nachziehende den f-Bauern mitnehmen, was er in der vorliegenden Partie auch tut.

(siehe Diagramm 126)

10. Se5+. Zu scharfem Spiel kommt es nach 10. S:a7+ Ld7 11. L:d7+ K:d7 12. d4!? Df5 13. Db5+ D:b5 14. S:b5 c6 15. Sc3 Lb4 16. Ke2 L:c3 17. b:c3 Ta4 (Adams - Lautier, Terrassa 1991).

10. ... c6 11. d4 Dh4+ 12. g3 Dh3 13. Lc4 Le6 14. Lg5 (die andere Möglichkeit ist 14. Lf4) 14. ... 0-0-0 15. 0-0-0 Ld6 16. Sf7. Das nach 16. Df1 The8 17. D:h3 L:h3 18. Sf7 Td7 19. S:d6+ T:d6 20. Lf4 Td7 entstehende Endspiel ist ungefährlich für Schwarz, zum Beispiel: 21. The1 Sd5 22. Le5 Lg4 23. Td2 e3!? 24. Td3 Sb6 25. Lb3 e2 26. Te3 (23. h3? L:h3 27. T:e2 Lf1!) 26. ... a5 27. a4 c5! 28. c3 (28. Tc3 T:e5!) 28. ... c4 29. Lc2 Sd5 mit vortrefflichen Aussichten für den Nachziehenden (Ernst - Inkjow, Gausdal 1989). Interessant für Weiß ist jedoch 16. g4!? L:f7 17. D:c4 L:e5 18. d:e5 T:d1+ 19. T:d1 Dg4 20. Le3 Sd7 21. Df7 S:e5 22. De7 Sg6 23. D:g7 Td8 24. T:d8+ K:d8 25. D:b7 Se7 mit ungefähr gleichen Chancen (Dontschew - Inkjow, Bulgarien 1989).

16. ... L:f7 17. L:f7 Thf8 18. Lc4. Vorteilhaft für Schwarz wäre 18. Lb3 Tde8 19. c4 Dg4 20. De3 Sh5 21. Tdf1 T:f1+ 22. T:f1 h6 23. c5 L:g3 24. h:g5 D:g5 (Velimirovic - Klinger, Palma de Mallorca 1989).

18. ... Tde8 19. d5?!. Kein sehr erfolgreicher Zug. Der d-Bauer wird die Handlungsfreiheit des weißen Läufers beeinträchtigen. Besser war 19. Thf1 h6 (19. ... Sg4? 20. T:f8 L:f8 21. Lf7 mit Gewinn) 20. Lf4 L:f4 21. T:f4 Td8 22. c3 Kb8 mit kompliziertem Spiel (nicht aber 22. ... Tfe8? 23. Lf7! Te7 24. Lg6, und das Übergewicht von Weiß ist beträchtlich, Judowitsch - Bojew (Fernturnier 1975).
19. ... c5 20. Thf1 Kb8 21. Lf4 Td8. In der Matchsituation genügte Weiß ein Remis, aber Schwarz wollte mehr. 22. Lg5 a6! 23. L:f6 g:f6 24. D:e4 D:h2 25. Th1?. Ein ernster Fehler. Nach 25. Tf3 war die Stellung ungefähr gleich, weil Weiß auf 25. ... L:g3 die Parade 26. L:a6 hat. Und die Überlegenheit seines "guten" Läufers gegen den "schlechten" des Gegners nachzuweisen, dürfte Schwarz nicht leichtfallen.
25. ... D:g3 26. T:h7 Tfe8! Es zeigt sich, daß die weißen Figuren sehr ungünstig postiert sind. 27. Df5. Auf 27. Dh4 entscheidet 27. ... Df3 mit der doppelten Drohung 28. ... Lf4+ und 28. ... Te4, zum Beispiel 28. Tf1 De3+ 29. Kb1 Te4 usw.
Im Falle von 27. Dd3 folgt sehr stark 27. ... Te3 28. Df1 Tde8! 29. L:a6 Te1 30. T:b7+ Ka8 mit Gewinn.
27. ... b5! 28. Lf1 (oder 28. Ld3 c4 29. Le4 Df4) 28. ... Te1 29. Dh5 Df4+ 30. Kb1 D:f1. Weiß gab auf.

5.   ...   Sf6
6.   De2
Der sofortige Tausch auf f6 verheißt Weiß noch mehr.
6.   ...   d5
Die Fortsetzung 6. ... De7 7. 0-0 d5 8. S:f6+ g:f6 9. d4 e4 10. Sh4 f5 11. c4!? würde dem Gegner dauerhafte Initiative einbringen.
7.   S:f6+   g:f6
8.   d4   Lg7
Auf 8. ... e4 folgt 9. Sh4!
9.   d:e5   0-0
10.   e6

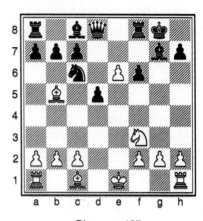

Diagramm 127

Die Theorie empfiehlt hier den Zwischenzug 10. L:c6 b:c6 und erst dann 11. e6, aber nach 11. ... Te8 12. 0-0 T:e6 steht das Spiel ungefähr gleich.
10.   ...   Te8
Zuverlässiger ist 10. ... Se5. Hier ein Beispiel, bei dem einer der besten Kenner des Jänisch-Gambits, Großmeister Michail Zeitlin, so mit Schwarz spielte.
Rene - Zeitlin (Palma de Mallorca) 1989): 10. ... Se5 11. 0-0 c6 12. Ld3 (schlecht wäre 12. La4 L:e6 13. Sd4 Ld7 14. f4 Db6, und Schwarz besitzt Übergewicht, Popovic - Kurajica, Sarajevo 1985) 12. ... L:e6 13. Sd4 Lg4! 14. f3 Ld7 15. Sf5?! S:d3 16. D:d3 Db6+ 17. Kh1 L:f5 18. D:f5 Tae8 19. Lf4 Te2!, und Schwarz gewann.
Besser für Weiß ist die Fortsetzung 11. Lf4 c6 12. Ld3 S:d3+ 13. D:d3 L:e6 14. Sd4 Te8 15. 0-0-0 Dd7 16. h4 Tad8 17. h5 c5 mit Ausgleich (Psachis - Grosar, Jugoslawien 1987).
Der Springerzug schien Kortschnoi offensichtlich nicht zu gefallen, und deshalb zog er nach 40 minütigem Nachdenken mit seinen Turm.
11.   0-0   L:e6
12.   Dd3

111

In der Partie Dwoiris - Morvay (Budapest 1989) erhielt Weiß nach 12. Lf4 Lg4 13. Dd3 Te4? 14. L:c7! großen Vorteil. Schwarz muß richtig 12. ... Lf7 spielen, und ein schwieriger Kampf steht bevor.

12.	...	Dd6
13.	Le3	a6
14.	L:c6	

Ungünstig für Weiß wäre 14. La4 b5 15. Lb3 Se5 16. S:e5 f:e5.

14.	...	D:c6
15.	Sd4	Dd7
16.	S:e6	D:e6
17.	Tad1	Tad8
18.	Ld4	Dd6

Es gelingt Schwarz nicht, das Spiel völlig auszugleichen. Auf 18. ... De2 würde das unangenehme 19. Dc3 folgen, und nach 19. ... De7 geschieht 20. Tfe1.

| 19. | c3 | a5 |

Im Falle von 19. ... c5 20. Le3 b5 21. Td2 Td7 22. Tfd1 Ted8 23. Df5! De5 (auf 23. ... Dc6 marschiert der weiße h-Bauer) 24. D:e5 f:e5 25. Lg5 geht der Bauer d5 verloren, deshalb empfiehlt Ftacnik den sichereren Zug 19. ... c6!?

20.	h3	b6
21.	Le3	c5
22.	Tfe1	Te7

Nicht besser wäre 22. ... d4 23. c:d4 c:d4 24. Dc4+ De6 25. T:d4 T:d4 26. D:d4 D:a2 27. D:b6.

| 23. | Te2! | De6?! |

Im Falle von 23. ... Dc6 behielte Weiß nur leichten Vorteil. Jetzt nimmt seine Initiative schon reale Züge an.

| 24. | Db5 | Td6 |
| 25. | Ted2 | |

Nicht so klar ist die Folge 25. L:c5 D:e2 26. D:e2 T:e2 27. L:d6 T:b2 28. T:d5 T:a2 29. Tb5 f5.

| 25. | ... | Td8 |

In Zeitnot läßt Kortschnoi hier eine Remischance aus: 25. ... f5 26. Db3 d4 27. D:e6+

Te:e6 28. c:d4 c:d4 29. L:d4 L:d4 30. T:d4 T:d4 31. T:d4 Te1+ 32. Kh2 Te2.

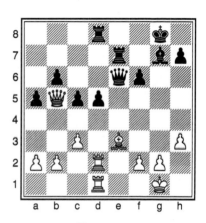

Diagramm 128

Auf dem Brett besteht materielles Gleichgewicht, aber die schwarze Bauernstruktur ist sehr anfällig. Weiß zerschlägt sie einfach.

| 26. | b4! | a:b4 |

Oder 26. ... d4 27. b:c5 b:c5 28. D:c5

| 27. | c:b4 | d4 |

Auf 27. ... c:b4 spielt Weiß nicht 28. D:b6 D:b6 29. L:b6 Tdd7 30. T:d5 T:d5 31. T:d5 Te2, was Schwarz noch Remishoffnungen ließe, sondern stärker 28. D:b4! Td6 29. Db3 Ted7 30. Lf4, wonach er großes Übergewicht besitzt.

| 28. | b:c5 | b:c5 |
| 29. | D:c5 | Td5 |

Forciert verlieren würde 29. ... Ted7 mit der Folge 30. T:d4 T:d4 31. T:d4 T:d4 32. L:d4 D:a2 33. Dc8+ Kf7 34. Dd7+ Kg6 35. Dg4+ Kf7 36. Dh5+ Kg8 37. De8+ Lf8 38. L:f6 (Timman).

30.	Dc4	Ta5
31.	D:d4	T:a2
32.	Dd8+	Kf7

Schwarz ist verloren. Rettung bringt jetzt weder 32. ... Te8 33. T:a2 T:d8 34. T:d8+ Kf7 35. Ta7+ Kg6 36. Tdd7 Lf8 37. T:h7, noch 32. ... Lf8 33. Lh6 Tf7 34. T:a2 D:a2 35. Td7!.

33.	T:a2	D:a2
34.	Lc5	Tb7
35.	Te1	Kg6
36.	Dd3+	f5
37.	Dg3+	Kf7
38.	Df3	

Schwarz gab auf.

Partie Nr. 25

Short - Gelfand
Kandidaten-Viertelfinale
Brüssel 1991

1.	e4	e5
2.	Sf3	Sc6
3.	Lb5	Sf6

Abschließend noch ein interessanter Spanier aus demselben Kandidatenwettbewerb. Das Buch wird mit der sogenannten Berliner Verteidigung beendet, die ziemlich selten in Turnieren vorkommt. Dennoch hält sie sich schon seit Jahrzehnten und verschwindet nicht gänzlich von der Schachszenerie. Dieser Partieanfang erinnert im Falle des gebräuchlichen Schlagens Sf6:e4 an den Offenen Spanier, aber es gibt auch wesentliche Unterschiede. Da Schwarz auf den Standardzug a7-a6 verzichtet, wodurch der feindliche Läufer abgedrängt wird, braucht Weiß keinen "spanischen Stolz" zu zeigen. Auf der anderen Seite erhält der schwarze Springer, der nach e4 gelangt, keinen festen Standort im Zentrum und vergeudet Zeit für den Rückzug. In den meisten Fällen werden frühzeitig die Damen getauscht, und es ergibt sich ein Endspiel mit leichten Vorteilen für Weiß.

4.	0-0	S:e4

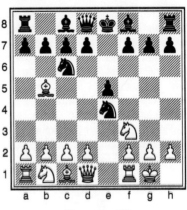

Diagramm 129

Die Fortsetzungen 4. ... d6 5. d4 oder 4. ... Le7 5. Sc3 d6 6. d4 führen zur recht passiven Steinitz-Verteidigung und der Zug 4. ... Lc5 zum Klassischen System. Wir haben darauf verzichtet, diese Varianten im vorliegenden Buch zu untersuchen.

5. d4

Die gebräuchlichste Fortsetzung, denn die Züge 5. Te1 und 5. De2 sind praktisch aus den Turniersälen verschwunden.

5. ... Sd6

Seltener wird heute 5. ... Le7 gespielt. Ich verweise in diesem Zusammenhang auf meine zweite Partie gegen Kortschnoi beim WM-Duell 1981 in Meran. Nach 6. De2 Sd6 7. L:c6 b:c6 8. d:e5 Sb7 9. Sc3 0-0 10. Te1 Sc5 11. Le3 Se6 12. Tad1 d5 13. e:d5 c:d5 14. Sd4 Ld7 15. Sf5 d5 16. S:e7+ D:e7 war eine bekannte theoretische Stellung entstanden, und ich führte anstelle von 17. Sa4 den neuen Zug 17. Dd2 aus. Schon bald darauf befand sich Schwarz in einer schwierigen Lage: 17. ... Dh4 (17. ... Db4 18. S:d5!) 18. Se2 Tfe8 19. b3 Te7 20. Sg3! Df6 21. f3 Le8 22. Se2 h6 23. Lf2 Dg5 24. Sc1 d4 25. Sd3 Df6 (25. ... c5 26. S:c5!) 26. Lg3.

6. L:c6

Zu scharfem Spiel führt 6. d:e5 S:b5 7. a4 Sbd4 8. S:d4 S:d4 9. D:d4 d5 10. Sc3 c6. In der Partie Nunn - Salow (Haifa 1989) brachte Weiß die Neuerung 11. a5 anstelle der früher bekannten Züge 11. f4 und 11. Le3, aber nach 11. ... Lf5 12. f4 Dd7 13. Tf2 h5!? 14. Le3 Th6 15. Sa4 Tg6 standen die Chancen von Schwarz nicht schlechter.

Die Harmlosigkeit des Läuferausfalls 6. Lg5 wurde bereits vor hundert Jahren in der Partie Pillsbury - Lasker (Petersburg 1895) nachgewiesen: 6. ... Le7 7. L:c6 L:g5 8. d:e5 d:c6 9. S:g5 D:g5 10. e:d6 c:d6 11. Te1+ Le6 12. D:d6 Td8 mit vortrefflichem Spiel von Schwarz.

Auch die Fortsetzung 7. L:e7 D:e7 8. L:c6 d:c6 9. d:e5 Sf5 10. Sc3 Le6 11. Dd2 Td8 12. Df4 0-0 13. Se4 Kh8 14. c3 c5 bringt Weiß nichts ein (Nunn - Smejkal, BRD 1989).

6. ... d:c6
7. d:e5 Sf5

Seltener wird 7. ... Se4 gespielt. Schnell erhielt Weiß danach in der Partie Zeschkowski - Malanjuk (Alma Ata 1989) das bessere Spiel: 8. De2 Lf5 9. Le3 De7 10. Te1 Lg6 11. Sbd2 S:d2 12. D:d2.

8. D:d8+ K:d8

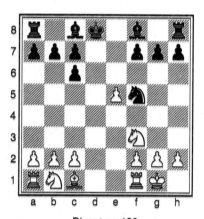

Diagramm 130

Diese Endspielstellung kann man als charakteristisch bezeichnen, von ihr hängt die Beurteilung der Variante ab. Werden weitere Figuren getauscht, so entscheidet vielleicht die defekte Bauernstruktur von Schwarz. Aber das Läuferpaar kompensiert in gewisser Weise diesen Nachteil. Durch derartige Nuancen ist übrigens auch die weniger populäre Abtauschvariante (3. ... a6 4. L:c6 d:c6) gekennzeichnet.

Weiß hat jetzt drei verschiedene Möglichkeiten: 9. Td1+, 9. Sc3 und 9. b3, die häufig zur Zugumstellung führen. Sehen wir uns zunächst folgende interessante Partie an.

Karpow - Miles (Biel 1990): **9. Sc3 Ke8.** Keinen Sinn hat der Zug 9. ... h6, worauf folgt: 10. Td1+ Ke8 11. h3! Le7 (11. ... Le6 12. g4 Se7 13. Sd4 Ld7 14. Kg2 nebst f2-f4) 12. Se2! g5 (12. ... Le6 13. Sf4 g5 14. S:e6 f:e6 15. g4) 13. b3 Le6 14. g4 Sg7 15. Sg3 c5 16. Se4 Td8 17. La3! Ld5 18. Sf6+ L:f6 19. e:f6 Se6 20. Se5 b6 21. c4, und Weiß verfügt über die bessere Stellung (Judassin - Rogers, Manila 1990).

Eine andere Zugfolge gab es in der Begegnung Dolmatow - Smejkal (Polanica Zdroj 1991): 9. Sc3 h6 10. h3 Ke8 11. b3 Le6 12. Lb2 Lb4 13. Se2 a5 14. Sf4 Ld5 15. S:d5 c:d5 16. g4 Se7 17. e6 f:e6 18. L:g7 Th7 19. Lb2 Kg6 20. Se5 Sf4, und Schwarz hielt stand.

Etwas besser ist 9. ... h5 10. Lg5+ Le7 11. Tad1+ Ke8 12. Se2 Sh6 13. h3 Lf5 14. Td2 Td8 15. Tfd1 L:g5 16. S:g5 Ke7 17. Sd4 Lc8 18. c4 f6 19. e:f6+ K:f6 20. h4, wonach Weiß nur minimalen Vorteil besitzt (Ljubojevic - Salow, Linares 1990).

Häufig spielt Schwarz 9. ... Le6. Jetzt bringt 10. b3 Lb4 11. Lb2 L:c3 12. L:c3 Ld5 13. Tad1 Ke7 14. Lb4+ Ke8 15. Sd4 Weiß leichte Initiative ein. All das kam in der Partie Timman - Gelfand (Tilburg 1990) vor. Weiter geschah 15. ... S:d4 16. T:d4 a5 17. Ld2?! (richtig war 17. Le1!, womit f4 und Lh4 vorbereitet werden) 17. ... Le6 18. Ta4 b6 19. b4 Td8 20. Lg5 Td4 21. c3 Tc4 22. Ta3

Kd7 23. b:a5 b:a5 24. T:a5 T:c3 25. Tb1?!
(25. Le3) 25. ... c5, und Schwarz hatte alle
Probleme gemeistert.
Als Antwort auf 9. ... Le6 verdient 10. Sg5
Lc4 11. Td1+ Ke8 12. b3 Aufmerksamkeit.
Jetzt steht das Spiel im Falle von 12. ... Lb4
13. Lb2 L:c3 14. L:c3 Ld5 ungefähr gleich.
Eine wichtige Neuerung erfolgte jedoch in
der Partie Dwoiris - Alexandrow (Podolsk
1991): 13. b:c3! L:c3 14. Tb1 b6 (nicht
spielbar ist 14. ... L:e5 wegen 15. Te1 f6 16.
f4) 15. g4 Sh4 16. f4 h6 (16. ... c5 17. Kf2)
17. Se4 La5 18. Tb3 h5 19. h3 h:g4 20. h:g4
Sg6 21. Kg2 Td8 22. Tbd3 T:d3 23. c:d3.
Weiß hat deutlichen Endspielvorteil.

10. b3. Der Zug 10. Td1 führt zu unserer
Hauptpartie, in der Weiß gänzlich auf den
Bauern- vorstoß b2-b3 verzichtet. Unklares
Spiel ergibt die Fortsetzung 10. h3 Le6 11.
g4 Se7 12. Sg5 (12. Sd4 Ld7!) 12. ... Lc4 13.
Te1 Sd5 14. Sd1 h6 15. Se4 Sb4 16. Se3
Ld5 17. Sg3 Le6 18. a3 Sd5 19. Sg2 a6 20.
f4 Lc5+ 21. Kh2 h5!? 22. K:h5 Kf8 mit
ausreichender Kompensation für den Bauern (de Firmian - Miles, Biel 1990).
10. ... h5. Nach 10. ... a5 11. Lb2 (11. h3 Lb4
12. Lb2 L:c3 13. L:c3 c5 und die Partie steht
gleich, Z. Polgar - Dautow, Brno 1991)
haben wir eine Stellung aus der ersten
Partie des WM-Matchs zwischen Xie Jun
und Maja Tschiburdanidse (Manila 1991)
vor uns: 11. ... Le6 12. Tfd1 Le7 13. h3 h5
14. a4 f6 15. Se2 Ld5 16. Se1 Kf7 (besser
war, auf e5 zu tauschen) 17. Sf4 Tad8 18.
c4 Le6 19. Sf3 Lc8 20. Te1 g5 21. e6+ Ke8
22. Sg6 Tg8 (22. ... Th6!) 23. S:e7 K:e7 24.
g4 h:g4 25. h:g4 Sg7 26. Sd4 c5 27. Sf5 S:f5
28. g:f5 Th8. Schwarz hat ausreichendes
Gegenspiel, und bald darauf wurde Frieden
geschlossen.
11. Td1 Le7. Der Nachziehende droht Sh4,
schwächer wäre 11. ... Le6 12. Sg5 Lb4 13.
Sce4 Ld5 14. c4.
12. Lg5!

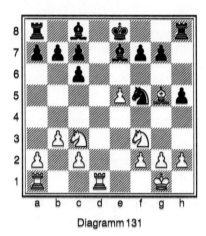

Diagramm 131

12. ... Sh6 13. h3. Nach 13. L:e7 K:e7 14.
Td2 Lg4! hätte Schwarz die Stellung schnell
ausgeglichen.
**13. ... Lf5 14. L:e7 K:e7 15. Sd4 Tad8 16.
Td2 Lg6.** Nichts bringt 16. ... L:c2? 17.
S:c6+ b:c6 18. T:c2, und Schwarz hat es
schwer. Besser jedoch war 16. ... Lc8,
womit die Rückkehr des Springers nach f5
vorbereitet wird.
17. Tad1 h4. Weiß hätte auch bei anderen
Fortsetzungen die besseren Aussichten behalten, zum Beispiel 17. ... Sf5 18. Sf3 T:d2
(18. ... h4 19. Se4, das Feld c5 anpeilend)
19. T:d2 Td8 20. T:d8 K:d8 21. Se2 oder
17. ... c5 18. Sdb5 T:d2 19. T:d2 Td8 20.
Sd5+ T:d5 21. T:d5 c6 22. T:c5 c:b5 23.
Tc7+ Ke6 24. T:b7 L:c2 25. T:b5 Ld3 26. Ta5
a6 27. f4 h4 28. Kf2 Sf5 29. Tc5.
**18. b4! Sf5 19. Sce2 S:d4 20. S:d4 f6 21.
e:f6+ K:f6 22. Sb3!**
In Verbindung mit der Drohung Sa5 besitzt
Weiß spürbares Übergewicht im Endspiel,
und es gelang mir auch, dies zu realisieren.
Hier die Notation bis zum Schluß:
22. ... T:d2 23. T:d2 b6 24. Td7 Tc8 25. Td4
(stärker ist 25. c3) 25. ... L:c2 26. T:h4 Te8
27. Tf4+ Ke5 28. Tf7 L:b3 29. a:b3 Kd4 30.
T:g7 Kc3 31. T:c7 K:b4 32. T:c6 K:b3 33. f4
Tf8? (hartnäckiger war 33. ... b5!) 34. g4!

Jetzt geht es mit Schwarz schnell zu Ende.
34. ... T:f4 35. g5 b5 36. g6 Tf8 37. g7 Tg8
38. Tc7 a5 39. h4 a4 40. h5 a3 41. h6 a2 42.
Ta7. Schwarz gab auf.

Kommen wir nun zur Hauptpartie zurück.

9. Td1+ Ke8
10. Sc3

Dieses Mal umgeht Weiß also b2-b3.

10. ... Le6

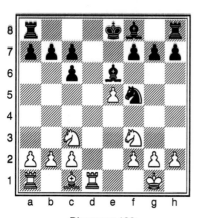

Diagramm 132

In der Partie Matulovic - Karaklajic (Jugoslawien 1991) bevorzugte Schwarz 10. ... Se7. Weiß reagierte richtig und spielte 11. Sd4! (11. h3 Lf5 führt zum Ausgleich) 11. ... Sf5. Verlieren würde 11. ... h6? 12. Sdb5! c:b5 13. S:b5 Sd5 14. T:d5 c6 15. Sc7+ Ke7 16. S:a8 c:d5 17. Sc7 (Matulovic).
12. Sde2 Le7 13. b3 Ld7 14. Lb2 Td8 15. Se4 h5 16. c4 a5 17. Td3 Lc8 18. Tad1 T:d3 19. T:d3. Weiß hat das bessere Endspiel.
Die Diagrammstellung kann auf verschiedene Weise entstehen. In der weiter vorn erwähnten Partie Dwoiris - Alexandrow geschah 11. Sg5, und Weiß dominierte.

11. h3

Interessant ist auch 11. Se2 Ld5 12. Se1 h5 13. Sf4 Td8 14. b3 Le7 15. Lb2 g5 16. Se2. In der Partie Anand - Salow (Reggio Emilia 1991/92) folgte 16. ... Tg8 (Anand empfahl

16. ... c5 mit gleichem Spiel) 17. c4 Le6 18. Sc2 a5 19. Sc3 Td7 20. Se4 c5 21. Kf1 Kd8 22. Ke2 Kc8 23. T:d7 K:d7 24. Td1+ Kc6 25. a4 b6 26. Se1 Kb7 27. g3 Sh6 28. Sc3 Lg4+ 29. f3 Le6 30. Sd5. Nach einigen gegenseitigen Fehlern erhielt Weiß später eine Gewinnstellung.

11. ... Lb4
12. Ld2 a5

Ein neuer Zug. Nach 12. ... Td8 13. Se4 verfügt der Anziehende über leichte Initiative.

13. Se2 Lc5
14. Sf4 Ld5
15. Se1

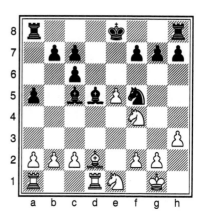

Diagramm 133

Schwarz hat eine ungefähr gleiche Stellung erreicht. Jetzt beginnt ein langwieriger Manövrierkampf.

15. ... Lb6

Möglich war hier auch 15. ... h5.

16. g4 Se7

Gefährlich für Schwarz ist 16. ... Sg3?! 17. Lc3 und 18. Ld4.

17. Lc3

Weiß stellt die Drohung e5-e6 auf.

17. ... Le6
18. Sh5 Tg8
19. Sd3

Gut sieht auch 19. Sf3 aus.

19.	...	Sd5
20.	Ld2	c5!

Gelfand unterbindet von Anfang an die Möglichkeit des weißen Vorstoßes c2-c4-c5. Er ist jetzt selbst bereit, Aktivität am Damenflügel zu zeigen.

21.	Sdf4	

Wenn 21. c4, so 21. ... Sb4!? 22. L:b4 (22. S:h4 c:b4 23. b3 Ld4 wäre günstig für Schwarz) 22. ... c:b4 mit unklarem Spiel. Beachtung verdiente allerdings 21. a3!?

21.	...	Sb4
22.	c3	Sc6
23.	Te1	

Verlockend für Weiß ist 23. S:e6 f:e6 24. Lf4.

23.	...	a4?!

Nach Meinung Shorts führt 23. ... Td8! 24. S:e6 f:e6 25. Lg5 Td3 zu einem zweischneidigen Spiel. Jetzt eröffnen sich bessere Aussichten für Weiß.

24.	Te4!	c4
25.	a3	

Verhindert 25. ... a3. Noch stärker jedoch war an dieser Stelle 25. S:e6.

25.	...	Td8
26.	S:e6	f:e6?!

Aufmerksamkeit verdiente 26. ... T:d2! Danach würde 27. Se:g7+ Kf8?! 28. Sf5 T:f2 29. Kh1 Se7! 30. Kg3 und 31. Td1 Weiß in Vorteil bringen, aber Schwarz hat noch den Zug 27. ... Kd8 (Gelfand).

27.	Lg5	Td7
28.	Tae1	Sa5
29.	T1e2	Tf8
30.	Kg2	

(siehe Diagramm 134)

Jetzt verfügt Weiß schon über einen soliden Vorteil. Seine Bauern am Königsflügel sind zum Vorstoßen bereit, dazu gesellt sich auch noch ein Zeitnotfehler von Schwarz.

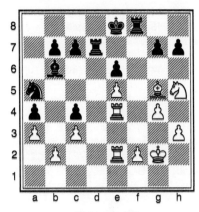

Diagramm 134

30.	...	h6?!

Unbedingt notwendig war 30. ... Lc5.

31.	S:g7+	T:g7
32.	L:h6	Tgf7
33.	L:f8	K:f8

Eigentlich sind zwei Figuren ein ausreichendes Äquivalent für Turm und zwei Bauern, aber Shorts Bauernflanke macht bereits einen bedrohlichen Eindruck.

34.	h4	Lc5
35.	Kg3	Td7
36.	h5?	

36. Tf4+ hätte den Kampf sofort entschieden.

36.	...	Td3+
37.	f3	

Interessant war auch 37. Kh4!?

37.	...	Td1
38.	Tf4+	Kg8
39.	Tf6	Sb3
40.	T:e6	

Nach dem Gewinn des dritten Bauern scheint es so, als ob alles gleich zu Ende ist, aber der Kampf geht noch weiter.

40.	...	Sc1
41.	Te4	Sd3
42.	Kh4	S:b2
43.	Kg5	Td8!

Nicht aber 43. ... L:a3? wegen 44. Te8+ Kf7 45. Tc8.

44.	Tg6+	Kh8
45.	Tf6!	L:a3

Oder 45. ... Le7 46. Kf5.

46.	Tf7	Sd1
47.	Td4	T:d4
48.	c:d4	Se3
49.	Td7	Sg2!
50.	e6	c3
51.	T:c7	

In Zeitnot findet Short nicht den schnellsten Gewinnweg, der in 51. e7! L:e7 52. T:e7 bestand, zum Beispiel: 52. ... c6 53. Te2 b5 54. T:g2 b4 55. Kg6 Kg8 56. Te2 Kf8 57. h6 oder 53. Kf6 Sf4 (53. ... a2 54. g5 a1D 55. Te8+ Kh7 56. g6+ Kh6 57. Th8 matt) 54. Te8+ Kh7 55. g5 S:h5+ 56. Kf7 a2 57. Te1!

51.	...	b5
52.	T:c3	Le7+
53.	Kg6	Sf4+
54.	Kf7	Sd5
55.	Tc8+	Kh7
56.	Ta8	a3
57.	f4	Sb6

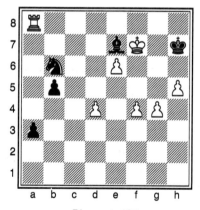

Diagramm 135

58. Te8??

Weiß gibt damit den Sieg praktisch aus der Hand. Nach 58. g5! würde der g-Bauer unaufhaltsam seiner Umwandlung entgegenstreben.

58. ... Sc4??

Gelfand "revanchiert" sich auf Grund der hohen Zeitnot liebenswürdigerweise mit einem genauso großen Patzer. Nach 58. ... a2! 59. Tg8 a1D 60. Tg7+ würde die Partie mit ewigem Schach enden.

Auf 59. g5 stünde Schwarz noch die folgende großartige Parade zur Verfügung: 59. ... L:g5! 60. f:g5 a1D 61. g6+ Kh6 62. Th8+ Kg5 63. g7 Da7+, und Gelfand hätte sogar gewonnen.

59.	K:e7	b4
60.	g5	Kg7
61.	f5.	

Schwarz gab auf.

Partie Nr. 26

Karpow - Beljawski
Biel 1992

Das Turnier in der Schweiz war eines der erfolgreichsten in meiner langen Schachkarriere. Ich hatte viele Ideen und stand fast in jeder Partie auf Gewinn. Meine einzige Niederlage erlitt ich gegen Georgiew. Sie gehört zum Genre amüsanter Schachgeschichte. In einem Damenendspiel besaß ich zwei Mehrbauern, und einer stand unmittelbar vor der Umwandlung, als mein Blättchen fiel. Mit dem Gesamtergebnis von 10,5 aus 14 war ich dennoch sehr zufrieden.

Früher begann ich eine Partie als Weißer ausschließlich mit 1. e2-e4, später kamen die geschlossenen Eröffnungen dazu. Der Geschmack verändert sich, und in jüngster Zeit ziehe ich fast immer 1. d2-d4. Im vorliegenden Falle jedoch kehrte ich zur alten Gewohnheit zurück und zog den Königsbauern. Dabei verfolgte ich eine bestimmte Absicht ...

1.	e4	e5
2.	Sf3	Sc6
3.	Lb5	a6
4.	La4	Sf6
5.	0-0	Le7
6.	Te1	b5
7.	Lb3	d6
8.	c3	0-0
9.	h3	Sb8

Die Breyer-Variante. Mit diesem Zug plant Schwarz, seinen Springer nach d7 zu bringen. Das Material zu diesem Eröffnungssystem würde für ein ganzes Buch reichen.

| 10. | d4 | Sbd7 |
| 11. | Sbd2 | Lb7 |

Ein kurioser Vorfall ereignete sich in der 10. Partie des Matchs zwischen Judit Polgar und Boris Spasski (Budapest 1993). Dort geschah 11. ... Te8, und nach 12. Sf1 Lb7 13. Lc2 Lf8 14. Sg3 g6 15. b3 Lg7 16. d5 Sb6 17. Le3 Tc8 18. De2 c6 waren die Chancen etwa gleich. Allerdings verdienen der 11. Zug von Schwarz und der 12. Zug von Weiß ein großes Fragezeichen. Boris und Judit übersahen, daß auf 11. ... Te8? der Einschlag 12. L:f7+!! sofort entscheidet.

| 12. | Lc2 | Te8 |
| 13. | a4 | |

Die beliebteste Fortsetzung. Gespielt werden an dieser Stelle auch 13.b3 und 13.b4 und 13. Sf1. Zum Beispiel gewann Judit Polgar nach dem Springerrückzug zweimal im erwähnten Wettkampf gegen Spasski, wobei die Fehler von Schwarz offensichtlich waren.

| 13. | ... | Lf8 |
| 14. | Ld3 | c6 |

Beljawski wählt regelmäßig das Breyer-System, und wie ich feststellen konnte, nicht immer mit Erfolg. Zum Beispiel zog er einige Male 14. ... b4 und bekam danach Probleme: 15.Dc2 a5 16.cb ab 17.de S:e5 18.S:e5 T:e5 19.b3 Sd7 20.Lb2 Te8 21.e5 h6 22.ed L:d6 23.Lh7+ Kh8 24.Le4 Db8 25.L:b7 D:b7 26.Df5 Dc8 27.D:f7, und Weiß

besaß Übergewicht (Hübner - Beljawski, Belfort 1988).

Chalifman spielte später in der UdSSR-Meisterschaft 1990 15.a5, und Beljawski hatte wieder mit ernsten Schwierigkeiten zu kämpfen. Aus den genannten Gründen ging ich gern auf diese Variante ein.

15. b3

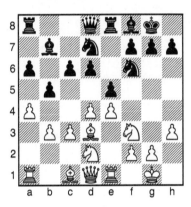

Diagramm 136

Diese Zugfolge gab es bis dahin noch nicht. Vorher spielte man traditionell 15. b4, 15. Sf1 oder 15. Dc2.

15. ... g6

Der Standard-Gegenschlag 15. ... d5?! ist hier nicht angebracht wegen 16.de S:e4 17.S:e4 de 18.L:e4 S:e5 19.S:e5 D:d1 20.T:d1 T:e5 21.Lf3, und Weiß übernimmt die Initiative.

16. Dc2

Genauer als das sofortige 16. Lb2, worauf Schwarz in der Partie Sax - Hjartarson (Debrecen 1992) das Spiel nach 16. ... ed! 17. cd d5 18. c5 Sh5 19. g3 Sg7 20. Sf1 Se6 schnell ausgeglichen hatte.

16. ... Lg7

In der Begegnung Short - Spasski (Belfort 1988), wo sich diese Position ergab, folgte 16. ... ed 17.cd d5 18.e5 Sh5 19.Sf1 Sg7 20.Lh6 ba 21.T:a4 c5 22.S1h2 cd 23.Sg4 Db6 24.Dd2 f5 25.ef T:e1 26.D:e1 Sf6, und Schwarz hielt stand. Ich bezweifle aber, ob der Tausch im Zentrum dort so gut für Schwarz ist.

Die Zugumstellung 16. ... Db6 17. Lb2 Sh5 18. Lf1 Lg7 führt zur gleichen Situation wie in der vorliegenden Partie. Aber der Nachziehende kann 18. ... ed spielen und nach 19. cd (19. S:d4 Sg7) 19. ... d5 20. ed cd 21. ab ab 22. T:a8 23. g3 Shf6 24. Ld3 Sb8 Remis machen (Leko - Spasski, Linz 1995).

Ein anderer Weg besteht in 21. T:e8 T:e8 22. ab ab 23. Dd3 Le6 24. Tc1 Sf4 25. Dc3 Tc8 26. g3 Lb7 27. De3 T:c1 28. L:c1 Se6 mit Ausgleich (Ioseliani - Spasski, Prag 1995).

In jüngster Zeit kommt häufig 16. ... Tc8 vor. Danach ging es in der Partie Leko - van der Wiel (Wijk aan Zee 1995) so weiter: 17. Lb2 Lg7 18. Tad1 Dc7 19. b4 Db8 20. ab ab 21. de! S:e5 22. S:e5 T:e5 23. c4! bc 24. S:c4 Te6 25. e5!, und Schwarz machte nur noch zehn Züge.

Anstelle von 19. ... Db8 ist 19. ... Sb6 nebst 20. a5 Sa4! genauer. Jetzt bringt 21. La1 c5! 22. bc bc 23. de Sd7 den Nachziehenden in Vorteil.

Friedlich endete die Partie Almasi - Gabriel (Horgen 1995): 21. de de 22. c4 S:b2 23. D:b2 De7! 24. c5 Tcd8 25. Lc2 Lc8 26. Sf1 Sh5 27. Sg3.

Möglich ist schließlich auch der Durchbruch 19. ... d5!?. Nach 20. S:e5 S:e5 21. de S:e4 22. L:e4 D:e5 steht das Spiel gleich. Falsch wäre die Annahme, daß Weiß nach 24. Sc5 D:e1+ 25. T:e1 T:e1+ 26. Kh2 La8 27. c4 das Übergewicht bewahrt. Hier wartet auf ihn eine bittere Enttäuschung. Statt 26. ... La8 wird das Spiel sofort durch 26. ... Tce8! 27. S:b7 T8e2 und 28. ... Le5+ entschieden.

17. Lb2
Beachtung verdient auch 17. La3.

17. ... Sh5
Oder 17. ... Db6, 17. ... Tc8 bzw. 17. ... Dc7. Letzterer Damenzug ist zweifelhaft, aber er brachte Schwarz in folgender kurzen Partie Erfolg ein.

Short - Timman (Escorial 1993): 17. ... Dc7?! 18. Tad1 (richtig war 18. c4! bc - 18. ... ba 19. c5! - 19. L:c4 mit weißem Vorteil) 18. ... Tac8 19. Db1 Sh5 20. Lf1 (besser war 20. Da2) 20. ... ba 21. ba d5! 22. Da2 Tcd8 23. Tc1?! Auch hier ist 23. c4 notwendig. Jetzt übernimmt Schwarz die Initiative.
23. ... Lh6! 24. ed cd 25. c4? Weiß spielt den Vorstoß im ungeeignetsten Moment. 25. ... e4! 26. cd Df4 27. Tb1 ef 28. T:e8+ T:e8 29. S:f3 Df5 30. Lc4 Sf4 31. Lf1 L:d5 32. L:d5 S:d5. Weiß gab auf (33. L:h6 Sc3).

18. Lf1 Db6
In dem Treffen Almasi - Stefansson (1994) geschah 18. ... Sf4 19. g3 Se6 20. Tad1 Dc7 31. b4 Sb6 22. ab ab 23. de de 24. c4, und Weiß hatte ein wenig mehr vom Spiel. Auch nach 20. h4 Db6 21. Dd3 sind seine Aussichten etwas besser.

19. b4 Sf4

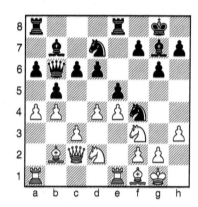

Diagramm 137

20. d:e5
Ich zog auch 20. Sb3 in Betracht, was zwei Jahre später in der Partie A. Sokolow - Notkin (Rußland 1994) vorkam:
20. ... Tac8 21. Tad1 Se6 22. Sa5 La8 23. Db3 Tcd8 24. Da2 c5 25. ab ab 26. bc dc 27. d5 Sc7 28. c4 b4 29. Ta1 Tb8 30. Da4, und Weiß übte starken Druck aus.
Aber der Tausch im Zentrum nebst c3-c4 ist unangenehmer für Schwarz.

20. ... S:e5

Oder 20. ... de 21.c4!

21. S:e5

Es war notwendig, die Springer vorsorglich zu tauschen.
Die Variante 21. c4 S:f3+ 22. S:f3 L:b2 23. D:b2 bc 24. Lc4 d5 würde zu einem scharfen Kampf mit beiderseitigen Chancen führen.

21. ... d:e5

Auf 21. ... L:e5 ist 22. Sf3 Lg7 23. Dd2 gut für Weiß.

22. c4!

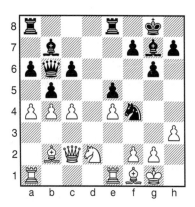

Diagramm 138

Jetzt besitzt Weiß am Damenflügel bereits deutliches Übergewicht.

22. ... Tad8

Verlieren würde natürlich 22. ... bc 23.S:c4 D:b4? 24.La3, und Schwarz büßt seine Dame ein. Auf 22. ... ba ist 23.c5 sehr stark.

23. a:b5! a:b5

Auch nicht besser wäre 23. ... cb 24.c5 Df6 25.Te3 oder 24.g3 Se6 25.c5.

24. Ta5! Lf8

Nach 24. ... bc 25.S:c4 darf der Bauer wieder nicht geschlagen werden - 25. ... D:b4 26.Tb1 und 25. ...Dc7 26.Lg3 führen zu einer schwierigen Lage von Schwarz.

25. Lc3 Se6

26. Sf3

Der andere Weg beinhaltet 26.cb, ohne das Gegenspiel von Schwarz auf dem Feld d4 zu fürchten: 26. ... Sd4 27.L:d4 D:d4 28.Sf3! D:b4 29.Ta7 oder 27. ... T:d4 28.Sc4 Dd8 29.bc L:b4 30.cb oder schließlich 27. ... ed 28.Sc4 d3 29.D:d3! T:d3 30.S:b6 L:b4 31.Ta7! (nicht aber 31.L:d3 wegen 31. ... L:a5!)

26. ... Sd4

27. L:d4 e:d4

28. c5 Dc7

29. Ta7! Db8

Auf 29. ... Lg7 würde das kräftige 30.e5!? geschehen.

30. Da2 d3

31. Ta3

Jetzt ist der vorgeprellte schwarze d-Bauer verloren. Nicht so klar wäre das Abspiel 31.e5?! d2 32.Td1 Lh6!

31. ... d2

32. S:d2 Td4

33. e5!

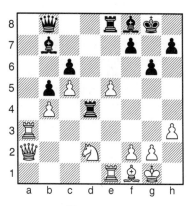

Diagramm 139

Weiß ermöglicht dem Gegner, das materielle Gleichgewicht wieder herzustellen, aber der Vorstoß des e-Bauern entscheidet die Partie.

33. ... T:b4

Natürlich verliert 33. ... T:e5 34. T:e5 D:e5 35. Sf3.

34. e6! f:e6

Schlecht wäre auch 34. ... Kg7 35.Da1+ f6
36.Se4! T:e6 37.Sg5! T:e1 38.D:e1 fg
39.D:b4.

35.	T:e6	Kh8
36.	Tae3!	T:e6
37.	D:e6	Tf4

Nicht spielbar ist 37. ... L:c5 wegen der vernichtenden Antwort 38.Df6+ Kg8 39.Td3.

38.	Se4	Dd8

Ein Versehen in hoffnungsloser Stellung.

39.	De5+	

Schwarz gab auf.

Partie Nr.27

Kasparow - Short
7. WM-Partie
London 1993

Bei der PCA-Weltmeisterschaft erlitt Schwarz gegen Spanisch eine empfindliche Schlappe. In der ersten Matchhälfte wurde diese Eröffnung dreimal gespielt (1., 3. sowie 7. Partie), und nie hatte Nigel Short dem von Weiß gewählten seltenen System mit a2-a4 etwas entgegenzusetzen. Allerdings ist es schwer vorstellbar, daß dieser bescheidene Zug den bewährten schwarzen Aufbau widerlegen sollte. Am Ende des WM-Duells von London kam die Spanische Partie wieder aufs Brett, aber diesmal verzichtete der englische Großmeister auf die anfangs gewählte Fortsetzung und entschied sich für die Steinitz-Verteidigung 4. ... d7-d6, so daß die anfängliche theoretische Diskussion nicht fortgesetzt wurde.

1.	e4	e5
2.	Sf3	Sc6
3.	Lb5	a6
4.	La4	Sf6
5.	0-0	Le7
6.	Te1	b5
7.	Lb3	0-0
8.	a4	

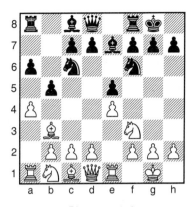

Diagramm 140

Mit dem Textzug verhindert Weiß vor allem den aggressiven Marshall-Angriff, den Short sehr gut kennt. 8. a2-a4 umgeht auch noch andere beliebte Varianten. Weiß verschiebt die Standardfortsetzung d2-d4, und das sich ergebende System wird in den Eröffnungshandbüchern zu den geschlossenen gezählt. Nach 8. a4 hat Schwarz bei genauem Spiel eigentlich keine ernsthaften Probleme zu befürchten.

8.	...	Lb7

Weiß drohte, auf b5 zu schlagen, und der Nachziehende muß darauf reagieren. Der andere Weg besteht in b5-b4. So setzte Short zum Auftakt des Matchs fort.

Kasparow - Short, London 1993 (1): 8. ... b4 9. d3 d6 10. a5 Le6 11. Sbd2 Tb8
In der vorherigen Begegnung Speelman - Smyslow (Biel 1993) tauschte Schwarz auf b3, und nach 11. ... L:b3 12. S:b3 d5 13. De2 Te8 14. Lg5 h6 15. Lh4 Sh5 16. Lg3 S:g3 17. hg Lf8 18. Sfd2 Dd6 19. Sf1 de 20. de Sd4 21. S:d4 D:d4 war das Spiel ausgeglichen.
12. Lc4 Dc8 13. Sf1 Te8
Auch hier lohnte es sich, die Läufer zu tauschen. Jetzt erhält Weiß gefährliche Initiative.
14. Se3 Sd4 15. S:d4 cd 16. Sd5 S:d5 17. ed Ld7 18. Ld2 Lf6 19. T:e8+ L:e8 20. De2
Noch stärker war 20. Df3!? Aber auch so

besaß Kasparow entscheidendes Übergewicht. Zurück zur Hauptpartie.

9. d3 d6

In der 3. Partie zog Short 9. ... Te8 10.Sbd2
Lf8 11.c3 h6. Sein passives Spiel führte
nach 12.La2 d6 13. Sh4! Dd7 14. Sg6! zu
ernsten Problemen von Schwarz. Die Stellung wurde rasch geöffnet, und der weiße
Vorteil begründete sich vor allem auf das
starke Läuferpaar.

10. Sbd2 Sd7

Ein wichtiger Moment. Short bringt einen
neuen Zug. Er kannte offensichtlich zwei aktuelle Partien von Xie Jun nicht, in denen
diese mit 10. ... Sa5 fortsetzte. Nach 11. La2
c5 12. Sf1 b4! 13. Se3 Lc8 14. c3 Tb8 15.
Sd2 Le6 erhielt Schwarz vollwertiges Spiel
(Geller - Xie Jun, Wien 1993). Oder 15. cb
T:b4 16. Ld2 Tb8 17. Lc3 Sc6 18. Sd2 Le6
19. Lc4 Dc8 20. a5 Ld8 21. Da4 Sb4 (Ivkov
- Xie Jun, Wien 1993) mit guten Aussichten
von Schwarz.

An diesem 7. Wettkampftag besuchte Prin-
zessin Diana das WM-Match in London. Die
Eröffnungsüberraschung Shorts - 10. ... Sd7
- erwies sich, wie wir noch sehen werden,
nicht als bestes Geschenk für Lady Di ...

11. c3

Möglich ist auch 11. Sf1, aber den weißen
Spanisch-Läufer stellt man besser auf c2,
um ihn zu erhalten.

11. ... Sc5
12. a:b5 a:b5

Natürlich nicht 12. ... S:b3? 13. bc S:a1 14.
cb Tb8 15. Da4, und Schwarz kann aufgeben.

13. T:a8 L:a8
14. Lc2

Es zeigt sich, daß der Springer auf c5 fehl
am Platze ist.

14. ... Lf6
15. b4 Se6?!

Dieser Zug bringt Schwarz Probleme. Seine
Idee besteht darin, das Feld d4 zusätzlich zu
überdecken. Gleichzeitig schaut der Spriger

nach f4. Kasparow zeigt jedoch, daß Weiß
den Vorstoß d4 verschieben und dennoch
spürbaren Vorteil erreichen kann. Der schwarze Springer stünde besser auf d7, um den
Punkt e5 noch einmal mehr zu schützen.

16. Sf1 Lb7

Das passive Spiel des Nachziehenden kann
nicht gut ausgehen. Dagegen würde sich
nach 16. ... d5!? 17. ed D:d5 18. Sc3 Dd8!?
ein spannender Kampf ergeben.

17. Se3 g6
18. Lb3 Lg7
19. h4

Der schwarze König fühlt sich langsam un-
wohl.

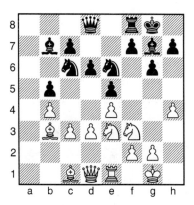

Diagramm 141

19. ... Lc8
20. h5 Kh8
21. Sd5 g5?!

Danach rollt der weiße Angriff von allein.
Einen solchen Zug macht man nicht freiwil-
lig. Aber Short hatte noch die Verteidigung
21. ... Sf4 22. S:f4 ef 23. L:f4 L:c3, und
Schwarz kann sich halten.

22. Se3 Sf4
23. g3!

Weiß tauscht seinen h-Bauern gegen den
wichtigeren auf g5.

23. ... S:h5
24. Sf5 L:f5
25. e:f5 Dd7

Auf 25. ... Lf6 entscheidet 26.Kg2 nebst Th1.

26. L:g5

Der Bauer f5 ist unantastbar. Nach 26. ... D:f5? 27. Ld5 Dd7 28. Sh4 Sf6 29. L:f6 L:f6 30.Df3 gewinnt Weiß eine Figur.

26.	...	h6
27.	Sh4!	Sf6
28.	L:f6	L:f6
29.	Dh5	Kh7
30.	Sg2	Se7
31.	Se3	Sg8
32.	d4	

Weiß gibt einen Bauern. Er öffnet seinem Läufer die Diagonale b1-h7 sowie dem Turm die e-Linie und erhält mehr als ausreichende Kompensation für das Opfer.

32.	...	e:d4
33.	c:d4	L:d4

Letzte vage Hoffnung auf Rettung bot 33. ...Lg5!? 34. f4 Lf6 35. Sg4 Kg7.

34. Sg4 Kg7

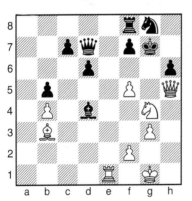

Diagramm 142

Es scheint, als komme Weiß nicht so leicht an den schwarzen König heran. Aber er findet eine effektvolle Lösung.

35. S:h6! Lf6

Auch 35. ... S:h6 36. Dg5+ Kh7 37. f6 L:f2+ 38. K:f2 Df5+ 39. D:f5 S:f5 40. Lc2 Kg6 41. g4 hilft dem Nachziehenden nichts. Jetzt führt eine andere Leichtfigur den entscheidenden Schlag aus.

36. L:f7!

Short gab auf. Es war möglicherweise Kasparows beste Partie in diesem Match.

Partie Nr.28

Anand - Kamsky
Kandidatenviertelfinale (7)
Sanghi Nagar 1994

Nachdem die erste Auflage dieses Buches erschienen war, fanden vier Schachweltmeisterschaften statt: zwei mit Kasparow und zwei mit mir. In den PCA-Matches 1993 und 1995 kam Spanisch etliche Male vor, und wir zeigen je eine hervorragende Partie aus beiden Duellen. Bei den FIDE-Weltmeisterschaften 1993 und 1996 wurde diese Eröffnung nicht gespielt. Ich verweise jedoch darauf, daß mein letzter WM-Gegner Gata Kamsky ein großer Spanisch-Anhänger (mit Weiß und mit Schwarz) ist. Als Beispiel zeigen wir eine entscheidende Partie Kamskys, die ihn letztendlich dem Kampf um die Krone ein großes Stück näher brachte.

Im Kandidaten-Viertelfinale der FIDE waren acht Spiele angesetzt. Nach fünf Partien führte Anand klar mit zwei Punkten, und die Sache schien für ihn gelaufen zu sein. Dann aber riß Kamsky die Initiative an sich und siegte zweimal nacheinander. Mit dem Erfolg in diesem Spanier glich er das Match aus, gewann danach auch den Tiebreak und qualifizierte sich für das WM-Finale.

1.	e4	e5
2.	Sf3	Sc6
3.	Lb5	a6
4.	La4	Sf6
5.	0-0	b5
6.	Lb3	Lb7
7.	d3	

Mit den Zügen d2-d3 oder a2-a4 beabsichtigt Weiß in der Regel, den Marshall-Angriff zu umgehen. Darüber war im Kommentar zur vorigen Partie zwischen Kasparow und Short bereits die Rede. Hier aber entscheidet sich Schwarz, der den einen Läufer nach b7 und den anderen nach c5 entwickelt, selbst für eine recht seltene Variante.

Der kleine Schritt des d-Bauern ist eine völlig natürliche Reaktion von Weiß, wie auch sein Bemühen, im nächsten Zug mit a2-a4 am Damenflügel Initiative zu entfalten.

Hinlänglich bekannt ist, daß dem Anziehenden weder 7. c3 S:e4, noch 7. d4 S:d4 8. L:f7+ K:f7 9. S:e5+ Kg8 10. D:d4 c5 11. Dd1 De8 Eröffnungsvorteil einbringen. Günstig für Schwarz wäre 7. Sg5? d5 8. ed Sd4.

Eine Alternative zu 7. d3 ist jedoch 7. Sc3.

7. ... Lc5

Nach der Antwort 7. ... Le7 würde das Spiel in eines der geschlossenen spanischen Systeme münden, die sonst mit 5. ... Le7 beginnen.

8. a4

Bis vor kurzem untersuchte die Theorie hier nur 8. Sc3. Weiß kann den Springerausfall aber etwas aufschieben.

8. ... 0-0

Oder Schwarz stellt seine Zugfolge um, spielt 8. ... d6 und stellt die Rochade noch zurück. Weiter geschah in der 12. WM-Partie Kasparow - Anand (New York 1995) 9. Sc3 b4 10. Sd5 Sa5!? (die Fortsetzung 10. ... h6 11. a5 oder 10. ... S:d5 0-0 12. a5 ist günstig für Weiß) 11. S:f6+ D:f6 12. La2 h6 13. c3 bc 14. bc 0-0 15. Le3 Tad8 16. Tb1, und Weiß besitzt leichtes Übergewicht, weil er die b-Linie beherrscht.

9. Lg5

Eine Neuerung. Allerdings bleibt unklar, welchen Wert sie hat. Nichts bringt Weiß 9. ab ab 10. T:a8 L:a8.

Der Zug 9. Sc3 ist mit dem Vormarsch des a-Bauern verbunden. Hier ein Beispiel dafür: Short - Onischuk (Wijk aan Zee 1993):

9. Sc3 b4 (Aufmerksamkeit verdient 9. ... Sa5 10. ab S:b3 11. cb und jetzt führt anstelle von 11. ... Te8?!, Ulybin -Swjaginzew, Rußland 1995, 11. ... De7 12. ba T:a6 13. T:a6 L:a6 14. Lg5 c6 zu einem komplizierten Spiel. Ein verwickelter Kampf ergibt sich auch nach dem scharfen 11. ... ab 12. T:a8 L:a8 13. S:e5 d5!?, zum Beispiel 14. Lg5 de 15. de D:d1 16. T:d1 b4 17. L:f6 bc 18. bc gf 19. SD7 Ld6 20. S:f8 K:f8 21. f3 Lc6 22. Kf2 Ke7 23. Ta1 Le5! 24. Ke3 Ld7 25. Tc1 L:h5 mit wahrscheinlichem Remis Kupreitschik - Malanjuk, Münster 1995) 10. Sd5 S:d5 (genauer - auch nach 10. Se2 - ist 10. ... Sa5) 11. L:d5 d6 12. a5 (häufig wird sofort 12. c3 oder 12. Le3 gezogen) 12. ... Tb8 13. c3 bc 14. bc Se7 15. Lc4 (hier führt 15. ... La7 oder 15. ... Sg6 zu einer starken Stellung von Schwarz) 15. ... d5? 16. ed S:d5 17. S:e5 S:c3 18. S:f7! Dh4! 19. De1 Sd5 20. De4! Dh5 21. d4 Sb6 22. Sd6+ S:c4 23. S:b7 Ld6, und bald war das Spiel ausgeglichen.

Allerdings würde Weiß nach 22. Sg5+ Kh8 23. Le2! L:e4 24. L:h5 L:d4 25. ab L:a1 26. bc Tbc8 27. La3 Tf5 28. S:e4 deutliches Übergewicht besitzen.

9. ... h6
10. Lh4

Wie wir wissen, hätte Weiß in dieser Partie ein Remis völlig genügt, und deshalb sollte er jetzt lieber abtauschen:
10. L:f6 D:f6 11. ab ab 12. T:a8 L:a8 13. Sc3.

10. ... d6
11. Sc3

Siehe Diagramm nächste Seite.

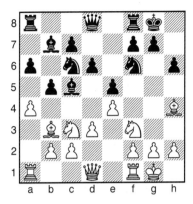

Diagramm 143

Auch hier war 11. ab ab 12. T:a8 L:a8 13. L:f6 D:f6 14. Sc3 Sa5 besser.

| 11. | ... | g5! |

Jetzt erhält Schwarz starkes Gegenspiel.

12.	Lg3	b4
13.	Sd5	Sa5
14.	S:f6+	D:f6
15.	La2	

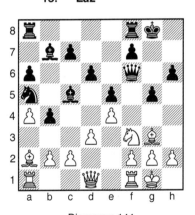

Diagramm 144

| 15. | ... | b3! |

Ein für diese Stellung typisches Bauernopfer. Nach 16. cb Lb4! (nicht aber 16. ... Sc6?! 17. b4! S:b4 18. Lc4, und die weiße Figur ist wieder frei) wäre der weißfeldrige Läufer aus dem Spiel.

| 16. | L:b3 | S:b3 |
| 17. | c:b3 | De6 |

Schwarz verfügt über das Läuferpaar, und der Doppelbauer seines Gegners stellt ein willkommenes Angriffsobjekt dar. Der fehlende Bauer des Nachziehenden macht sich in keiner Weise bemerkbar.

| 18. | Tc1 | |

Danach kann Schwarz sein Spiel weiter verstärken. Auch im Falle von 18. Sd2 eröffnet ihm die Antwort 18. ... f5 hervorragende Aussichten: 19. ef T:f5 20. Se4 Ld4 nebst d6-d5.

| 18. | ... | f5 |
| 19. | e:f5 | |

Verlieren würde 19. L:e5? fe 20. de T:f3!

| 19. | ... | Dd5 |

Der Damenzug in die Brettmitte sieht sehr schön aus; genauer jedoch war 19. ... T:f5, um keine Zeit zu verlieren.

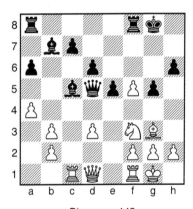

Diagramm 145

| 20. | d4!? | |

Ansonsten geht Weiß an seinen rückständigen Bauern zugrunde.

20.	...	L:d4
21.	T:c7	Tf7
22.	Dc2?	

Weiß überläßt dem Gegner völlig die Initiative. Nach 22. T:f7 K:f7 23. De2 (natürlich verbietet sich 23. Se1?? wegen 23. ... L:f2+)

und 24. Td1 hätte der Anziehende dagegen
ein zufriedenstellendes Spiel.

22.	...	T:c7
23.	D:c7	Tf8!
24.	Dc2	

Schlecht ist 24. Dc4 D:c4 25. bc L:f3 26. gf
Tb8!, und Weiß operiert faktisch ohne den
Läufer g3.

24.	...	Lc5
25.	Te1	Lb4!
26.	Td1	De4
27.	D:e4	L:e4
28.	Se1	L:f5

Ein Bauer wird zurückgewonnen, und bald
fällt auch der nächste. Mehr Übergewicht hat
Schwarz im Moment nicht, aber es spielt sich
für ihn natürlich angenehmer.

| 29. | f3 | Tc8 |
| 30. | h4 | Le6 |

Nach der Partie verwies Kamsky darauf, daß
es noch besser war, sofort mit dem König
ins Zentrum zu gehen: Kg8-f7-e6 und d6-
d5-d4 zu spielen.

31.	Sd3	L:b3
32.	Ta1	Ld2
33.	h:g5	h:g5
34.	Ta3	Lc2?!

Hier läßt Schwarz die Gelegenheit aus, mit
34. ... Tb8! 35. Le1 L:e1 36. S:e1 Kf7 großen Vorteil zu erlangen. Auf Grund der nerv-
lichen Anspannung macht sich Kamsky die
Sache unnötig schwer.

35.	Le1	Le3+
36.	Lf2	Ld2
37.	Le1	L:e1
38.	S:e1	Lf5
39.	Tb3	Kf7
40.	Tb6	Ke6
41.	a5	Tc1
42.	Kf2	Tb1
43.	g4!	

Der einzige Zug. Wie später analysiert wurde, verlieren alle anderen Fortsetzungen wie
43. T:a6, 43. Ke2 oder 43. b4. Jetzt müßte
Anand die Partie retten können.

43.	...	Lg6
44.	Sg2	Ld3
45.	Se3	Lb5
46.	Sf5	T:b2+
47.	Ke1	Kd5
48.	T:d6+	Kc5

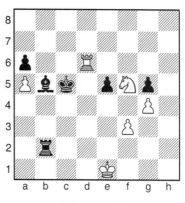

Diagramm 146

| 49. | Tg6?! | |

Die Stellung gehalten hätte 49. Te6 Te2+ 50.
Kd1 Kb4 51. Sd6 Te3 52. Kd2 T:f3 53. T:e5
oder 50. ... Lc4 51. Te7 Kb4 52. Sd6 Ld3
53. Se4.

49.	...	Te2+
50.	Kd1	Tf2
51.	T:g5	T:f3
52.	Tg8?	

Weiß begeht den entscheidenden Fehler.
Der Turm mußte nach g7, um anschließend
auf die e-Linie schwenken zu können. In diesem Falle konnte Anand seine Remischancen wahren.

52.	...	e4
53.	Kd2	Td3+!
54.	Ke1	

Nach 54. Kc2 e3 hilft 55. Tg7 e2 56. Te7
Td1 bereits nichts mehr.

| 54. | ... | e3! |

Unvermittelt gerät der weiße König in eine
heikle Lage.
Die Vorentscheidung im Kampf ist gefallen.

127

55.	Tc8+	Kb4
56.	Tc2	Tb3
57.	Tc1	Tb2
58.	Sd4	Tg2
59.	Sc6+	Kb3
60.	Sd4+	Kb4
61.	Sc6+	Ka4
62.	Ta1+	Kb3
63.	Sd4+	Kc4
64.	S:b5	

Auch andere Springerzüge retten Weiß nicht mehr: 64. Se2 Kb4 65. Ta2 L:e2 66. T:e2 Tg1 matt oder 64. Sf3 Tf2 65. Tc1+ Kd3 66. Se5+ Kd4 67. Sc6+ Ke4.

64.	...	Tg1+
65.	Ke2	T:a1
66.	Sc7	T:a5
67.	K:e3	Ta1

Weiß gab auf.

Partie Nr.29

Kasparow - Anand
10. WM-Partie
New York 1995

Diese Begegnung ist in verschiedener Hinsicht bemerkenswert. Seltsamerweise war es die einzige Partie aus dem letzten PCA-Weltmeisterschaftskampf, die ernsthaftes Interesse verdient. Zu Beginn gab es acht Remis, die neunte Partie gewann Anand und in der zehnten, die Sie vor sich haben, nahm Kasparow Revanche. Der indische Großmeister brach danach völlig ein, und Kasparow siegte zweimal hintereinander. Somit war diese Begegnung nicht nur der Wendepunkt im Match, sie entschied im Grunde den Ausgang des WM-Duells. Dazu also ist die Spanische Partie, die Heldin unseres Buches, fähig!

Man muß zugeben, daß die zehnte von New York eine ungewöhnlich schöne Partie war. In ihr wurde eine äußerst wertvolle Neuerung kreiert und eine alte Variante völlig umgekrempelt.

1.	e4	e5
2.	Sf3	Sc6
3.	Lb5	a6
4.	La4	Sf6
5.	0-0	S:e4
6.	d4	b5
7.	Lb3	d5
8.	d:e5	Le6
9.	Sbd2	Sc5
10.	c3	d4
11.	Sg5	

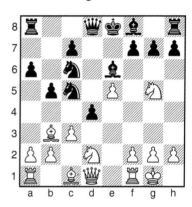

Diagramm 147

Der Leser wird sich vielleicht erinnern, daß dieser Zug Großmeister Igor Saizews zum ersten Mal von mir im WM-Match 1978 in Baguio gegen Kortschnoi angewendet wurde (siehe Partie Nr.16).

11.	...	d:c3

Wie wir wissen, ist es gefährlich für Schwarz, den Springer zu schlagen. Auch der Tausch auf b3 wäre ungünstig für ihn. Nur wenig untersucht ist dagegen der Zug 11. ... Ld5. Möglicherweise warten hier auf uns neue Überraschungen.

12.	S:e6	f:e6
13.	b:c3	Dd3

In der 10. Partie von Baguio setzte ich jetzt mit 14. Sf3 fort. Kortschnoi tauschte die Damen, und nach 14. ... D:d1 15. L:d1 Le7 16. Le3 Sd3 17. Lb3 Kf7 18. Tad1 erhielt Weiß das bessere Endspiel. Mein Gegner konnte jedoch am Ende standhalten.

In der 6. Partie von New York brachte der Inder nach 14. Sf3 die Neuerung. 14. ... 0-0-0. Hier ist die vollständige Notation:

Kasparow - Anand (New York 1995): 14. Sf3 0-0-0 15. De1 (Aufmerksamkeit verdient 15. Lg5) 15. ... S:b3 16. ab Kb7 17. Le3 Le7 18. Lg5 h6 19. L:e7 S:e7 20. Sd4 T:d4! (im Falle von 20. ... Dg6 21. Dc1 mit der Drohung Da5 geht Schwarz unter) 21. cd D:b3. Der Nachziehende besitzt einen Bauern für die Qualität und zwei Freibauern am Damenflügel, also genügend Kompensation. 22. De3 D:e3 23. fe Sd5 24. Kf2 Kb6 25. Ke2 a5 26. Tf7 a4 27. Kd2.

Wenn Weiß sofort 27. e4?! spielt, kann er nach 27. ... Sb4 28. Te7 Sc2 29. T:e6+ Kb7! 30. Td1 a3 31. Kd3 S:d4! 32. K:d4 Td8+ 33. Td6 cd 34. e6 Ta8 35. Kc3 Kc7 schwerlich Remis machen.

27. ... c5? (viel sicherer ist 27. ... Td8) 28. e4! Jetzt ist dieser Zug gefährlicher für Schwarz, weil sein König nach 28. ... Sb4 29. dc+ ins Schußfeld gerät und Weiß zum Beispiel im Falle von 29. ... K:c5 30. Tc1+ Kd4 31. Td7+ K:e4 32. Tb1 Sd5 33. T:b5 g5 34. Ta7 alle Chancen hat zu gewinnen.

Hier passierte jedoch etwas Seltsames. In vorteilhafter Stellung rückte Kasparow seinen e-Bauern nach vorn und offerierte unerwartet Remis. Verständlicherweise wurde es schnell angenommen.

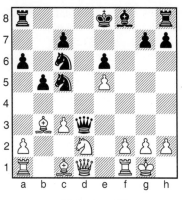

Diagramm 148

14. Lc2!
Wie wir bald sehen werden, ein sehr giftiger Zug.

14. ... D:c3
Es gibt keine andere Wahl. Nach 14. ... Dd5 15. Dh5+ erhält Weiß sehr gefährlichen Angriff bei vollem materiellem Ausgleich. Nichts Gutes erwartet Schwarz auch in der Variante 14. ... Dd7 15. Dh5+ Df7 16. De2.

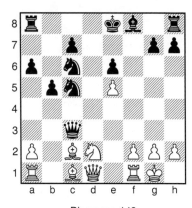

Diagramm 149

15. Sb3!!
Im Text zur 16. Partie dieses Buches war die Variante 15. Dh5+ g6 16. L:g6+ hg 17. D:h8 D:a1 angeführt, und Weiß hat keine Kompensation für die Figur. In dieser Partie

nimmt die schwarze Dame nach dem Tausch auf b3 den Turm auf a1 ebenfalls, aber das ist eine ganz andere Situation.

Die Idee des Turmopfers stammt von Michail Tal. Er spürte rein intuitiv, daß diese Fortsetzung günstig für Weiß war, führte seine Berechnungen jedoch nicht bis ins Detail weiter. Wenn man sich zu einer so ungewöhnlichen Kombination entschließt, noch dazu in einem Weltmeisterschaftskampf, so erfordert dies natürlich eine gründliche Prüfung.

Kasparow war mit dem Verlauf der sechsten Partie unzufrieden, und bei der Suche nach einer Verstärkung des weißen Spiels kam ihm die Talsche Idee in den Sinn. Mit seinen Sekundanten analysierte er gründlich die Folgen des Turmopfers. Zur achten Partie war er noch nicht so weit und verschob den Spanier erst einmal, indem er Schottisch spielte. In der zehnten Begegnung jedoch ging das Gewitter los. Anand lag zu diesem Zeitpunkt in Führung, und Kasparow wollte Revanche ...

15.   ...   S:b3

Nach 45minütigem Überlegen nimmt Anand den Fehdehandschuh auf. Er mußte dies aber nicht. Schlecht ist auch 15. ... Le7 16. Dh5+ g6 17. L:g6+ hg 18. D:h8+ oder 15. ... g6 16. Ld2 und 17. Df3 mit gefährlicher Initiative von Weiß.

Es gab jedoch eine bessere Erwiderung. Zum Beispiel wäre es nach 15. ... S:e5 16. Ld2 Dc4 17. Tc1 0-0-0! nicht einfach, die schwarze Stellung zu zerschlagen.

Interessant ist, daß die weißen Züge 14. Lc2 und 15. Sb3 bereits in der Praxis vorkamen. In der Diagrammstellung übernahm Schwarz nach 15. ... Td8!? 16. Ld2 D:e5 17. Te1 Dd5 18. S:c5 L:c5 19. Lb3 Dd4 20. T:e6+ Se7 sogar die Initiative (Berg - Nevesteit, Fernpartie 1990).

Möglicherweise nahmen die Theoretiker wegen diesem Umschwung des Geschehens keine Notiz von dieser Partie, und wahrscheinlich kannte Kasparow sie auch nicht.

Stärker als der Tausch auf c5 sieht 18. Dg4!? aus, wobei auch hier nicht alles klar ist. Matthias Wahls führt an dieser Stelle folgende Varianten an:
a) 18. ... S:b3 19. L:b3 D:d2 20. D:e6+ Se7 21. Df7+ Kd7 22. Tad1;
b) 18. ... Se5 19. T:e5! D:e5 20. Te1 Dd5 21. S:c5 L:c5 22. T:e6+ Kf7 23. Lb3 L:f2+ 24. Kh1;
c) 18. ... Sd4 19. S:c5 (ungefährlich für Schwarz ist 19. S:d4? D:d4 20. T:e6+ S:e6 21. D:e6+ Le7 22. Te1 Dd6 oder 19. L:h7 Sd:b3 20.Lg6+ Kd7 21. ab Ld6) 19. ... L:c5 20. L:h7 Kf8 mit zweischneidigem Spiel. Zusammenfassend kann man sagen, es ist bisher noch nicht endgültig bewiesen, daß das Manöver 11. Sg5 mit der Idee 14. Lc2 und 14. Sb3 zum Sieg von Weiß führt.

16.   L:b3   Sd4

Schwarz deckt den Bauern e6. Nach dem sofortigen Schlagen des Turms - 16. ... D:a1 17. Dh5+ - würde er verlieren:
1) 17. ... g6 18. Df3 Sd8 19. Df6 Tg8 20. Lg5 Dd4 21. Td1, und Weiß gewinnt.
2) 17. ... Kd7 18. L:e6+! K:e6 19. Dg4+ Kf7 20. Df3+ Ke6 21. D:c6+ Ld6 22. ed De5 23. Ld2, und gegen 24. Te1 gibt es keine Verteidigung.

17.   Dg4!!

Erst jetzt wird Kasparows Idee völlig klar. Weiß opfert den Turm und erhält dafür gefährlichen Angriff. Schwarz muß das "Geschenk" bald zurückgeben. Der Bauer e6 hängt, und im Falle von 17. ... 0-0-0 18. Le3 S:b3 19. D:e6+ Kb7 20. ab Dc6 21. D:c6+ K:c6 22. T:a6+ ist das Endspiel hoffnungslos für den Nachziehenden.

17.   ...   D:a1
18.   L:e6   Td8

Man kann sich leicht davon überzeugen, daß auch 18. ... Lc5 oder 18. ... Sc6 dem Schwarzen keine Rettung bringt.

19.   Lh6!

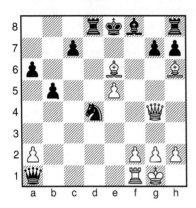

Diagramm 150

Wunderbar. Sicher hatte Kasparow diese Stellung zu Hause bei seiner Vorbereitung auf dem Brett.

19.   ...   Dc3

Jetzt gewinnt Weiß den Turm zurück. Zum Matt führt 19. ... D:f1+ 20. K:f1 g:h6 21. D:h5+ Ke7 22. Df7X.

20.   L:g7   Dd3
21.   L:h8

Im Ergebnis seiner herrlichen Kombination erhielt Weiß einen Mehrbauern und das starke Läuferpaar. Das weitere ist Sache der Technik.

21.   ...   Dg6

Auch nicht besser wäre 21. ... Se2+ 22. Kh1 Sg3+ 23. hg D:f1+ 24. Kh2 Dd3 25. Lf5 Dd1 26. f3 Dd5 27. e6, und Schwarz geht unter.

22.   Lf6   Le7
23.   L:e7   D:g4

Oder 23. ... K:e7 24. Dh4+ Ke8 25. Lg4 Sf5 26. Dh3 Sg7 27. f4 usw.

24.   L:g4   K:e7

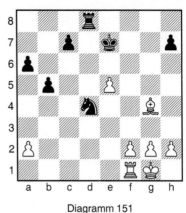

Diagramm 151

25.   Tc1!

Am genauesten. Im Falle von 25. f4?! c5 26. f5 c4 27. f6+ Kf7 28. Lh5+ Ke6 29. f7 Tf8 sind die weißen Bauern blockiert, wogegen die schwarzen zur Gefahr werden können.

25.   ...   c6
26.   f4   a5
27.   Kf2   a4
28.   Ke3   b4
29.   Ld1!

Die letzte Feinheit. Nach 29. Tc4 a3 konnte Schwarz dem Gegner noch Schwierigkeiten machen.

29.   ...   a3
30.   g4   Td5
31.   Tc4   c5
32.   Ke4   Td8
33.   T:c5   Se6
34.   Td5   Tc8
35.   f5   Tc4+
36.   Ke3   Sc5
37.   g5   Tc1
38.   Td6

Schwarz gab auf.

Partie Nr.30

**Anand - Iwantschuk
Las Palmas 1996**

Das doppelrundige Kategorie-21-Turnier von sechs Großmeistern in Las Palmas war eines der stärksten in der gesamten Schachgeschichte. Leider spielte der Autor dort weit unter seiner besten Form.

Weil das bemerkenswerteste Duell in diesem Wettbewerb eine Spanische Partie war, können wir das Buch mit einem eleganten Beispiel beenden, das sicher lange im Gedächtnis bleiben wird.

1. e4 e5
2. Sf3 Sc6
3. Lb5 a6
4. La4 Sf6

Ein klassischer Spanier, wohl zu Ehren der Organisatoren.

5. 0-0 Lc5

Dieser alte Zug wird heute häufig von ukrainischen Großmeistern angewendet, besonders Iwantschuk spielt ihn gern. Short nannte das Abspiel deshalb im Scherz "ukrainische" Variante. Jedenfalls stellte der Läuferausfall für Anand keine Überraschung dar, wie die Vorbereitung des Inders zeigt.

6. S:e5!

In der Partie Short - Iwantschuk (Nowgorod 1996) geschah 6. c3 b5 7. d4 ba 8. dc S:c4 9. S:e5 S:e5 10. Dd5 Lb7 11. D:e5+ De7 12. D:e7 S:c5+ 13. Le3 Tc8, und die Chancen waren gleich.

Später bevorzugte Weiß beim selben Turnier in der Begegnung Anand - Topalow 6. d3, und nach 6. ... d6 7. Sc3 b5 8. Lb3 Sa5 9. Kh1 c6 10. h3 Ta7 11. Sh2 0-0 12. f4 S:b3 13. ab Te8 14. fe de 15. De1 Sd7 16. Sf3 Sf8 17. Le3 L:e3 18. D:e3 Td7 19. Tf2 f6 war das Remis nicht mehr weit.

Anand hatte also bereits gewisse Erfahrungen mit der vorliegenden Variante. Dieses Mal gelingt es ihm aber, aus der Eröffnung bedeutend mehr herauszuholen.

6. ... S:e5
7. d4 S:e4

Sehr interessant verlief die Partie Short - Onischuk (Wijk aan Zee 1997): 7. ... b5 8. de S:e4 9. Lb3 Lb7 10. Sc3 Dh4 11. L:f7+!? Hier konnte der Kampf nach 11. ... K:f7 12. D:d7+ Kg6 13. S:e4! D:e4 14. De6+ Kh5 15. Dh3+ durch ewiges Schach beendet werden. Schwarz lehnte das Opfer jedoch ab und geriet nach 11. ... Ke7 12. Le3 L:e3 13. fe S:c3 14. bc De4 15. Tf2! Taf8 16. Dh5 in eine kritische Lage. Im weiteren Verlauf patzte Short allerdings und verlor die Partie am Ende noch.

8. Te1!

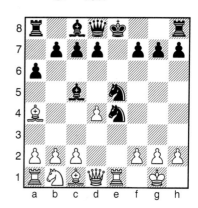

Diagramm 152

Genauer als 8. De2, weil Schwarz nach 8. ... Le7 9. D:e4 Sg6 10. Sc3 0-0 11. Sd5 Lh4 12. c3 c6 13. Sf4 d5 14. Df3 Lf5 15. Dh5 S:f4 16. D:f5 Se2+ sowie 17. ... S:c1 völligen Ausgleich hat (Gomez - Izeta, Oropesa del Mar 1996).

Im Falle von 8. de? würde Weiß wegen 8. ... S:f2! 9. T:f2 L:f2+ 10. K:f2 Dh4+ 11. Kg1 D:a4 sogar verlieren.

8. ... Le7
9. T:e4

Die Praxis zeigt, daß Weiß vom Schlagen des anderen Springers auf e5 nichts hat.

9.	...	Sg6
10.	c4	

Auf den Hasardzug 10. h4?! folgt 10. ... b5
11. Lb3 d5! 12. Te1 S:h4 13. Lg5 Sg6 14.
Sc3 Le6 15. L:e7 S:e7 16. Df3 0-0, und
Schwarz besitzt klares Übergewicht (Sahu
- Flear, London 1987).

10.	...	0-0
11.	Sc3	d6

Die alte Fortsetzung 11. ... f5 wurde schon
vor 65 Jahren in Zweifel gezogen: 12. Te1 f4
13. f3 d6 14. Le2 Lf5 15. L:f5 T:f5 16. Dd3
Dd7 17. Sd5 Taf8 18. S:e7+ S:e7 19. Ld2
Sc6 20. Lc3 d5 21. c5, und Weiß gewann,
allerdings erst im 65. Zug (Kashdan - Milner,
London 1932).

12. Sd5!

Viele nahmen an, daß Anand die damit verbundene, schöne Kombination zu Hause
präpariert hatte. Sein Sekundant Ubilawa
erklärte jedoch später, daß ihre gemeinsa-
me theoretische Vorbereitung hier zu Ende
war und die Züge am Brett gefunden wurden.

Bisher ist eigentlich alles gut bekannt. Ge-
spielt wurde auch schon das sofortige 12.
Dh5, doch nach 12. ... c6! 13. Lc2 f5 14.
Te1 Lf6 15. Se2 Sh4 16. Sf4 L:d4 17. g3
Sg6 18. S:g6 hg 19. D:g6 Df6 20. D:f6
L:f6 hatte Weiß nichts Wesentliches erreicht
(Ulybin - Fernandez, Iberkacha 1994).

12. ... Lh4

Dieses Manöver sieht etwas gekünstelt aus,
aber sein Ziel ist klar: Schwarz will das
Läuferpaar behalten. Auf 13. g3 folgt 13. ...
c6 14. Sc3 Lf6. Dennoch war es besser, 12.
... c6 13. S:e7+ S:e7 14. Lg5 f6 15. Lf4
oder 12. ... Ld7 13. L:d7 D:d7 14. Db3
den Vorzug zu geben, wonach Weiß nur
symbolischen Vorteil besitzt.

13. Dh5!?

Erst jetzt führt Weiß einen neuen Zug aus.
Nach 13. g3 c6 14. Sf4 (Smirin - Izeta, Las
Palmas 1993) hätte Schwarz die Antwort 14.
... Lg5 mit unklarem Spiel.

13.	...	c6

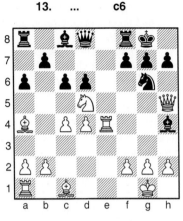

Diagramm 153

Wenn der Springer d5 wegzieht, stünde
Schwarz gut da, zum Beispiel 14. Sc3 b5
15. Lc2 f5 16. Te2 bc, und der Nachziehende übernimmt bereits die Initiative. Deshalb
kann der nun folgende Textzug beinahe als
forciert angesehen werden.

14. T:h4!!

Ein großartiges positionelles Qualitätsopfer.

14. ... D:h4

Nichts taugt 14. ... S:h4 wegen 15. Lg5! Im
Falle von 15. ... Da5 gewinnt Weiß danach effektvoll durch 16. Se7+ Kh8 17. Lc2
h6 18. D:h6+! gh 19. Lf6 matt.

Auch 15. ... f6 ist Schwarz kaum zu empfehlen: 16. L:h4 (gut wäre auch 16. S:f6+ gf 12.
L:h4) 16. ... cd 17. D:d5+ Kh8 18. Lg3. Für
die Qualität hat Weiß das aktive Läuferpaar
sowie einen Bauern, und der Nachziehende kann auch den zweiten auf d6 nicht halten.

15.	D:h4	S:h4
16.	Sb6!	Tb8

16. ... Le6 ist auch nicht besser, zum Beispiel 17. d5 cd 18. cd Lf5 19. S:a8 T:a8 20.
Lg5 Sg6 21. Te1 usw.

Ganz schlecht wäre 16. ... Ta7 17. b4! a5
18. b5, und der Turm kommt nicht mehr frei.

17.	Lf4	Sf5

Natürlich verbietet sich 17. ... Td8? 18. Lg5!, wonach Weiß sofort die Oberhand gewinnt.

18.   d5!

Trotz seines materiellen Vorteils kann sich Schwarz nicht aus der Umklammerung befreien. Der weiße Springer auf b6 lähmt den gesamten Damenflügel. Zu voreilig wäre jetzt 18. g4? S:d4 19. L:d6 L:g4.

18.   ...   Te8

Pariert die Drohung 19. g4, worauf 19. ... Te4 geschehen kann.

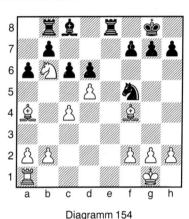

Diagramm 154

19.   Kf1!

Unzureichend ist 19. c5 Te4 20. L:d6 S:d6 21. cd Lf5 oder 19. dc bc 20. L:c6 Te2 21. c5 T:b2 22. Le4 Le6, und die Chancen von Schwarz verdienen den Vorzug.

19.   ...   h6

Mit der Hoffnung, sich nach 20. .... g5 befreien zu können. Im Falle von 19. ... Te4 20. Te1! T:e1+ 21. K:e1 wird wieder nichts aus dem angestrebten Zusammenwirken der schwarzen Figuren: 21. ... h5 22. c5 cd 23. cd Le6   24. d7! Hartnäckiger war offensichtlich 19. ... f6, obwohl Schwarz nach 20. e5 ebenfalls Probleme hat, zum Beispiel 20. ... g5 21. cd! gf 22. d7 L:d7 23. S:d7 b5 24. Ld1 cd 25. S:f6+ Kg7 26. S:e8+ T:e8 27. Lb3 mit sehr angenehmen Endspiel für Weiß.

20.   h3!

Weiß läßt den Läufer auf der wichtigen Diagonale b8-h2. Außerdem droht er g2-g4, wonach der g-Bauer gedeckt sein wird.

20.   ...   Te4

Im Falle von 20. ... g5 21. Lh2 Td8 22. Td1 Se7 23. c5! S:d5 24. S:d5 cd 25. L:d6 Ta8 26. Le7 Ld7 27. L:d8 T:d8   28. L:d7 (28. T:d5?? Lb5+) 28. ... T:d7 29. Ke2 kann Schwarz das Endspiel nicht halten.

21.   Lh2   cxd5

Oder 21. ... h5 22. Lc2 cd 23. L:e4 de 24. g4 mit Gewinn.

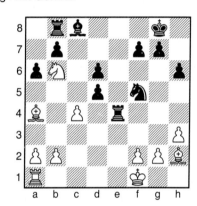

Diagramm 155

22.   g4!   T:c4

Auf 22. ... de entscheidet 23. Lc2 Td4 24. gf Td2 25. Tc1. Schlecht ist auch 22. ... h5 23. Lc2 hg 24. L:e4 g3 25. fg de 26. g4 Se3+ 27. Ke2 Sc2 28. Tc1 Sb4 29. L:d6.

Weil Weiß den Bauern d6 schon lange im Visier hat,

muß Iwantschuk die Qualität zurückgeben.

23.   S:c4   d:c4

24.   Te1!

Nach 24. gf? L:f5 25. L:d6 Td8 26. Le7 Td2 würde Schwarz unerwartet die Initiative übernehmen. Der Springer fehlt nirgends, und der Turm ist wieder im Spiel.

24.   ...   Le6

Ungünstig wäre 24. ... Sd4? 25. L:d6 Ta8 26. Te8+ Kh7 27. Ld7 oder 24. ... b5? 25. Te8+ Kh7 26. Lc2+.

25.	g:f5	L:f5
26.	L:d6	L:h3+
27.	Kg1	Td8
28.	Te8+	T:e8
29.	L:e8	

Nach dem forcierten Abtausch ist ein Endspiel mit gleichem Material entstanden. Drei Bauern entsprechen dem Wert eines Läufers. Aber das weiße Figurenpaar beherrscht das ganze Brett, und Iwantschuk kann es nicht bändigen. Erst werden die Bauern eines Flügels bekämpft, dann die auf der anderen Seite, und die Läufer setzen sich durch.

| 29. | ... | Le6 |

Hoffnungslos wäre 29. ... b5 30. Kh2 Le6 31. a4 ba 32. L:a4.

30.	a4	g5
31.	a5	Kg7
32.	La4	Kg6
33.	Ld1	Ld5
34.	Lc2+	Kf6

Oder 34. ... f5 35. Le5 h5 36. Kh2 h4 37. Kh3 nebst f2-f4, und Weiß zerreißt die schwarze Bauernkette.

| 35. | Lc7 | Ke6 |

Welchen Bauern Schwarz jetzt auch zieht, er kommt immer in Nachteil: 35. ... g4 36. Kh2 Kg5 37. Kg3 f5 38. Ld8+.

| 36. | Lh7 | Lf3 |

Jetzt scheitert 36. ... f5? an 37. Lg8+.

37.	Kh2	Kd5
38.	Lc2	Le4
39.	Ld1	Kd4
40.	Le2	

Noch einfacher war 40. Ld6, zum Beispiel 40. ... c3 41. bc+ K:c3 42. Lf8 Kd2 43. Lh5.

| 40. | ... | Ld3 |

Auch der c-Bauer kommt nicht weiter: 40. ... c3? 41. Lb6+.

| 41. | Lb6+ | Kd5 |

Oder 41. ... Ke4   42. Lh5 f5 43. Lc5, und der Bauer h6 fällt.

42.	Ld1	f5
43.	Kg3	Ke5
44.	Lc5	Kf6
45.	Lh5	f4+

Nach 45. ... Kg7 46. Ld4+ Kh7 47. Lf7 Le2 48. f3 ist die schwarze Stellung ebenfalls nicht mehr zu halten.

| 46. | Kh2 | |

Schwarz gab auf, weil es gegen die Drohungen 47. Lf3 oder   47. Lf8 keine befriedigende Verteidigung mehr gibt.

Mit der Partie machte sich Viswanthan Anand selbst das schönste Geburtstagsgeschenk. Er wurde an diesem Tag 27 Jahre alt!

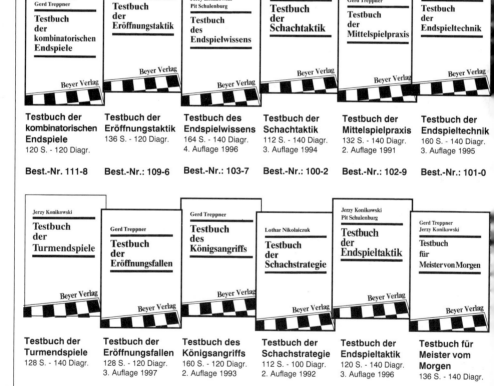